CHAMPAGNER,
SEKT, PROSECCO & CO.

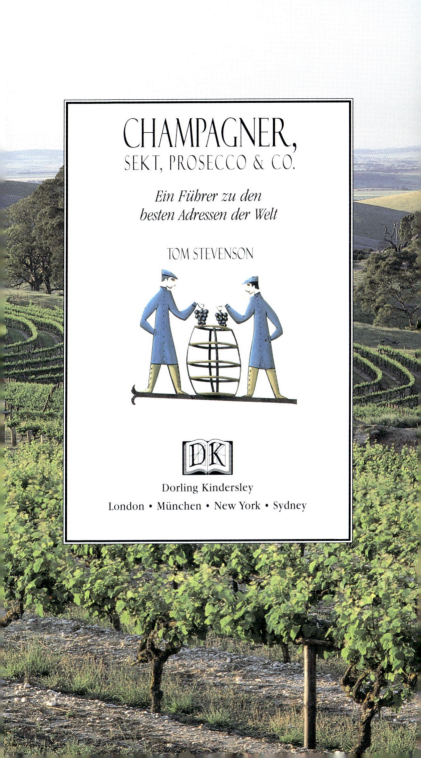

CHAMPAGNER,
SEKT, PROSECCO & CO.

*Ein Führer zu den
besten Adressen der Welt*

TOM STEVENSON

DK

Dorling Kindersley
London • München • New York • Sydney

EIN DORLING KINDERSLEY BUCH

Diese Ausgabe
Lektorat Edward Bunting
Bildredaktion Helen Diplock
Projektbetreuung Julie Oughton, Caroline Hunt
DTP-Design Sonia Charbonnier
Cheflektorat Francis Ritter
Chefbildlektorat Derek Coombes
Herstellung Mandy Inness

Erste Ausgabe
Projektbetreuung Rosalyn Thiro
Bildbetreuung Anthony Limerick
Gestaltung Tessa Bindloss
Redaktion Lesley McCave, Clare Pierotti
DTP-Design Lee Redmond

Die Deutsche Bibliothek – CIP-Einheitsaufnahme

Ein Titeldatensatz für diese Publikation ist bei der Deutschen Bibliothek erhältlich.

Titel der englischen Originalausgabe:
Millenium Champagne &
Sparkling Wine Guide

Für die englische Ausgabe:

© Dorling Kindersley Limited, London, 1999
Text © Tom Stevenson, 1999

© der deutschsprachigen Ausgabe
Dorling Kindersley Verlag GmbH
Stuttgart/München, 2000

Alle deutschsprachigen Rechte vorbehalten

Übersetzung Claudia Brusdeylins
Redaktion Dr. Carla Meyer
Satz Verlagsservice Monika Rohde, Bonn

ISBN 3-8310-0002-6
Printed and bound in China

Besuchen Sie uns im Internet
www.dk.com

INHALT

Vorwort
6

EINFÜHRUNG

Geschichtliches
8

Wie er gemacht wird
10

Lagern und Servieren
12

Stilrichtungen
14

Straßenschild in Hautvillers.

DIE BESTEN ERZEUGER DER WELT

Frankreich: Die Champagne
Billecart-Salmon • Bollinger • Gosset • Charles Heidsieck • Jacquesson & Fils • Krug • Laurent-Perrier • Moët & Chandon • Pol Roger • Louis Roederer • Ruinart • Salon • Veuve Clicquot Ponsardin • Vilmart
16

Schaumweinregionen
in Frankreich
36

Spanien
40

Deutschland
44

Italien
48

USA
52

Australien
Neuseeland
56

Südafrika
60

Andere Länder
64

JAHRESÜBERSICHT

Das Bewertungssystem
*Über die Bewertung
und Beschreibung der
Weine sowie Hinweise
zur Benutzung*
66

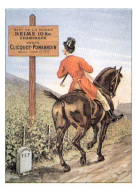

Werbeplakat für Veuve Clicquot

Bewertung der Weine
*Das unentbehrliche Nachschlagewerk –
Überblick über Qualität und Preis-
Leistungs-Verhältnis der Weine,
geordnet nach Anbaugebiet und
Weinstil*
68

Probiernotizen mit Bewertungen
*Alphabetisches Verzeichnis
der aktuellen Weine mit und
ohne Jahrgangsbezeichnung*
98

Kleiner Auktionsführer
183

Glossar
184

Danksagungen
187

Mit Schaumweintrauben bestockte Rebfläche im neuseeländischen Marlborough

VORWORT

Willkommen zu diesem weltweit einzigartigen Einkaufsführer für Champagner und Schaumwein. Nach der äußerst erfolgreichen Erstauflage, die in Großbritannien, in den USA, Kanada und Australien hohe Verkaufszahlen erreichte und unter anderem ins Japanische, Dänische und ins Norwegische übersetzt wurde, erscheint die vollständig aktualisierte zweite Auflage nun auch in deutscher Sprache.

Das Wohl und Wehe des Champagners vollzieht sich in Zyklen, und der nächste Aufschwung läßt sich ebensowenig voraussagen wie die unvermeidliche Katerstimmung, die immer dann eintritt, sobald der Absatz dieses sprudelnden Getränks erneut ins Stocken gerät. So war die Branche beispielsweise nach der Absatzflaute von 1991/92 angesichts übervoller Lager noch 1994 derart beunruhigt, daß man nur überleben zu können glaubte, wenn man sich von 250 Millionen Flaschen trennte. Ein besonders sparsamer Vertreter der Zunft schlug gar vor, die Trauben eines ganzen Jahrgangs am Stock zu lassen, weil dadurch nicht nur das Lager geleert, sondern auch die Kosten für Lese und Weinbereitung eingespart werden können! Nun, letztlich hat man weder 250 Millionen Flaschen vernichtet noch einen Jahrgang übersprungen und trotzdem hat die Champagne überlebt, wenn auch einige Champagnerhäuser aufgekauft wurden. Und zum Jahreswechsel 2000 ging man immerhin davon aus, daß zwei Milliarden Flaschen ihre Käufer finden würden, und nicht wenige befürchteten sogar, daß es aufgrund des Milleniums zu einer Champagnerknappheit kommen könnte. Doch der Champagner ist uns nicht ausgegangen! Zudem wird das gesamte derzeitige Angebot aller Champagner- und Schaumweinsorten die Befriedigung der weltweiten Nachfrage mindestens drei Jahre sichern, und außerdem: mit jedem Herbst werden die Keller der Weingüter und Lager der Händler schließlich von neuem aufgefüllt!

Für den Käufer ist es nun aber eine Sache, keine Champagnerknappheit befürchten zu müssen, aber etwas ganz anderes, eine gesuchte Cuvée oder einen bestimmten Jahrgang aufzuspüren. Es ist normal, daß ein Wein nur in begrenzten Mengen zur Verfügung steht und irgendwann ausverkauft ist. Diese Tatsache wurde durch die Milleniumsfeierlichkeiten sicher nicht entschärft – eher im Gegenteil. Wer also einen besonderen Champagner oder Schaumwein erwerben möchte, der in diesem Einkaufsführer erwähnt wird, sollte sich stets beeilen. Kaufen Sie sich recht bald eine dieser herrlichen Cuvées und trinken Sie einen Schluck auf viele weitere gute Ernten!

Champagne Vilmart blickt dem 3. Jahrtausend mit einem 1990er Cuvée Création entgegen.

Einführung

Eine kurze Geschichte
des Schaumweins, wie man ihn herstellt,
wie man ihn lagert und serviert,
und welche Stile es gibt.

Geschichtliches

Schon in biblischen Zeiten kannte man sprudelnde Weine, und bereits Matthäus schrieb: »Man füllt auch nicht neuen Wein in alte Schläuche; sonst zerreißen sie.« Der Schaumwein, wie wir ihn heute kennen, entstand aber erst im Laufe des 17. Jahrhunderts.

Eine englische Erfindung

Bis zum Ende des 17. Jh.s trat der Wein aus der französischen Champagne in schmutzig-rosafarbener Robe auf und sprudelte nicht (*vgl. S. 18*). Im Jahr 1718 heißt es in der ersten urkundlichen Erwähnung des sprudelnden Champagners, dieser Stil sei »vor über 20 Jahren« entstanden. Denn erst ab etwa 1695 hielt das französische Glas dem Druck des Schaumweins stand, und man verfügte über ein so widerstandsfähiges Verschlußsystem wie den Kork.

Im industriell entwickelteren England wurde aber schon mindestens 30 Jahre früher als in Frankreich Still- in Schaumwein verwandelt. So erklärte ein gewisser Dr. Merret 1662 vor der »Royal Society«: »Unsere Weinküfer verwendeten ungeheure Mengen an Zucker und Melasse auf alle möglichen Weine, auf daß sie sich frisch und schäumend trinken ließen.« Zudem gibt es Hinweise darauf, daß die Engländer importierte Stillweine aus der Champagne gezielt zum Schäumen brachten.

Aufschwung einer Industrie

Die Champenois haben den Schaumwein zwar nicht erfunden, begannen aber im 18. Jh., ihr *terroir*, das für den Champagner wie geschaffen war, wirtschaftlich zu nutzen. In ganz Europa wurden Märkte erschlossen, und nachdem George Washington das neue Getränk 1790 das erste

Mit den Champagneraufständen von 1911 wollte man die Qualität des Schaumweins sichern (*siehe S. 20*).

Die Freude am sprudelnden Trunk

Kein Getränk hat ein ähnlich genußbetontes Image entwickelt wie der Champagner. Sieger, Liebende und verträumte Zeitgenossen haben im 20. Jh. in ihm gebadet, ihn geschlürft oder auch ein kleines Vermögen für ihn geopfert.

Mal serviert hatte, fanden auch die Amerikaner Gefallen daran. Im 19. Jh. schließlich wurde der Schampus bereits unter den berühmten *marques* (Markennamen) exportiert.

Das Geheimnis der Schaumweinherstellung sprach sich bis in die 1820er Jahre auch in anderen Anbaugebieten Frankreichs und in Deutschland herum, gelangte in den 1840er Jahren nach Amerika und ein Jahrzehnt später bis nach Australien. Um die Jahrhundertwende schließlich erlebte der Champagner sein Goldenes Zeitalter – über kommerzielle Produktionstechnik verfügten nun alle Erzeugerländer der Welt, und der köstliche prickelnde Wein floß auf dem gesamten Erdball.

Der Champagner ist ein so außergewöhnlicher Wein, daß er seine größten Triumphe nicht im Glas erlebt, sondern wenn er – bei Stapelläufen – gegen eine Schiffswand geschmettert wird.

Schaumwein gilt seit langem als Getränk für überschwengliche und extrovertierte Naturen.

Vor einem Jahrhundert galt es noch als chic, das köstliche Naß durch einen Strohhalm zu schlürfen.

Manche Markennamen sind weltberühmt geworden.

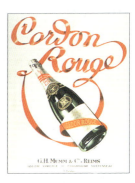

Louis Roederer (links sein Monogramm) war bei den russischen Zaren die *grande marque* der Wahl. Doch einige kommunistische Gegenspieler des Herrschergeschlechts wußten ihn ebenfalls zu schätzen.

Einführung

WIE ER GEMACHT WIRD

Die Entstehung von Schaumwein ist ein einfacher Vorgang: Durch Gärung wird Zucker in Alkohol und Kohlensäuregas verwandelt – wird das Gas freigesetzt, ist der Wein still, bleibt es in der Flüssigkeit, schäumt er. Der Schaum entsteht bei der zweiten Gärung in einem geschlossenen Behälter.

DIE TRAUBEN
Von den verschiedenen Rebsorten, aus denen hochwertiger Schaumwein gekeltert wird, eignen sich Chardonnay und Pinot Noir am besten – sie sind relativ neutral, und in den reifen Trauben sind Zucker- und Säuregehalt gut ausgewogen.

CHARMATVERFAHREN
Viele günstigere Schaumweine werden im Charmat- oder Tankgärungsverfahren hergestellt (in Frankreich *cuve close* genannt). Beide Gärvorgänge finden in großen Tanks statt, danach wird unter Druck abgefüllt. Sie eignen sich hervorragend für lieblichen, aromatischen Schaumwein wie den Asti *(siehe S. 50 f.)*.

CHAMPAGNERVERFAHREN
Die größten trockenen Schaumweine, die *Bruts*, werden mit der sogenannten *méthode champenoise* oder *traditionelle* hergestellt. Wie bei der *cuve close* findet auch hier die Primärgärung in großen

---

In der EU ist der Begriff *méthode champenoise* dem Champagner vorbehalten. Nachstehende Ausdrücke verweisen auf diese Methode:

DEUTSCHLAND

Flaschengärung nach dem traditionellen Verfahren
Klassische Flaschengärung
Traditionelle Flaschengärung

FRANKREICH

Méthode Traditionelle
Méthode Classique
Crémant

SPANIEN

Cava

ITALIEN

Metodo Classico
Metodo Tradizionale
Talento

ENGLISCHSPRACHIGE LÄNDER

Traditional Method

SÜDAFRIKA

Cap Classique

In einer durchschnittlichen Schaumweinflasche warten etwa 250 Millionen Bläschen auf ihre Befreiung.

Drei Weinmacher auf der Jagd nach den Perlen im doppelt vergorenen Traubensaft.

Gebinden, manchmal in *barriques* (kleinen Eichenfässern) statt; die Zweitgärung dagegen in der Flasche, in der der Wein dann auch auf den Markt kommt.

MALOLAKTISCHE SÄUREUMWANDLUNG
Die meisten Schaumweinsorten durchlaufen die sogenannte malolaktische Säureumwandlung, einen natürlichen Gärungsprozeß, der die scharfe Apfelsäure in die mildere Milchsäure umwandelt, die den Wein weicher macht. Von den wenigen Erzeugern, die diese Gärung verhindern, sind Bollinger, Alfred Gratien, Krug und Lanson wohl die berühmtesten.

VERSCHNITT UND PRISE DE MOUSSE
Der Verschnitt *(assemblage)* der Grundweine geschieht nach Abschluß der Erstgärung. Die Champenois, Meister in diesem Fach, schaffen so manche jahrgangslose Cuvée aus bis zu 70 Weinen. Danach wird eine Mischung aus Zucker, ausgewählten Hefearten, einer Nährlösung und einem Klärungsstoff zugegeben, um die Perlenbildung anzuregen. Diese zweite Gärung, oft als *prise de mousse* bezeichnet, kann mehrere Monate dauern.

AUTOLYSE
Nach Abschluß der Zweitgärung lösen sich die toten Hefezellen durch ihre eigenen Enzyme auf, wodurch der Wein eine akazienähnliche, blütenduftige Finesse entwickelt. Ein guter Autolyseprozeß macht einen Schaumwein komplexer.

REMUAGE UND DEGORGIEREN
Nur bei der traditionellen Flaschengärung wird der bei der Zweitgärung entstandene Hefesatz durch Rütteln abgegossen. Dieser *remuage* dauert acht Wochen, das Degorgieren acht Tage. Hierbei wird der Hefesatz durch Einfrieren der Flasche und anschließendes Entkorken herausgetrieben.

DOSAGE
Vor dem Verkorken fügt man den *liqueur d'expédition* hinzu, in dem außer bei *extra brut* ausgebauten Weinen auch Zucker enthalten ist.

DIE MÉTHODE CHAMPENOISE

Erste Gärung in Eiche oder Edelstahl.

Abfüllung für die Zweitgärung.

Abgießen von Hefesatz durch *remuage*.

Degorgieren der Flaschen zum Klären des Weins.

𝒟er Innendruck in einer Schaumweinflasche entspricht dem Reifendruck eines Doppeldeckerbusses.

LAGERN UND SERVIEREN

Schaumweine sollten ein Jahr nach dem Kauf getrunken sein. Nur wenige entwickeln nach dem Degorgieren noch Aromen.

WARUM MAN IHN LAGERT

Schaumweine aus Chardonnay werden meist »toastwürzig«, solche aus Pinot Noir »biskuitartig«. Manchmal ist es aber auch umgekehrt, und selbst ein Hauch von sauberem Schwefelduft kann zur Toastwürze eines Weins beitragen. In manchen erstklassigen Chardonnays bilden sich bestimmte komplexe Bukettstoffe von duftiger Haselnuß, sahniger Paranuß oder milder Walnuß.

Solche flachen Sektschalen sind keine idealen Schaumweingläser – die Mousse geht darin zu schnell verloren. Doch das Vergnügen, dem schäumenden Champagnerfall zuzusehen, ist diesen Preis manchmal wert.

WO MAN IHN LAGERT

Schaumwein ist temperatur- und lichtempfindlicher als seine stillen Artverwandten, doch eine Lagerung von ein bis zwei Jahren bei einigermaßen gleichbleibender Temperatur zwischen 12 °C und 18 °C sollte kein Problem sein. Höhere Temperaturen beschleunigen die Oxidation, Temperaturschwankungen können dem Wein ernsthaft schaden. Wer keinen Keller hat, kann seinen Champagner, in Kiste oder Karton verpackt, an einem kühlen Ort aufbewahren. Längere Lagerfristen sollten in völliger Dunkelheit bei 9 °C bis 11 °C erfolgen. Für die horizontale Lagerung spricht eigentlich nur die Platzersparnis, denn das CO_2 im Flaschenhals hält den Korken auch im aufrechten Zustand feucht.

Manche Champagner-Marken, zum Beispiel Roederer Cristal, werden mit einer gelben, UV-abweisenden Umhüllung geliefert, in der man sie auch lagern sollte. Braune Flaschen schützen besser gegen ultraviolettes Licht als grüne, dunkelgrüne besser als hellgrüne.

Champagner-Cuvées, versandfertig in Kisten verpackt.

Kühlen

Die Rate, mit der die Perlen in einem Schaumwein freigesetzt werden, wird von der Temperatur bestimmt. Man sollte Sekt nicht bei Zimmertemperatur öffnen – dann schäumt er rasch auf und verflacht. Ideal sind 4,5 °C bis 7 °C.

Der Wein verkraftet durchaus ein paar Stunden im Kühlschrank, doch nicht länger als einen Tag, da der Korken sich dann vielleicht zusammenzieht oder am Flaschenhals festklebt. In Notfällen kann man die Flasche eine Viertelstunde tiefkühlen.

Die schnellste Kühlmethode für Schampus ist immer noch ein mit Eis und Wasser (nie nur mit Eis) gefüllter Eimer. Noch schneller wirken die mit Gel gefüllten Manschetten, die im Gefriergerät aufbewahrt und nur für etwa sechs Minuten über die Flasche gezogen werden.

Gelmanschette für schnelle, wirkungsvolle Kühlung.

Öffnen

Entfernen Sie zunächst die Folie oder ritzen Sie sie unterhalb des Drahtkorbs ein. Dann drehen Sie den Verschluß vorsichtig auf und lockern dabei den unteren Teil des Drahtkorbs, ohne ihn zu entfernen. Anfänger nehmen ein Tuch zu Hilfe und umfassen Korken und Drahtkorb mit einer Hand (Rechtshänder mit der rechten). Nun halten Sie den unteren Teil der Flasche mit der anderen Hand fest und drehen mit beiden Händen abwechselnd in entgegengesetzter Richtung.

Sobald Sie spüren, wie der Korken mit Druck aus der Flasche drängt, öffnen Sie sie, indem Sie den Korken unter kräftigem Gegendruck sanft, ohne Knall, aus der Flasche entweichen lassen.

Der Champagnerstern von Screwpull. Mit diesem speziellen Gerät sind widerspenstige Korken am besten zu bezwingen.

Einschenken

Zunächst jedes Glas mit wenig Schaumwein füllen, dann in mehreren Durchgängen bis zu zwei Dritteln oder drei Vierteln nachgießen. Auf keinen Fall das Glas schräg halten und die Flüssigkeit am Rand hineinlaufen lassen – Sekt ist kein Bier!

Eine Stahlzange mit Griff für den Korken – die einfachere Variante.

Draht aufdrehen und den Korb lockern.

Korken und Flasche gegeneinander drehen.

Korken aus der Flasche kommen lassen.

Stilrichtungen

Brut (trocken) ist ein klassischer Schaumweinstil, nach steigendem Süßegrad gefolgt von *sec* und *doux*. Andere Merkmale sind Rebsorte, Farbe, Perlage, Mousse sowie die Jahrgangsbezeichnung.

Die Sache mit dem Jahrgang

Beim Champagner weist die Jahrgangsbezeichnung auf eine außergewöhnlich gute Lese hin, während sie bei den meisten anderen Schaumweinen weniger über Qualität als über ihr Alter aussagt. Jahrgangschampagner muß zu 100% aus dem angegebenen Jahr stammen und sollte etwa 8–10 Jahre nach der Ernte reifen. Viele rümpfen über Champagner ohne Jahrgang die Nase, doch liefern Weine verschiedener Jahrgänge einige der feinsten Cuvées, die der Markt zu bieten hat.

Farbe

Aus reinsortigem Chardonnay – *blanc de blancs* (Weißwein aus weißen Trauben) – werden gute schäumende Bruts gewonnen; die besten stammen von der Côte des Blancs in der Champagne. In der Neuen Welt können die *blancs de noirs* (Weißweine aus roten Trauben) verschiedene Farbtöne haben, während man in der Champagne darum wetteifert, aus Pinot Noir oder Meunier möglichst helle Weine zu keltern – der berühmteste unter ihnen ist Bollingers Vieilles Vignes Françaises.

*E*ine *Prestige-Cuvée* ist ein Wein, der nach Ansicht des jeweiligen Erzeugers den Stil seines Gutes am besten repräsentiert – wie etwa die Marken Dom Pérignon von Moët & Chandon, Cristal von Louis Roederer oder Belle Epoque von Perrier-Jouët. Sie werden in Kleinstmengen produziert und sind daher höchst kostspielig. Entscheidend für den Charakter einer Prestige-Cuvée ist die Auswahl ihrer Grundweine.

Crémant

Der *Crémant,* ein Stil, für den außerhalb Frankreichs nur wenige Erzeuger bekannt sind, besitzt eine sanfte Mousse. Während normale Schaumweine über einen Druck von 5–6 Atmosphären verfügen, gilt für den Crémant ein Richtwert von 3,6 Atmosphären. Bei guten Provenienzen entfaltet sich die Mousse langsam. Am bekanntesten ist der Mumm de Cramant (sic).

Die besten Erzeuger der Welt

Überblick über die Champagne
und andere französische Anbaugebiete,
Spanien, Deutschland, Italien, die USA,
Australien, Neuseeland und Südafrika.

FRANKREICH
DIE CHAMPAGNE

Der Welt bester *Brut* wird aus den Chardonnay-, Pinot-Noir- und Meuniertrauben gewonnen, die auf den Kreidehügeln der nordfranzösischen Region Champagne wachsen. Ein Schaumwein anderer Herkunft – auch aus anderen Anbaugebieten in Frankreich – ist schlicht und einfach kein Champagner.

Chardonnay, mit seiner eleganten Säure gut für den Champagner geeignet, wächst in einem Viertel des AOC-Gebiets.

ANBAUGEBIET OHNEGLEICHEN

Während es die Winzer anderswo größte Anstrengung kostet, anständigen Schampus hervorzubringen, gelingt dies den Champenois fast ohne Mühen. In dieser Randregion des Weinbaugürtels gelangen die Trauben nur schwer zur Reife. Dafür ist ihr Alkoholgehalt bei der Lese relativ niedrig, bestens geeignet für die Zweitgärung; der Säuregehalt aber ist sehr hoch, was wiederum für eine gute Flaschenreifung unabdingbar ist.

Die Rebsorten Chardonnay und Pinot Noir gedeihen auch auf Kreideböden vieler anderer Länder. Doch nur in diesem nördlichsten Anbaugebiet Frankreichs trifft der geeignete Boden auf ein vom Atlantik beeinflußtes Klima, das einen erfolgreichen Weinbau gerade noch zuläßt. Die Risiken werden bewußt in Kauf genommen, denn diese Region bringt die feinsten Schaumweine der Welt hervor.

Zur Weinlese erwacht die Champagne. Auch Trauben aus weniger guten Jahren tragen zu einem guten Champagner bei.

Veuve Clicquot *(siehe S. 34)*, eines der größten und beliebtesten Champagnerhäuser, exportiert seine erstklassigen Cuvées in zahlreiche Länder.

AOC-GEBIETE

Die Appellation d'Origine Contrôlée (AOC, kontrollierte Herkunftsbezeichnung) umfaßt gut 32.000 ha Rebflächen in fünf Bereichen. Die wichtigsten Städte sind Reims und Épernay.

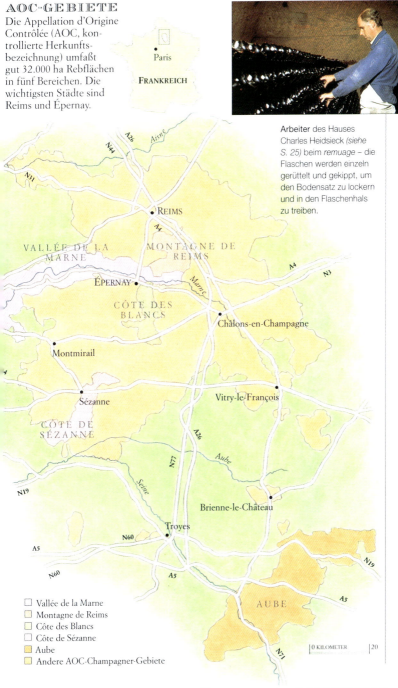

Arbeiter des Hauses Charles Heidsieck *(siehe S. 25)* beim *remuage* – die Flaschen werden einzeln gerüttelt und gekippt, um den Bodensatz zu lockern und in den Flaschenhals zu treiben.

- ☐ Vallée de la Marne
- ☐ Montagne de Reims
- ☐ Côte des Blancs
- ☐ Côte de Sézanne
- ☐ Aube
- ☐ Andere AOC-Champagner-Gebiete

CHAMPAGNER – EIN STILLWEIN?

So merkwürdig es uns heute scheinen mag, der Wein aus der Champagne war ursprünglich gar kein Schaumwein. Im 15. Jh. wurde er als Stillwein am französischen Hof (wo traditionell nur Burgunder getrunken wurde) eingeführt. Kaufleute aus ganz Europa brachten das Getränk dann in andere Regionen Frankreichs, nach Spanien, Italien, England und in die Niederlande.

Die Engländer brachten bekanntlich importierte Weine aus der Champagne zum Perlen *(siehe S. 8)*. Nach einer weit verbreiteten Auffassung war es zwar Dom Pérignon (1639–1715), ein Mönch in der Abtei Hautvillers bei Reims, der den sprudelnden Schampus erfand, doch ist der Beweis nur schwer zu erbringen. Die meisten französischen Feinschmecker verabscheuten nämlich schon die bloße Vorstellung eines solchen Getränks.

Eiserner Wegweiser in Hautvillers, Vallée de la Marne.

Ruinart, in Reims, das erste Champagnerhaus.

DIE ERSTEN CHAMPAGNERHÄUSER

Ruinart *(siehe S. 30)*, das erste echte Champagnerhaus, wurde 1729 gegündet. Als dann die Textilunternehmen ihren Kunden immer häufiger Champagner schenkten, und die Nachfrage nach dem Geschenk die nach der Ware übertraf, verlegten sich die Unternehmer kurzerhand auf die Champagnerproduktion. Als Verkäufer wurden häufig Deutsche eingestellt – wegen ihrer sprachlichen und kaufmännischen Qualitäten. Einige, etwa Krug und Bollinger, gründeten später eigene Weingüter im Champagnergebiet.

Heidsieck & Co Monopole, gegründet 1834 von Henri-Louis Walbaum aus der berühmten Familie Heidsieck.

Die besten Häuser

1. Billecart-Salmon S. 22
   Mareuil-sur-Aÿ
2. Bollinger S. 23
   Aÿ-Champagne
3. Gosset S. 24
   Aÿ-Champagne
4. Charles Heidsieck S. 25
   Reims
5. Jacquesson S. 26
   Dizy
6. Krug S. 27 *Reims*
7. Laurent-Perrier S. 28
   Tours-sur-Marne
8. Moët & Chandon S. 29
   Épernay
9. Pol Roger S. 30
   Épernay
10. Louis Roederer S. 31
    Reims
11. Ruinart S. 32 *Reims*
12. Salon S. 33
    Le Mesnil-sur-Oger
13. Veuve Clicquot S. 34
    Reims
14. Vilmart S. 35
    Rilly-la-Montagne

DAS GRAND-CRU-GEBIET

Die *crus* der Champagne setzen sich aus rund 300 Gemeinden zusammen, deren Weinberge nach dem System der Échelle des Crus klassifiziert werden. Siebzehn Orte um Épernay und Reims besitzen den *Grand-cru*-Status, d. h. ihr Traubengut wird mit 100 Prozent bewertet.

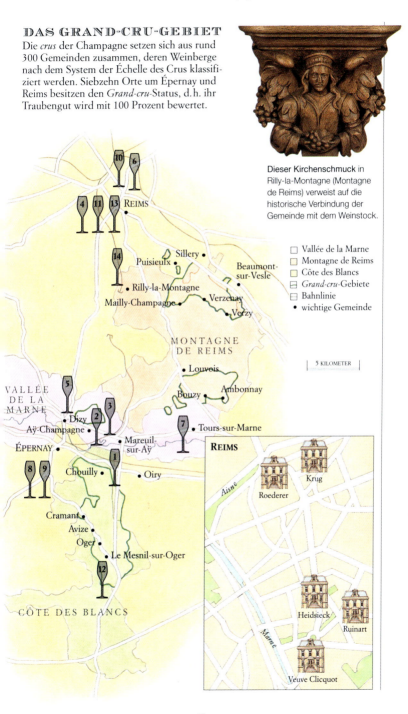

Dieser Kirchenschmuck in Rilly-la-Montagne (Montagne de Reims) verweist auf die historische Verbindung der Gemeinde mit dem Weinstock.

- ☐ Vallée de la Marne
- ☐ Montagne de Reims
- ☐ Côte des Blancs
- ☐ *Grand-cru*-Gebiete
- ☐ Bahnlinie
- • wichtige Gemeinde

Moët & Chandon
erzeugt mehr als 13 % des *Négociant-manipulant*-Champagners.

DER CHAMPAGNER EROBERT DIE WELT

Erst zu Anfang des 19. Jh.s, als die berühmtesten Häuser ihre Marken in die ganze Welt verkauften, wurde das Hauptprodukt der Champagne und damit auch ihr Name zu einem Synonym für Schaumwein. Besonders die Engländer und Amerikaner freundeten sich mit dem festlich-fröhlichen Getränk an, doch erstaunlicherweise handelte es sich hierbei meist um lieblichen Wein – oft ebenso süß wie der Dessertwein Sauternes.

Als mit der Zeit immer mehr Land in der Champagne für den Weinbau genutzt wurde und sich die Qualität der Trauben stetig verbesserte, kam es zu einem erbitterten Streit über den Namen des Weins. Auch andere Länder nannten ihre Schaumweine »Champagner«, und manche einheimischen Erzeuger verarbeiteten auch Lesegut aus anderen Teilen Frankreichs. 1911 erhob sich ein Aufstand, bei dem sich die Winzer von Marne und Aube in der Gemeinde Aÿ regelrechte Straßenkämpfe lieferten. Einige Jahre später hatte die Champagne unter noch Schlimmerem zu leiden – dem dortigen Stellungskrieg beim Einmarsch deutscher Truppen.

Nach dem Ersten Weltkrieg gingen die Exporte schlagartig zurück. Dafür zog aber der Umsatz im eigenen Land an, und so wurden 1927 die Bestimmungen der Appellation d'Origine Contrôlée (AOC) für

Seit die Amerikaner Charles-Camille Heidsieck (*siehe S. 25*) »Champagner-Charlie« tauften und George Leybourne mit seinem berühmten Lied durch die Music Halls zog, wird der Champagner vor allem in der angelsächsischen Welt mit liebevollen Spitznamen belegt. Im viktorianischen England hieß er »Fizz«, und die Edwardianer nannten ihn »Bubbly«. In den 60er und 70er Jahren wurde er zu »Champers« in den 80ern gar zu »Shampoo«.

Der berühmteste Wein der Welt wird seit langem mit Festen, romantischer Stimmung und *joie de vivre* assoziiert.

Théophile Roederer war ein eigenständiges Unternehmen, das 1907 von Louis Roederer (siehe S. 31) aufgekauft wurde.

die Champagne erlassen. Im Zweiten Weltkrieg wurden die Kellereien von den deutschen Besatzern kontrolliert und entrannen nur knapp dem Schicksal, bei deren Rückzug in die Luft gesprengt zu werden. Ab den 50er Jahren kamen viele neue Märkte hinzu; doch auch heute trinken die Franzosen noch immer fast doppelt so viel Champagner wie die gesamte restliche Welt.

DIE QUALITÄT DES CHAMPAGNERS

Die Bezeichnung »Champagner« allein genießt einen derartigen Ruf, daß es seinen Produzenten erlaubt ist, die AOC auf dem Etikett wegzulassen. Die Champenois verfügen nicht nur über perfekte Wachstumsbedingungen für Schaumweine, sondern auch über jahrhundertealte Erfahrung in ihrer Herstellung. Schließlich waren sie es, die die *méthode champenoise* entwickelten, und sie nehmen die *assemblage* immer noch ernster als andere Winzer.

DIE ERZEUGER

Ein Champagner-»Haus« wird als *négociant-manipulant* bezeichnet (auf dem Etikett abgekürzt als NM) – dort wird der Champagner aus eigenen Trauben und dem zugekauften Lesegut kleinerer Winzer hergestellt. Über 250 Häuser erzeugen rund 70 % der Weine sowie fast den gesamten Export. Das größte Champagnerhaus ist Moët & Chandon. Auf den folgenden Seiten werden die besten Champagnerhäuser vorgestellt.

Über 9.000 Champagnermarken werden von rund 2.500 Häusern, Winzern und Kooperativen vermarktet. Rechnet man die etwa 3.000 händlereigenen Marken hinzu, kommt man auf über 12.000 scheinbar unterschiedliche Champagnersorten. Da jede von ihnen zudem in Form von durchschnittlich vier Cuvées verkauft wird, kann der Kunde zwischen 50.000 »verschiedenen« Marken wählen!

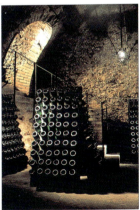

Gosset (siehe S. 24) begann im 16. Jh. Champagner zu erzeugen, damals noch ein Stillwein.

Billecart-Salmon

1818 gegründet, wirbt das Haus mit dem Slogan »Er durcheilt die Jahrhunderte ...«.

EIN KLEINER Familienbetrieb, der Champagner von großer Finesse erzeugt. Berühmt ist der feine Rosé, der ein Fünftel der Verkaufsmenge ausmacht.

Nicolas-François Billecart und sein Schwager Louis Salmon gründeten 1818 den Betrieb in Mareuil-sur-Aÿ, seit dem 16. Jh. Sitz der Familie.

Wer reinen Champagner mit reifer Frucht liebt, der gleichwohl hervorragend altert, wird an allen Kreszenzen von Billecart-Salmon seine Freude haben. Schon vor 20 Jahren außergewöhnlich gut, bringt er nach der Erweiterung seiner Rebflächen und der stetigen Verfeinerung des Leseguts heute noch bessere Weine hervor.

Charakteristisch ist seit je die sehr sorgfältige Verarbeitung. Doppelter *débourbage* (Klären des Mosts durch Absetzen), die Verwendung eigener Kulturhefen sowie der lange, langsame Gärprozeß bei sehr niedrigen Temperaturen sichern höchste Qualität. Diese Methode wurde von James Coffinet entwickelt, der bis Mitte der 80er Jahre unter Jean Roland-Billecart als *chef de caves* fungierte. Daß er danach von Pol Roger *(siehe S. 30)* eingestellt wurde, bezeugt seinen erstklassigen Ruf als Kellermeister. Sein Nachfolger, François Domi, brachte unter der Regie von François Roland-Billecart sogar noch bessere Kreszenzen hervor.

Der gute Ruf des hauseigenen *Rosé* veranlaßte Billecart-Salmon, die hervorragende 1988er Cuvée Elisabeth Salmon einzuführen.

Billecart-Salmon wäre trotz seines weltweiten Rufs beinahe untergegangen, als der Fehler eines amerikanischen Agenten das Unternehmen schon zwölf Jahre nach seiner Gründung die schwindelerregende Summe von rund 100.000 Goldfrancs kostete.

Das Anwesen von Billecart verfügt über den einzigen Chasselas-Rebstock der Champagne.

Frankreich: Die Champagne

BOLLINGER

Das Haus Bollinger in der Gemeinde Aÿ entging der Zerstörung während der Champagneraufstände von 1911, die durch strengere Gesetze zur Kontrolle der Schaumweinproduktion ausgelöst worden waren.

DER SCHLÜSSEL zum Erfolg dieses Hauses sind seine 140 ha in erstklassigen Lagen, aus denen es – statt der üblichen zwölf – 70 % seines Bedarfs deckt, sorgfältige Mostauswahl, Ausbau in *barriques,* minimale malolaktische Säureumwandlung und außergewöhnliche Reserveweine.

Wer den »Bolly« trinkt? Prince Charles und James Bond als edlere Alternative zu seinem geschätzten Dry Martini.

Jacques Bollinger arbeitete zunächst für Müller-Ruinart (das jetzige Haus Henri Abelé) als Weinverkäufer. Er gründete 1829 mit Paul Renaudin einen eigenen Betrieb, mit den Weinbergen des Comte de Villermont. Bis 1984 hieß das Unternehmen Renaudin Bollinger.

Bollingers Jahrgangschampagner sind zu 100 % im Eichenfaß ausgebaut, seine jahrgangslose Spécial Cuvée hingegen nur zur Hälfte. Die Reserveweine werden mit kleinster Dosage aus Zucker und Hefe in Magnumflaschen abgefüllt. Es gibt bis zu 80 Jahre alte Bollinger-Reserveweine, verkauft werden jedoch nur bis zu 15 Jahre alte Tropfen.

Reserveweine, in Magnumflaschen abgefüllt, bleiben manchmal buchstäblich jahrzehntelang unberührt.

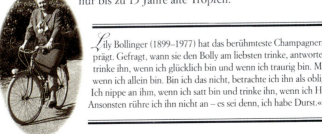

Lily Bollinger (1899–1977) hat das berühmteste Champagnerzitat geprägt. Gefragt, wann sie den Bolly am liebsten trinke, antwortete sie: »Ich trinke ihn, wenn ich glücklich bin und wenn ich traurig bin. Manchmal, wenn ich allein bin. Bin ich das nicht, betrachte ich ihn als obligatorisch. Ich nippe an ihm, wenn ich satt bin und trinke ihn, wenn ich Hunger habe. Ansonsten rühre ich ihn nicht an – es sei denn, ich habe Durst.«

Die besten Erzeuger der Welt

GOSSET

JEAN GOSSET war schon im Jahr 1531 Seigneur d'Aÿ, sein Sohn Claude im Jahr 1555 Vigneron. Doch Pierre Gosset gebührt der Ruhm, das Haus 1584 gegründet zu haben.

Während seiner Amtszeit als Bürgermeister von Aÿ (1584–1592) hatte Pierre die Ehre, Heinrich IV. zu empfangen. Dieser trank höchstwahrscheinlich den hauseigenen Trunk, der damals noch ein Stillwein war.

Gosset wurde 1992 als erster Champagner für über 30 Jahre zu einer *grande marque* (wörtlich: Berühmte Marke) erklärt; allerdings löste sich das Syndicat des Grandes Marques de Champagne, das den Titel vergab, 1997 wieder auf.

Im Jahr 1994 wurde dann das 410 Jahre alte Familienunternehmen verkauft. Es gehört nun der Familie Cointreau und ist Béatrice Cointreau direkt unterstellt. Der *chef de caves* und der Önologe blieben Gosset ebenso erhalten wie die gewohnten Kellertechniken – Holzausbau und der Verzicht auf malolaktische Gärung. Auch die Produktionsmenge von gut 500.000 Flaschen (einer ähnlichen Größenordnung wie Krug) wurde nicht verändert. Die Champagner dieses kleinen, aber feinen Erzeugers – Grande Réserve, Grand Millésimé, Grand Millésimé Rosé und Celebris – können sich beständig mit den besten Weinen der Region messen.

Temperaturkontrolle der Gossetschen Edelstahltanks durch Jean-Pierre Marson.

Zum 100. Jubiläum der Freiheitsstatue füllte Gosset 1986 seinen Schaumwein in ein Mammutgefäß ab: Die »Salomon« war aus reinem Kristallglas und faßte den Inhalt von 24 gewöhnlichen Flaschen – 20% mehr als eine Nebukadnezar.

Béatrice Cointreau, die dem Champagnerhandel neues Leben eingehaucht hat, genießt ein Gläschen Gosset.

CHARLES HEIDSIECK

IN DER Champagne gibt es drei Heidsiecks: Charles Heidsieck, Piper-Heidsieck und Heidsieck & Co. Monopole – sie alle berufen sich auf das 1785 von Florens-Louis Heidsieck gegründete Unternehmen.

Die beiden erstgenannten Firmen gehören zu Rémy-Cointreau, einem französischen Familienbetrieb. Krug gehört zu Louis Vuitton Moët Hennessy (LVMH). Der beste Champagner kommt aus dem Hause Charles Heidsieck, das 1851 von Charles-Camille, einem Großneffen von Florens-Louis, gegründet wurde. Um 1860 war er in Amerika wegen seines tollkühnen Lebensstils als »Champagner-Charlie« bekannt. Als er 1861 französische Vertragsangebote durch die feindlichen Linien zu den Konföderierten schmuggelte, landete er gar im Gefängnis.

Der Charles Heidsieck Réserve ist seit Ende der 80er Jahre der jahrgangslose Champagner mit der beständigsten Qualität und dem besten Preis-Leistungs-Verhältnis überhaupt. Sein voller, komplexer Geschmack zeigt einen an Eichenholz gemahnenden Vanilleton, auch wenn die im Edelstahltank vergorene Cuvée nie ein Eichenfaß von innen gesehen hat.

Thibaults intensiver Einsatz von Reserveweinen wird stets betont, doch wichtiger ist seine Achtung vor den *crus* der einzelnen Gemeinden in der Champagne. Er betont stets die Eigenschaften, die das Rebgut der verschiedenen Gemeinden hat, indem er so wenig wie möglich in den Gärungsprozeß eingreift. Nach seiner Philosophie entsteht ein ausdrucksstarker Verschnitt nur dann, wenn man den individuellen Charakter der

Daniel Thibault mit der Auszeichnung »Sparkling Winemaker of the Year«, die er 1994 für seine Produktion von jahrgangslosem Champagner erhielt.

*U*m 1860 inspirierte Charles-Camille Heidsieck den Sänger George

Leybourne zu dem berühmten Lied »Champagne Charlie«. Für einen Schilling ersetzte er den Namen Heidsieck aber durch jede gewünschte andere Marke. Die meistzitierte Version besingt denn auch den »Moet and Shandon« (sic) – offenbar hatte Moët schon damals das meiste Kleingeld.

Die besten Erzeuger der Welt

JACQUESSON & FILS

Das Etikett des 1985er Dégorgement Tardive (»spät degorgierter Champagner«) zeigt die Goldmedaille, die dem Hause 1810 von Napoleon verliehen wurde.

E**RST** 1974 schuf die Familie Chiquet aus Dizy die Grundlagen für die erstklassige Qualität, die das Haus Jacquesson heute auszeichnet.

Claude Jacquesson gründete das Unternehmen 1798 zusammen mit seinem Sohn Memmie. In Châlons-sur-Marne (dem heutigen Châlons-en-Champagne) bauten sie zehn Kilometer lange unterirdische Kellerfluchten.

Jacquesson stellte 1834 einen jungen Deutschen namens Joseph Krug ein, der später sein eigenes Unternehmen gründete. Schon 1867 verkaufte Jacquesson über eine Million Flaschen, doch nach dem Tod von Adolphe Jacquesson 1875 vernachlässigte die Familie das Gut, und die Verkaufszahlen gingen zurück. In den 20er Jahren wurde es dann von Léon de Tassigny gekauft, 1974 schließlich von der Familie Chiquet, seit Generationen im Weinbaugeschäft aktiv – in Dizy etwa verkaufen zwei Cousins ihre Champagner als *récoltant-manipulant* Gaston Chiquet.

Einige Grundweine werden bei Jacquesson in großen *foudres* aus Eichenholz vinifiziert, die auch als Lagerbehälter für die Reserveweine dienen. Dies verhilft dem Champagner von Jacquesson zu seiner großen Komplexität.

A**m** 4. Juli 1849 ging die *Niantic* in der Bucht von San Francisco vor Anker, und ihre Mannschaft folgte dem Lockruf des Goldes. Das verlassene, gestrandete Schiff wurde einige Zeit erst als Lagerhaus, dann als Hotel genutzt. Als es um 1879 abgerissen wurde, fand man darin gut 35 Körbe mit Wein der Marke Jacquesson. Zeitungsberichten zufolge waren sie »so tief vergraben, daß der Wein fast vollständig von der Luft abgeschlossen war, und mancher Wein schäumte leicht beim Entkorken und war von höchst ansprechendem Geschmack«.

Die Weinberge der Familie Chiquet in Aÿ, Dizy, Hautvillers und Avize sind die Seele des Jacquesson-Stils.

Frankreich: Die Champagne

KRUG

MIT KRUG trifft man eine gute Wahl – der einzige »Blue-Chip«-Champagner findet bei Auktionen stets Abnehmer.

Seit seiner Gründung im Jahr 1843 durch den Mainzer Joseph Krug steht bei diesem Familienunternehmen Qualität an erster Stelle, unabhängig von Publikumsgeschmack oder Produktionskosten. Das beste Beispiel für den außergewöhnlichen Aufwand, den man bei Krug treibt, ist die *Grande Cuvée*. Ihr Verschnitt besteht zu 35–50 % aus Reserveweinen aus sechs bis zehn verschiedenen Jahrgängen, wird im kleinen Eichenfaß vergoren und lagert fünf bis sieben Jahre auf dem Hefesatz. Eine solche Qualität hat, vielleicht mit Ausnahme des Kleinerzeugers Salon (*siehe S. 33*), sonst kein Champagnerhaus zu bieten.

Der Stil der Krugschen Kreszenzen ist nicht jedermanns Sache, was die Anhänger des Hauses allerdings in ihrem elitären Selbstbewußtsein noch bestärkt.

Die meisten durchschnittlichen Genießer haben

noch nie einen Krug im Glas gehabt; selbst Weinhändler und Journalisten kommen nur selten in diesen Genuß. Glücklicherweise habe ich selbst die Kreationen des Hauses zahllose Male verkostet und kann mit gutem Gewissen sagen, in über 20 Jahren nur zweimal einen gewissen Qualitätsverlust festgestellt zu haben – beim 1980er Clos du Mesnil und bei einer sehr grünen Grande Cuvée, die 1988 in Umlauf war.

Das Haus Krug in Reims *(oben)* wurde im Ersten Weltkrieg als Lazarett genutzt. Jeanne Krug war eine der letzten Frauen, die aus der unter dichtem Bombenhagel liegenden Stadt flüchteten. Die Familie erzeugt ihre Weine auf eigenwillige Weise, wie in diesen *barriques (unten)*.

*C*hampagner von Krug wird zu berühmten gesellschaftlichen Ereignissen serviert. So etwa beim jährlichen Empfang des Schriftstellers Jeffrey Archer, wo es einen Teller Shepherd's Pie und ein Glas Champagner gibt.

LAURENT-PERRIER

Bernard de Nonancourts Château de Louvois wurde 1680 durch den Kriegsminister Ludwigs XIV. auf dem Standort einer Burgruine erbaut, wo es angeblich spuken soll.

ALS DIE KÜFERFAMILIE Laurent aus Chigny-les-Roses es nicht mehr ertrug, fremden Wein in den eigenen Fässern zu sehen, gründete sie 1812 in der Ruine einer Abtei in Tours-sur-Marne ein eigenes Unternehmen.

Marie-Louise de Nonancourt, eine Angehörige der Familie Lonson *(siehe Erzeugerverzeichnis)*, erwarb 1938 das Weingut Laurent-Perrier und behielt dessen Namen bei. Unter ihrem Sohn Bernard wurde die Marke sehr erfolgreich und rangiert nun unter den besten sechs. Zum Unternehmen gehören außerdem De Castellane, Delamotte, Lemoine, Joseph Perrier und Salon *(siehe S. 33)*.

Der Stil des Hauses ist meist von eleganter Leichtigkeit geprägt. Der Jahrgangschampagner fällt freilich voller aus, und die Fülle der Prestige-Cuvée Grand Siècle gerät oft fast üppig und gewinnt im Alter große Komplexität und Finesse. Berühmt ist auch der Rosé, den man dort (wie nur bei wenigen Produzenten) über die *Saignée*-Methode herstellt: dabei wird Vorlaufmost von der Maische im Gärtank abgezogen und zu Champagner verarbeitet. Der jahrgangslose Rosé ist der bekannteste Vertreter dieses Stils, der Jahrgangschampagner Grand Siècle Cuvée Alexandre hingegen eine Klasse für sich.

*I*n den 80er Jahren kam Champagner ohne Dosage, also extrem trocken, in Mode – geriet jedoch rasch wieder in Vergessenheit. Doch schon um 1890 hatte Laurent-Perrier einen »Grand Vin Sans Sucre« verkauft, wie 1893 beschrieben: »Natürlicher Spitzenchampagner von feinem Bukett, Aroma und Geschmack, ohne Zusatz von Zucker oder Alkohol, ausgeliefert von Laurent-Perrier & Co. Ein wunderbar sauberer Wein von belebender, erfrischender Art – allen Champagnersorten mit Zuckerzusatz überlegen.«

Frankreich: Die Champagne

MOËT & CHANDON

WÄHREND Moët früher dank Napoleon erfolgreich war, beruht dessen führende Stellung heute auf einer Marketingstrategie, die der Konkurrenz stets um Längen voraus ist.

Jean-Rémy (1758–1841), der Enkel des Firmengründers Claude Moët, wurde durch seine Freundschaft mit Napoleon berühmt, die schon begann, als Bonaparte noch die Militärakademie in Brienne besuchte.

Nach dem Ausscheiden von Jean-Rémy ging die Leitung des Unternehmens 1832 auf seinen Schwiegersohn Pierre Gabriel Chandon über. Später begann die Verbindung des Hauses mit jenem Benediktinermönch, der im 17. Jh. die Abtei von Hautvillers geleitet hatte und dem – fälschlicherweise – die Erfindung des Champagners zugeschrieben wird (*siehe S. 18*). Moët hatte die Abtei 1823 erworben und die Legende nach Kräften angefacht. Höhepunkt dieser Verbindung wurde die Taufe der ersten Prestige-Cuvée auf den Namen Dom Pérignon. Die Bezeichnung war zuvor bereits von Mercier registriert, doch nie verwendet worden. Moët erwarb denn auch 1930 die Rechte und schmückte den 1921er Jahrgangschampagner des Hauses 1936 mit der neuen Bezeichnung. (Der 15 Jahre alte Wein verdeutlicht, welches Reifepotential damals erwartet wurde.) Die neue Marke war so erfolgreich, daß ihr Besitzer 1970 erneut bei Mercier vorsprechen und das gesamte Unternehmen kaufen konnte. Moët & Chandon gehört heute zur Unternehmensgruppe Louis Vuitton Moët Hennessy (LVMH).

Unermüdliches Marketing sorgt dafür, daß Moët & Chandon das größte und bekannteste Champagnerhaus bleibt. Von Werbeartikeln wie diesem Fächer aus den 20er Jahren bis zum Sponsoring internationaler Sportwettkämpfe trägt alles dazu bei, daß fast jeder diesen Namen kennt – auch wenn nur wenige wissen, daß das »t« in »Moët« ausgesprochen werden muß!

Schon um 1900 genossen die Arbeiter im Hause Moët & Chandon Vergünstigungen (etwa Krankengeld), die auch heute noch nicht überall selbstverständlich sind.

POL ROGER

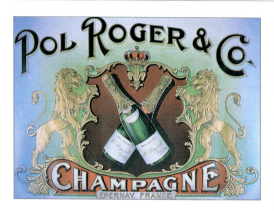

POL ROGER gründete 1849, mit erst 19 Jahren, sein Unternehmen. Sein Sohn Maurice übernahm das Haus 1899 und mehrte seinen Ruhm, vor allem in Großbritannien, wo Pol Roger zur meistverkauften Marke wurde.

Maurice änderte den Familiennamen von Roger in Pol-Roger. Als Deutschland die Stadt Épernay 1914 sieben Tage lang besetzt hielt, widerstand Pol-Roger als Bürgermeister den Soldaten, obwohl sie ihm drohten, ihn zu erschiessen. Daraufhin wählten ihn seine dankbaren Mitbürger immer wieder zum Bürgermeister.

Winston Churchill war wohl der berühmteste Verehrer von Pol-Roger. Im November 1944, nur drei Monate nach der Befreiung von Paris, traf er Odette Pol-Roger bei einem Diner und war von ihrer Schlagfertigkeit, ihrem Charme und ihrer Intelligenz so bezaubert, daß er eines seiner Rennpferde Odette Pol-Roger taufte. Er ließ sich sogar seinen Champagnervorrat in britische Pint-Flaschen abfüllen, um ihn auch allein trinken zu können.

Das Familienunternehmen bringt noch immer hochwertigen Champagner im klassischen Stil hervor. Die Weine bewahren ihre Frische fast immer länger als die aller anderen Häuser, und ihr Reifepotential übertrifft das der Konkurrenz bei weitem.

Die Nachkommen Pol Rogers brauchten eine Erlaubnis des Präsidenten, um ihren Namen von Roger in Pol-Roger zu ändern. Auf dem Etikett steht er jedoch ohne Bindestrich.

Churchill sagte über den Pol Roger: »Als Sieger verdienen wir ihn, als Verlierer sind wir auf ihn angewiesen.« Seine Lieblingsjahrgänge waren 1928, 1934 und 1947. Bei der Freigabe der Cuvée Sir Winston Churchill sagte Lady Soames 1984

über diese Leidenschaft ihres Vaters: »Stets sah ich, daß es ihm danach gutging, daß ihm schlecht wurde – nie.«

Churchill nannte dieses Château einst »die berühmteste Adresse Europas«. Es ist noch im Besitz der Familie Pol-Roger.

Frankreich: Die Champagne

Louis Roederer

DIESES profitabelste Champagnerhaus überhaupt sollte seinen Konkurrenten ein Lehrstück sein für Erfolg, der sich nicht an der Zahl der verkauften Flaschen mißt, sondern an der Höhe des Gewinns.

Ein typischer Roederer zeichnet sich durch cremig-biskuitartige Komplexität aus, die sich im jahrgangslosen Brut Premier meist von Anfang an abzeichnet, in den Jahrgangscuvées jedoch mitunter erst zwei bis drei Jahre nach dem Degorgieren hervortritt. Berühmtheit erlangte die Prestige-Cuvée Cristal, die in den USA reißenden Absatz findet, während der Blanc de Blancs weitgehend unbekannt ist. Der Cristal wurde ursprünglich exklusiv für den Zarenhof hergestellt, bis die russische Revolution das Unternehmen in ernste Schwierigkeiten brachte. Im Gegensatz zur heutigen Praxis bereitete man den Wein für die Zaren ausgesprochen süß. Der erste kommerziell erzeugte Cristal stammt aus dem Jahrgang 1945.

Wer heutzutage in der Champagne wirklich Erfolg haben will, muß es dem Eigentümer Jean-Claude Rouzaud nachtun: ein untadeliger Ruf, der Spitzenpreise rechtfertigt, genügend Rebflächen, um bei den gegebenen Qualitätsansprüchen ausreichenden Umsatz zu erzielen, aber auch die Selbstdisziplin, diesen Umsatz nicht zu überschreiten. Totes Kapital ist aber Rouzauds Sache nicht, und so eignete er sich die Firma Deutz an (*siehe* Erzeugerverzeichnis). Daß Roederer im Gegensatz zu den meisten anderen Champagnerhäusern schuldenfrei ist, kommt noch hinzu.

Ein Kellermeister des Hauses entkorkt einen Methusalem Cristal 2000.

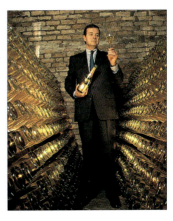

Jean-Claude Rouzaud weiß, daß er nicht mehr als 2,5 Millionen Flaschen im Jahr produzieren darf, um die Qualität seiner exklusiven Marke nicht zu gefährden.

Dieses Diplom des russischen Zaren wurde Louis Roederer 1908 verliehen.

Zu Louis Roederer gehören neben der weniger bekannten Marke Théophile Roederer, die stets ihren Preis wert war, auch Château Haut-Beauséjour in St.-Estèphe, Roederer Estate in Kalifornien sowie das spanische Portweinhaus Ramos-Pinto.

RUINART

GEGRÜNDET von Nicolas Ruinart am 1. September 1729, ist dies das Haus, das sich als erstes auf den Handel mit schäumendem (statt stillem) Champagner verlegte. Dom Thierry Ruinart, der Onkel des Gründers, war ein Zeitgenosse von Dom Pérignon (*siehe S. 18*).

Seine ersten Geschäfte tätigte Ruinart in der Textilbranche, wo er treue Kunden mit Champagnerflaschen belohnte. Bald aber überstieg die Nachfrage nach dem Champagner die Nachfrage nach den Stoffen, und so entstand das Unternehmen. Nicolas' Enkel Jean-Irénée verkaufte Ruinart-Champagner an so illustre Abnehmer wie Joseph Bonaparte, König von Spanien, Joachim Murat, König von Neapel, sowie Talleyrand. Er wurde durch Dekret von Ludwig XVIII. zum Vicomte de Brimont geadelt, außerdem wurde er Bürgermeister von Épernay und Deputierter von Marne.

Dieser Qualitätschampagner wurde nie in großen Mengen hergestellt. Selbst nach der Verdreifachung der Verkaufszahlen nach der Übernahme durch Moët & Chandon bleibt Ruinarts Umsatz unter zwei Millionen Flaschen. Damit rangiert das Unternehmen zwischen Bollinger und Louis Roederer. Ruinart ist bekannt für seinen überwältigenden Dom Ruinart – als Blanc de Blancs oder Rosé –, doch auch die zu häufig übersehene, einfache Serie »R de Ruinart« ist ihren Preis mehr als wert.

Rheims, der alte englische Name der Stadt Reims, taucht noch heute auf manchen Ruinart-Etiketten auf.

Der in Kreidehöhlen gehauene Gewölbekeller (*links*) ist denkmalgeschützt. Für einen Besuch bei Ruinart muß man sich schriftlich anmelden, doch lohnt sich die Besichtigung schon allein wegen der großartigen *crayères*.

Frankreich: Die Champagne

SALON

Das Restaurant Maxim's in Paris erwählte Salons Jahrgangs-*Blanc-de-blancs*, den bis heute einzigen Stil des Unternehmens, in den 20er Jahren zum Hauswein.

ZUR BERÜHMTHEIT wurde der Salon in den 20er und 30er Jahren, als das Pariser Maxim's ihn zum Haus-Schampus erkor. Nach dem Tod des Unternehmensgründers geriet die Marke jedoch weitgehend in Vergessenheit.

Eugène-Aimé Salon (1867–1943) half als Kind oft seinem Schwager Marcel Guillaume, dem *chef de caves* bei Clos Tarin. Später erwarb Salon fünf Hektar in Le-Mesnil-sur-Oger, wo er sich einen Jugendtraum erfüllte: aus einem einzigen Gewächs, einer Lage und einer Rebsorte – dem Chardonnay – einen perfekt ausgewogenen Champagner zu gewinnen. Er verarbeitete nur die erste Pressung, den *vin de cuvée*, und verkaufte den Rest. Zudem produzierte er ausschließlich Jahrgangschampagner. Durch solche strengen Maßnahmen meisterte er den *blanc de blancs* und war offenbar der erste, der diesen Stil kommerziell vermarktete – über das 1921 gegründete Haus Salon.

Salon wurde 1963 von Besserat de Bellefon, später von Pernod-Ricard aufgekauft. Paul Bergeot, der neue Präsident, setzte sich für den Salon ein und lancierte ihn 1976 unter dem Etikett Salon Cuvée S. Nachdem das Haus 1989 in den Besitz von Laurent-Perrier übergegangen und Bertrand de Fleurian unterstellt worden war, tat dieser acht Jahre lang alles, um diesem winzigen und doch so außerordentlichen Champagnerhaus den Aufstieg zu sichern.

Paul Bergeot hatte es mit der Umstellung des Salon auf eine dickere Flasche so eilig, daß er die Reste der Jahrgänge 1971 und 1973 dekantieren, mit einem leichten *liqueur de tirage* versetzen und umfüllen ließ. Daraufhin kam es zu einer dritten Gärung – damals wußte niemand, daß das illegal war. So findet man von diesen beiden Jahrgängen heute noch die »alte« neben der »neuen« Version.

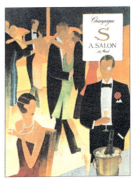

Salon, einer der wenigen Champagner ohne malolaktische Gärung, erlebte 1976 eine Wiedergeburt.

VEUVE CLICQUOT PONSARDIN

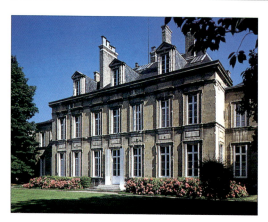

Das Hôtel du Marc, der Sitz von Veuve Clicquot in Reims, wurde Madame Clicquot von ihrem Geschäftspartner Édouard Werlé vermacht.

NAME UND BILD des Veuve Clicquot sind noch heute mit seiner illustren Besitzerin – der Grande Dame des Champagners – verbunden. Angesichts der Größe des Unternehmens ist seine Qualität überraschend hoch.

Sicher fällt es bei einem körperreichen Wein wie dem Cliquot leichter, zufriedenstellende Qualität zu erzielen, als bei einem leichteren – je leichter der Stil, um so leichter ist auch der kleinste Fehler aufzuspüren. Viel schwerer ist es aber, einen körperreichen Wein mit Finesse auszustatten. Das gelingt beim Cliquot: er ist nicht nur ein großer Wein, er schmeckt auch so.

Von Philippe Clicquot-Muiron 1772 gegründet, machte jedoch erst dessen Schwiegertochter den Cliquot ab 1805 zu einer großen Marke. Dabei stand ihr ein gewisser Monsieur Bohne zur Seite, der die Mousse jedoch kritisierte: »Dies ist ja ein schreckliches Ding, das mit mir aufsteht und zu Bett geht: Krötenaugen!« Madame Cliquot engagierte den Kellermeister Antoine Müller und beide entwickelten den *remuage,* das heute weitverbreitete Rüttelsystem.

*W*as hatten Puschkin, Tschechow, Ian Fleming, Alfred Hitchcock, Jules Verne, die Bourbonen und die Romanoffs, die Habsburger, Bonapartes und alle britischen Monarchen nach Edward VII. gemeinsam? Sie tranken Veuve Cliquot.

Die im Alter von 27 Jahren verwitwete Nicole-Barbe Clicquot-Ponsardin war, als sie mehr als 60 Jahre später starb, zur »Grande Dame« des Champagners geworden.

VILMART

Champagnerflaschen beim *remuage (siehe S. 11)* in den V-förmigen *pupitres* (Rüttelpulten) im Vilmartschen Kellergewölbe in Rilly-la-Montagne.

DAS UNTERNEHMEN besteht schon seit 1890, doch sein Durchbruch als eines der großen Champagnerhäuser erfolgte erst in den späten 1980er Jahren mit einem glänzenden Wein seines Besitzers René Champs.

Vilmart war seit jeher im Familienbesitz der Champs. Die eigenen Rebflächen in Rilly-la-Montagne sorgen für den vollen, komplexen, Pinot-betonten Stil des Hauses. Doch für die Qualität des Vilmart sind weniger die Lage als die geringen Erträge verantwortlich – so wird die Kraft des Weines durch reichlich reife Säure ausgeglichen.

Ein weiterer wichtiger Faktor ist Eichenholz. Die meisten Weine werden in großen, ovalen Holzbehältern vergoren, während die Spitzencuvées im kleinen *barrique* entstehen. Vilmart kann sich sogar als Speerspitze eines Mini-Trends in der Champagne begreifen: der Verwendung von neuem Eichenholz. Leider hat man damit in manchen Jahren ein wenig übertrieben – bei der 1991er Cœur de Cuvée und der 1990er Cuvée du Nouveau Monde kommt der Holzton zu stark durch.

Doch die Familie Champs hat aus solchen Erfahrungen gelernt und erzielt heute Weine höchster Qualität.

*R*ené Champs, ein außergewöhnlich begabter Mann, hat sein Haus selbst entworfen und gebaut und nebenbei einen erstklassigen Champagner geschaffen. Das Buntglasfenster, das die traditionelle Methode des Pressens von Chardonnaytrauben zeigt, ist nur eines der vielen reizvollen Details

des Hauses. Jede Scheibe kostete René Champs rund 200 Stunden geduldiger, mühevoller Arbeit.

Schaumwein-Regionen in Frankreich

Ausserhalb der Champagne wird mindestens seit 1820 Schaumwein hergestellt. Solche Alternativen zum Champagner werden leicht übersehen, doch stammt von den zwei Milliarden Flaschen Schampus, die die Welt jedes Jahr hervorbringt, immerhin ein Achtel aus dem übrigen Frankreich.

APPELLATIONEN

In Frankreich gibt es 50 Schaumweinappellationen. Die Loire-AC Saumur ist die wichtigste und Limoux die verlockendste, doch was Qualität und Sortenspektrum angeht, stehen die Appellationen Burgund und Elsaß an der Spitze. In der winzigen AC Die wird der Clairette de Die bereitet, einer der feinsten süßen Schaumweine der Welt.

ELSASS

Crémant d'Alsace, die Schaumweinappellation im Elsaß, wird von Wolfberger, Laugel und Dopff Au Moulin beherrscht. Der beliebteste Stil ist ein früh gelesener Pinot Blanc. Der Pinot Gris liefert zwar eine höherwertige Cuvée, doch hat der höhere Preis dieser Traube ihre Verbreitung verhindert. Auch Riesling wird hier manchmal zu Schaumwein vergoren. Der Crémant rosé wiederum ist der am meisten unterschätzte Schaumwein der Region: ein eleganter, reiner Pinot Noir mit weicher Erdbeer- oder Kirschenfrucht, doch diese Weine sollten nicht länger als 18 Monate gelagert werden.

Die AC Crémant d'Alsace führte 1976 als erste französische Schaumweinappellation den Begriff *crémant* ein.

Die besten Erzeuger
1. Aigle (Domaine) *Roquetaillade*
2. Baumard *Rochefort-sur-Loire*
3. Bouvet *St-Florent*
4. Deliance *Dracy-le-Fort*
5. Die (Cave Coopérative) *Die*
6. Dopff Au Moulin *Riquewihr*
7. Gratien & Meyer *Saumur*
8. Picamelot *Rully*
9. Sieur d'Arques *Limoux*
10. Wolfberger *Eguisheim*

Im Elsaß nutzt man zum Teil die größere Fülle und den höheren Säuregehalt des Pinot Gris, allerdings ist die Traube um 40% teurer als der Pinot Blanc.

— *Schaumweinregionen in Frankreich* —

SCHAUMWEIN-APPELLATIONEN

Die meisten Schaumweine kommen aus dem Norden und der Mitte Frankreichs – mit Ausnahme des Limoux ist der Süden, etwa die Provence, nicht für diesen Weinstil bekannt. Auch in Bordeaux gibt es Schaumweinappellationen, doch die besten Gewächse findet man im Elsaß, in Burgund und an der Loire.

- Wichtige Schaumweinappellationen
- Champagne *(s. Seite 16–21)*

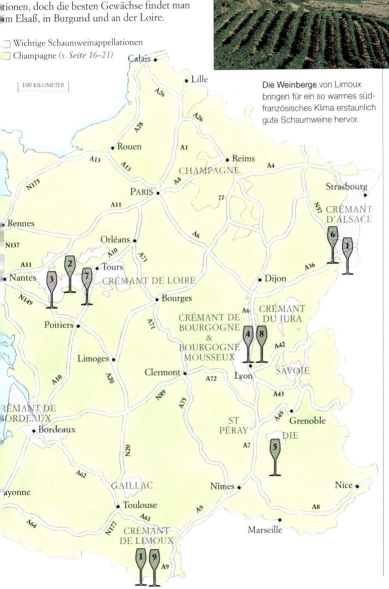

Die Weinberge von Limoux bringen für ein so warmes südfranzösisches Klima erstaunlich gute Schaumweine hervor.

BURGUND

Die drei Hauptzentren der Schaumweinproduktion sind der Bereich Yonne bzw. Chablis, das Chalonnaise in der Région de Mercurey sowie das Mâconnais. Die Schaumweinappellation Crémant de Bourgogne gilt mittlerweile für alle Weine dieses Stils, abgesehen von manchen roten Schaumweinen, die unter der AC Bourgogne Mousseux in den Handel kommen.

Trotz einiger durchaus guter Crémants de Bourgogne läßt deren durchschnittliche Qualität einiges zu wünschen übrig. Zu viele Erzeuger verlassen sich auf Rebgut, das den Ansprüchen des stillen Burgunders nicht genügt und daher billig verkauft wird. Solche Weine haben mit übermäßigem Schwefelgehalt zu kämpfen. Die Schaumweinindustrie in der Bourgogne hat noch nicht eingesehen, daß Trauben gezielt auf diesen Weinstil hin gezogen werden müssen.

Die besten Provenienzen sind sortenreiner Chardonnay, ob voll und toastwürzig (wie häufig in der Yonne), gehaltvoll und weich (vom Chalonnaise) oder frisch und von lebhafter Leichtigkeit (vor allem im Mâconnais). Der Crémant rosé aus Burgund ist meist nur als reinsortiger Pinot noir interessant. Hochwertiger Crémant de Bourgogne sollte innerhalb von drei Jahren nach dem Kauf getrunken werden.

Zu den besten Erzeugern gehören Caves de Bailly, André Bonhomme, Deliance, Picamelot, Roux Père, Simonnet-Febvre und Caves de Viré.

Der Reiz moussierender, lieblicher Tropfen war im Frankreich der 1870er Jahre so in Mode, daß sich sogar ein anderer Süßwein – der stille Sauternes – von der schäumenden Welle bedroht sah. In *Eine Geschichte des Champagners* (1882) berichtet Henry Vizetelly, wie riesige Mengen Sauternes mit der Eisenbahn die »Schaumwein-Manufaktur« Normandin bei Angoulême verfrachtet und dort zu preisgekröntem Schaumwein verarbeitet wurden.

Das Burgund, eines der ältesten Anbaugebiete Frankreichs, wetteiferte im 17. Jh. mit der Champagne, als aus beiden Regionen Stillweine kamen, um die Gunst des Hofes. Vom späteren Siegeszug des Champagners ließ man sich in der Bourgogne nicht beirren: die meisten Burgunder sind und bleiben Stillweine.

LIMOUX

Dieses kleine Anbaugebiet bei Carcassonne will schon mehr als 160 Jahre vor Dom Pérignon (*siehe S. 18*) Schaumwein produziert haben; doch der Beweis ist noch nicht erbracht. Richtig ist aber, daß ein derart sonniges, südliches Gebiet wie Limoux außergewöhnlich feine Schaumweine produziert, und auch die Kellertechniken haben sich in den 90er Jahren verbessert. Die Spielarten Crémant de Limoux und Blanquette de Limoux entwickelten sich von ihrem typischen Flair von frisch gemähtem Gras hin zu einem eleganteren Aroma. Zu den besten Erzeugern gehören Domaine de l'Aigle, Antech, Robert, Sieur d'Arques und Héritiers Valent.

Detail der Weinbereitung auf einem mittelalterlichen Gemälde von der Loire.

LOIRE

Die Hauptrebsorte an der Loire, Chenin Blanc, ist für einen klassischen Brut eigentlich zu aromatisch. Die größte französische Schaumwein-AC außerhalb der Champagne ist Saumur. Der Saumur Mousseux Rosé darf aus verschiedenen Sorten bereitet werden, doch handelt es sich meist um reinsortigen Cabernet Franc, die besten Tropfen verfügen über ein feines Himbeerbukett. Auch manch ein sortenreiner, rosafarbener Cabernet Sauvignon kann – auf geschmeidigere Weise – sehr gut ausfallen.

Die schwer zu findenden Schaumweine aus Vouvray und vor allem Montlouis geraten oft herrlich frisch, geschmeidig und elegant, vor allem in der Pétillant-Variante. Auch in der Touraine und der AC Crémant de Loire findet man gute Vertreter. Insgesamt aber hat das gesamte Loiregebiet zahlreiche gute Erzeuger zu bieten, die an dieser Stelle nicht alle erwähnt werden können.

In der AC Blanquette Méthode Ancestrale in Limoux ist die sogenannte *méthode rurale* verbreitet: die sonst übliche Zweitgärung findet nicht statt, sondern der Wein wird noch vor Beendigung der ersten alkoholischen Gärung abgefüllt. Im 19. Jh. wurde sämtlicher Blanquette de Limoux auf diese Weise hergestellt.

Bouvet, einer der besten Winzer an der Loire, engagiert sich im Motorsport.

SPANIEN

Freixenet (sprich etwa »Frä-sche-net«) bewirbt seine Cava mit spritzig-humorvollen Ideen.

Cava wird seit Mitte der 1970er Jahre in alle Richtungen exportiert, und die AC ist inzwischen zur zweitgrößten Appellation für in der Flasche vergorenen Schaumwein aufgestiegen. Die Branche wird von zwei Häusern beherrscht: Codorníu, die älteste, größte und innovativste Firma, und das wahrscheinlich bekannteste Unternehmen, Freixenet.

Was ist Cava?

Cava, zu deutsch »Keller«, ist die Gattungsbezeichnung für flaschenvergorenen spanischen Schaumwein, unabhängig von ihrem Ursprungsgebiet. Als Spanien aber 1986 der EU beitrat, fiel auch die Cava unter die EU-Bestimmungen, die sich auf die geschützte Ursprungsbezeichnung beziehen. Die Behörden stellten die Spanier vor die Wahl, den Namen Cava auf eine geographisch eingegrenzte AC zu übertragen oder ihn vollends fallenzulassen.

Diese Forderung entbehrte nicht einer gewissen Ironie, hatte es die EU doch zugleich nicht vermocht, den Namen »Sherry« – die älteste geographische Appellation der Welt – zu schützen.

Doch Spanien rächte sich, indem es jeden bekannten Cava-Erzeuger aufspürte und um die jeweilige Gemeinde eine AC-Grenze zog. So verwandelte sich Cava quasi über Nacht in eine »geographische« Appellation, die über halb Spanien verstreut war. Doch die meisten Weine kommen wie früher aus der Region Penedès, die besten Tropfen aus dem Gebiet um Sant Sadurní d'Anoia.

— *Spanien* —

CAVA-LAND

Penedès ist ausgesprochenes Cava-Land, doch auch in anderen Anbaugebieten kommt dieser Schaumwein vor. Daher ist die Appellation Cava nur bedingt geographisch zu sehen.

☐ Wichtigste Cava-Regionen

Codorníu gewann schon 1888 die erste Goldmedaille.

Das Anwesen von Codorníu im Jugendstil wurde Ende des 19. Jh.s von Josep Maria Puig i Cadafalch geschaffen und 1976 zum Nationaldenkmal erklärt.

Die für ihre Cava berühmte Freixenet-Gruppe umfaßt außerdem das Gloria Ferrer in Kalifornien, Castellblanch sowie das Champagnerhaus Henri Abelé.

Die besten Erzeuger

1. Codorníu
   Sant Sadurní d'Anoia
2. Freixenet
   Sant Sadurní d'Anoia
3. Gramona
   Sant Sadurní d'Anoia
4. Mascaró
   Vilafranca del Penedès
5. Raimat
   Costers del Segre
6. Raventós Rosell
   Masquefa

DIE CAVA-INDUSTRIE

Lange Zeit wurde allgemein angenommen, der erste spanische Schaumwein sei 1872 von José Raventós, dem Chef von Codorníu (einem im 15. Jh. gegründeten Betrieb), erzeugt worden. Neuere Forschungen haben jedoch ergeben, daß die Cava viel früher »erfunden« wurde, nämlich von Luis Justo Vilanueva. Die ersten Flaschen produzierte Antonio Gili 1862, in einer Zeit, als französische Champagnererzeuger in die Region einwanderten. Doch eine wirkliche Cava-Industrie entstand erst nach dem Zweiten Weltkrieg.

Gramona, gegründet 1881, begann 1921 mit der Cava-Produktion. Die Weine (oben beim Verkorken) lagern vor dem Verkauf fünf Jahre in den dunklen Kellergewölben dieses Weinguts.

MILDE SÄURE

Die Cava ist der Schaumwein der Wahl für diejenigen, denen selbst die besten Champagner zu aggressiv sind. Anderen ist sie wieder zu mild. Eine weiche, milde Art ist zwar an sich kein Fehler, doch wenn bei einem Schaumwein die Säure weicher ist als die Mousse, wird nur eine minimale Dosage (*siehe S. 11*) gegeben. Das aber macht den Wein kurz und hohl und nimmt ihm sein Reifepotential. Zu den Cava-Produzenten, die diese Nachteile am besten überwinden, gehören Codorníu, Freixenet, Gramona, Mascaró, Raimat und Raventós Rosell.

DIE REBSORTEN

Die drei am meisten verwendeten Rebsorten heißen Parellada, Macabéo und Xarello, allesamt einheimische Trauben, die es schon zur Entstehungszeit des Cava gab. Ein beliebter Glaubenssatz lautet, die Macabéo – meist die Grundlage einer Cava-Cuvée – liefere die Frucht,

Die besten Parellada-Trauben wachsen in hohen Lagen, wo sie länger reifen.

*B*ei einigen nach der *méthode champenoise* bereiteten spanischen Weinen begann die Produktion erst, nachdem die Grenzen der Cava-DO festgelegt waren; sie gehören daher nicht offiziell zur Appellation. Das sind unter anderem Xamprada (León), Oriella (Madrid), Juan de Arges (Valencia), Montsec und Ibón (Zaragoza), El Grifo (Lanzarote), sowie Cantares und Mantolán (Ciudad Real).

Spanien

Xarello steuere Fülle und Körper bei und die Parellada-Traube ihre weiche, aromatische Art.

Die Suche nach besseren Rebsorten

Codorníu begann in den 70er Jahren mit dem Anbau von Chardonnay, um die Qualität des Verschnitts zu verbessern. Dem widersetzte sich Freixenet mit dem Argument, fremde Trauben würden den spanischen Charakter der Cava verwässern. Zwischen den beiden Häusern kam es über dieser Frage zum Streit.

Der Autor ist der Auffassung, daß andere einheimische Trauben der Cava nur guttun würden, vor allem die Beimischung dunkler Trauben zum weißen Verschnitt. Codorníu erprobte diese Methode als erster Erzeuger und ging sogar so weit, einen *Blanc de noirs* zu bereiten. Daraus wurde – wenn auch mit der fremden Sorte Pinot Noir – der üppigste Schaumwein, den Spanien zu bieten hat. Heute experimentiert auch Freixenet mit der indigenen blauen Monastrell in einer weißen Cuvée, die sich recht vielversprechend anläßt.

Auf dem Rosé-Sektor wurden die Sorten Trepat und Garnacha ausprobiert. Der Erzeuger Mont Marcal versuchte es mit der Tempranillo, der großartigsten Traube Kataloniens, und bei Can Ràfols dels Caus verfiel man sogar auf die Sorte Merlot.

Firmensitz von Freixenet in Sant Sadurní d'Anoia, der wichtigsten spanischen Cava-Stadt im Herzen der Region Penedès.

Die spanischen Begriffe *Fermentación en Botella*, *Vino Espumoso Natural* und *Método Transfer* stehen für das Transvasierverfahren. Schaumweine mit dem Vermerk *Vino Gasificado* oder *Granvás* werden auf dieselbe Weise mit Kohlensäure versetzt wie Limonade oder Coca Cola.

Manuel Raventós ließ die Werbeplakate für Codorníu von katalanischen Künstlern anfertigen, dieses von Ramón Casas, 1866–1932.

DEUTSCHLAND

Die Sektindustrie ist heute die größte Schaumweinindustrie der Welt. In manchen Jahren übersteigt die Produktion eine halbe Milliarde Flaschen, das ist fast zweimal soviel wie der jährlich erzeugte Champagner.

Willkommensschild des Weinorts Durbach in Baden.

EINE DEUTSCHE NEIGUNG
In diesem Jahrhundert haben die Deutschen überwiegend Sekt für ihre Landsleute angebaut. Der durchschnittliche Exportanteil umfaßt kaum acht Prozent des Gesamtumsatzes und war auch schon auf vier Prozent gesunken. Doch die Deutschen selbst trinken immer mehr Sekt: Der Pro-Kopf-Verbrauch beträgt zur Zeit fünf Liter gegenüber weniger als einem Liter im Jahr 1960.

ERSTE VERSUCHE
Die ersten Champagnerhäuser in Frankreich beschäftigten sehr viele deutsche Verkäufer (*vgl. S. 18*). Die ersten deutschen Versuche in der Schaumweinproduktion gab es schon 1783, aber man bekam den Herstellungsprozeß nur langsam in den Griff, so daß das älteste kommerzielle Haus, Kessler, erst 1826 gegründet wurde. Zehn Jahre später, als man den Restzuckergehalt eines Weins nach der ersten Gärung messen konnte, erhöhte sich die Anzahl der Erzeuger erheblich.

Die besten Erzeuger
1. Deis
   Mosel-Saar-Ruwer
2. Durbach
   Baden
3. Kassner-Simon
   Pfalz
4. Kirsten
   Mosel-Saar-Ruwer
5. Knyphausen
   Rheingau
6. Ratzenberger
   Mittelrhein
7. Ress
   Rheingau
8. Winzersekt
   Sprendlingen
   Rheinhessen
9. Wilhelmshof
   Pfalz
10. Zähringer
    Baden

Der Weinort Bremm in idyllischer Lage an einer Moselschleife.

— *Deutschland* —

ANBAUGEBIETE IN DEUTSCHLAND

Die meisten deutschen QbAs (Qualitätsweine bestimmter Anbaugebiete) stammen aus dem Gebiet um die Flußtäler von Rhein und Mosel. Fast überall wird auch Sekt produziert.

 QbA-Gebiete

Eine Werbung für »Champagner« von Söhnlein aus dem Jahr 1901.

DIE GEBURT DES »SEKTS«

Zu einem Verkaufsboom kam es in den 1820er Jahren, als das merkwürdige Wort »Sekt« vermutlich zum erstenmal gebraucht wurde. Der deutsche Schauspieler Ludwig Devrient soll eines Novemberabends 1825 im Berliner Restaurant Lutter & Wegener ein Glas Sherry bestellt haben. Im Scherz zitierte er dazu Falstaff aus Shakespeares Drama *Heinrich IV.*, der zum Diener sagt: »Give me a cup of sack, rogue. Is there no virtue extant?« (Gib mir ein Glas Sack, Schurke. Ist keine Tugend mehr auf Erden?) Der Kellner aber wußte nicht, daß »sack« bei Shakespeare Sherry oder Süßwein hieß und brachte dem Schauspieler ein Glas deutschen Schaumwein. Man nimmt an, daß das Wort Sack fortan in den Berliner Wirtschaften die Runde machte und dabei allmählich zu »Sekt« wurde. Um die Jahrhundertwende war es als Bezeichnung für deutschen Schaumwein (der im übrigen auch unter dem Namen Champagner bekannt war) dann schon weit verbreitet.

Obwohl der vor 1850 entstandenen Sekthäuser gingen rasch wieder untergingen 1872 hatte die Produktionsmenge 1872 bereits die Viermillionen-

Weinpressen in einem Museum des Staatsweinguts Kloster Eberbach im Rheingau.

Der Sack (Süßwein) des Falstaff wird – auf Umwegen – als Namensgeber des Sekts angesehen.

»Deutscher Sekt« heißt, nur deutsche Trauben dürfen verwendet werden.

Rheinhessen ist eines der festgelegten Anbaugebiete.

Die Klassische Flaschengärung entspricht der französischen Méthode champenoise.

Sekt ist ein Synonym für Schaumwein. Wird einer der beiden Begriffe ohne nähere Bestimmung benutzt, handelt es sich meist um eine Mischung von Rebgut aus verschiedenen Ländern. »Deutscher Sekt« bedeutet, daß nur deutsche Trauben in den Verschnitt eingegangen sind, und »Deutscher Sekt bA« oder »Deutscher Qualitätsschaumwein« geben an, daß das Rebgut aus einem der gesetzlich geschützten Anbaugebiete stammt *(siehe S. 45)*.

Weiter oben auf der Qualitätsleiter gibt es die Bezeichnungen »Flaschengärung« und die Synonyme »Klassische Flaschengärung« oder »Traditionelle Flaschengärung«. Weitere Qualitätskennzeichen sind »Handgerüttelt« und »Jahrgangssekt«. Im Gegensatz zu diesen hochwertigen Schaumweinen steht der »Perlwein«, ein billiges, schwach schäumendes Getränk, das einfach mit Kohlensäure versetzt wird.

marke erreicht, und zwölf Erzeuger waren immerhin so groß und angesehen, daß sie an der Weltausstellung in Wien teilnahmen.

Eine fröhliche Runde mit Sekt zeigt dieser Stich aus der Zeitschrift *Jugend* (1897).

EINFACHER SEKT
Trotz seines Ursprungs als in der Flasche vergorenes Produkt wird Sekt heute fast ausschließlich per Tankgärung hergestellt, mehr als 85 % zudem aus importierten Grundweinen. Auch der Großteil des Deutschen Sekts entsteht durch dieses Verfahren.

SEKT AN DER SCHWELLE ZUM DRITTEN JAHRTAUSEND
Ende der 1980er Jahre gab es noch 200 deutsche Erzeuger, mittlerweile sind es über 1.300. Diesem Zuwachs von 650 % steht aber eine Produktionssteigerung von lediglich 25 % gegenüber – ein Indikator für den radikalen Wandel, der sich an der Spitze der Qualitätsleiter abspielt. Seit Anfang der 90er Jahre hat sich eine kleine, aber wachsende Minderheit qualitätsbewußter Weingüter auf wahrhaft exzellente Schaumweine spezialisiert und zwar meist nicht die alteingesessenen Sektfabriken, sondern kleine, fortschrittliche Betriebe.

Heute gibt es reine Riesling-Sekte und reinsortigen Rosé aus Pinot Noir, deren Qualität noch den hartnäckigsten Sektmuffel überzeugen dürfte. Doch da solche Gewächse nur in Kleinstmengen produziert werden, bleiben sie stets ein knappes Gut.

*D*er beste Sekt, den der Autor je probierte, war der seltene Wegeler-Deinhard Bernkasteler Doktor, der nur 1978 und 1984 produziert wurde. Wie Champagner lagerte er drei Jahre, allerdings in Spezialfässern, um ihn sachgemäß rütteln zu können.

Aus dem Riesling, der häufigsten deutschen Traube, wird zunehmend sortenreiner Sekt gewonnen.

ITALIEN

Kein anderes Land weist so viele Schaumweinappellationen auf wie Italien, ist die Herstellung dieser Weine doch in über 100 DOCs (Denominazione di Origine Controllata) zugelassen. Doch für den klassischen Schaumwein im Brut-Stil gab es keine gesonderte Appellation, bis Franciacorta 1995 schließlich in den höheren Rang Garantita (DOCG) erhoben wurde.

EINE MYRIADE HALB VERGESSENER WEINE
In den kaum bekannten italienischen Schaumweinappellationen ist meist die *Cuve-close*-Methode üblich, bei der die Zweitgärung in großen Tanks stattfindet. Für süße Schaumweine wie den Asti, der DOCG-Status genießt und Italiens besten Beitrag zur Schaumweinwelt darstellt, ist dies auch der beste Weg. Für den klassischen Brut hingegen ist das Tankgärungsverfahren das Schlimmste, was man ihm antun kann. Nicht weil die Methode nichts taugt, sondern weil dieses Massenverfahren billige Grundweine anzieht. Gegen diese Tendenz sollte dem italienischen Weingesetz eine Bestimmung hinzugefügt werden, nach der alle DOC-Schaumweine im *Brut*-Stil ausschließlich nach der *metodo classico*, der italienischen Entsprechung der *méthode champenoise,* hergestellt werden müssen.

Ferrari, eine der wenigen *Metodo-classico*-Marken, wirbt damit, man wolle »die ursprüngliche Vortrefflichkeit des Spumante bewahren«.

Blick über die Weingärten des lombardischen Gutes mit dem treffenden Namen Bellavista.

NORDITALIEN

Schaumweine werden in ganz Italien hergestellt, doch die interessantesten stammen aus dem Norden. Die besten Appellationen sind Asti für den süßen und Franciacorta für den *Brut*-Stil.

Die wichtigsten Anbaugebiete

Sophia Loren mit einem italienischen *Brut* bei der Biennale in Venedig.

Die besten Erzeuger
1 Banfi *Tuscany*
2 Bellavista *Franciacorta*
3 Berlucchi *Franciacorta*
4 Ca' del Bosco *Franciacorta*
5 Equipe Trentino *Trentino*
6 Ferrari *Trentino*
7 Gancia *Asti*

Franciacorta

Zur Appellation Franciacorta gehören verschiedene Erzeuger mit Rebflächen in der hügeligen Landschaft um den Lago d' Iseo nordöstlich von Mailand. Die Weine werden aus Chardonnay, Pinot Bianco (Weißburgunder) und bis zu 15 % aus Pinot Nero (Spätburgunder) gewonnen. Franciacorta ist nach wie vor die einzige AC Italiens für den klassischen, nach der *metodo classico* hergestellten Brut.

Bis September 1995 war in Franciacorta, wie in den meisten italienischen DOC-Gebieten, sowohl stiller wie auch schäumender Wein zugelassen. Die stillen Provenienzen fielen sogar recht eindrucksvoll aus. Doch aufgrund einer selten qualitätsorientierten neuen Bestimmung im italienischen Weingesetz wurde der erfolgreichste Schaumweinstil per Ertragsbeschränkung und strikter Reglementierung der Herstellungsmethoden in den Rang einer Art Superappellation erhoben.

Die Stillweine behalten ihren DOC-Status als Terre di Franciacorta; die DOCG Franciacorta ist ihren moussierenden Vettern vorbehalten. Nach 25 Monaten (bei *Riserva*-Weinen 37 Monaten) auf der Hefe hat der Franciacorta das Potential für feinen, biskuitartigen Brut und leichte, aber reichhaltige Rosés. Zu den besten Marken zählen Bellavista, Berlucchi, Ca' del Bosco und Faccoli.

Das Festa dell'uva (Weinlesefest) ist den Weinen Nordostitaliens gewidmet.

Der verbreitetste italienische Billig-Schaumwein ist wohl der Lambrusco, in hübschen Schattierungen von rot über rosé bis weiß. Ähnliche Geschmackswirkung erzielt man allerdings, wenn man Limonade mit einem Schuß Wodka versetzt.

Asti – der süsse Schaumschläger

Die Stadt Asti in Piemont ist die Namensgeberin für den süßen, mittels *cuve close* bereiteten Schaumwein der Gegend. Die feinsten Astis sind die großartigsten lieblichen Schaumweine der Welt – für den Bruchteil des Preises eines Champagners im *Demi-sec*-Stil bieten sie zehnfache Qualität. Der frühere Name Asti Spumante (*spumante* bedeutet »schäumend«) war durch Billigprodukte unter diesem Namen in Verruf geraten. Daher wurde dieser Zusatz bei

Der Golfer Bernhard Langer gewinnt beim »Vincitore Open d'Italia 1997« einen mit Berlucchi gefüllten Silberpokal.

Einführung der DOCG-Kategorie 1993 gestrichen.

Asti wird ausschließlich aus Muskatellertrauben gewonnen, die aus 52 Gemeinden der Provinzen Asti, Cuneo und Alessandria stammen. Die Tankgärungsmethode begünstigt aromatische, liebliche Schaumweine, deren wichtigste Eigenschaft, ihre fruchtige Frische, von der *metodo classico* nicht profitiert.

Die besten Provenienzen zeichnen sich durch winzige Perlen aus, ein frisches, traubiges Aroma, saftige Süße und eine leichte, dabei aber kräftig duftende Frucht mit leichtem Pfirsich- oder gar Orangenduft. Außerdem enthält er Geraniol, das im frischen Zustand erfreut, mit zunehmendem Flaschenalter aber einen unangenehm durchdringenden Geraniengeruch hervorruft, weswegen er nicht gelagert werden sollte.

Gute Asti-Erzeuger sind Araldica, Fontanafredda, Gancia, Giuseppe Contratto und Tosti. Gancias Auslesecuvée, der Camilo Gancia, ist eine Klasse für sich.

ANDERE SCHAUMWEINE

Führende Anbaugebiete für Bruts sind nach Franciacorta die Toskana und Nordostitalien; sie verwenden allerdings Trauben aus allen möglichen Gegenden. Zu den besten Marken gehören Equipe Trentino (Trentino), Ferrari (Trentino) und Villa Banfi (Toskana). Von den übrigen ist Prosecco einer der verbreitetsten italienischen Schaumweine. Soldati la Scola aus Gavi stellen ebenfalls verschiedene perlende Tropfen her.

Nach einem seiner zahlreichen historischen Siege duscht der AC Milan mit dem in der Region produzierten Ca'del Bosco.

*W*ährend es sich beim Asti um einen reinsortigen Muskateller-Schaumwein handelt, soll ein Moscato d'Asti nicht schäumen, sondern nur ganz leicht perlen *(frizzantino)*. Man erkennt ihn leicht am normalen, ganz in den Flaschenhals versenkten Korken ohne Kappe. Steht auf dem Wein nur Moscato, ist es ein billiger, leicht schäumender Verschnitt aus dem verschiedensten italienischen Rebgut. Solchen Weinen fehlt in der Regel die funkelnde Frische des Asti, doch einem überalterten Asti ist selbst ein durchschnittlicher Moskato noch vorzuziehen.

Die Firma Ferrari läßt sich bei der Etikettengestaltung in jüngster Zeit von der Pop Art inspirieren und setzt damit neue Akzente *(links)*.

USA

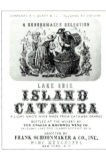

Die Amerikaner produzieren bereits seit Mitte des 19. Jh.s ihren eigenen Schaumwein. Während die kalifornischen Vinifikationsmethoden bereits ausgereift sind, zeigen die Bundesstaaten Washington und Oregon womöglich ebenso großes Potential wie ihr südlicher Mitbewerber. Auch einige französische Champagner- und spanische Cava-Häuser haben Ableger in den USA gegründet.

Catawba, eine für stillen und schäumenden Wein verwendete einheimische Sorte, war in den 1850er Jahren so berühmt, daß die *Illustrated London News* berichtete, sie »übertrifft selbst den Champagner aus Frankreich«.

CATAWBA UND ANDERE FRÜHE ERFOLGSGESCHICHTEN

Der erste amerikanische Schaumwein wurde 1842 von Nicholas Longworth aus Trauben hergestellt, die entlang dem Ohio River bei Cincinnati wuchsen. Catawba ist eine einheimische amerikanische Rebsorte mit einem exotischen, süßlichen Geschmack, der oft als »fuchsig« bezeichnet wird.

Den ersten der sagenumwobenen New Yorker »Champagner« kelterte Joseph Masson 1865. Die Marke »Great Western Champagne« aber, 1870 kreiert, war die erste, die in Europa eine Goldmedaille gewann. Dieser Champagner brüstete sich damit, in »Rheims, New York« hergestellt worden zu sein – dazu hatte man den Versandraum des Weinguts kurzerhand auf den Namen der französischen Stadt getauft.

Hollywood, immer für romantische Stimmung und mondäne Atmosphäre gut, plaziert in dieser Szene mit Bogart und Bergman eine Flasche Mumm.

USA

NAPA, SONOMA UND MENDOCINO

Kalifornien, Washington und Oregon sind die wichtigsten Schaumweinregionen. Den Löwenanteil liefern Napa Valley, Sonoma und Mendocino, nördlich von San Francisco.

Wichtigste Anbaugebiete

Die besten Erzeuger

1. Argyle *Willamette Valley*
2. Carneros (Domaine) *Napa Valley*
3. Chandon (Domaine) *Napa Valley*
4. Handley *Mendocino*
5. Iron Horse *Sonoma Green Valley*
6. J Wine *Sonoma*
7. Mumm *Napa Valley*
8. Roederer *Mendocino*
9. Scharffenberger *Mendocino*
10. Schramsberg *Napa Valley*

Carneros in Sonoma County ist eine von Kaliforniens besten Lagen für Schaumwein.

KALIFORNIEN

Der erste Schaumwein Kaliforniens wurde um 1855 in der San Gabriel Winery bereitet, und bis zur Jahrhundertwende hatten andere Erzeuger nachgezogen. Das Geschäft lief zufriedenstellend, bis 1920 auf einen Schlag fast die gesamte Alkoholproduktion gestoppt wurde. Nach der Aufhebung der Prohibition 1933 kam die Weinindustrie in Kalifornien nur sehr zögernd wieder in Gang. Der einzige verfügbare Schaumwein war billige Massenware und kaum zu empfehlen.

Das erste Qualitätsgewächs Kaliforniens wurde schließlich der Schramsberg. Das erste Spitzenweingut außerhalb der Champagne, das Moët & Chandon 1973 im Napa Valley gründete, kurbelte die Entwicklung an. In den 80er Jahren ließ sich dann eine ganze Schar von franko-amerikanischen und französischen Schaumweingütern in Kalifornien nieder sowie ebenfalls die beiden großen Cava-Häuser Freixenet und Codorníu.

Das Ende der Prohibition (1933) wurde in der angemessenen Weise gefeiert.

In technischer Hinsicht war der kalifornische Schaumwein bereits Anfang der 90er Jahre ausgereift, als die Säure nicht mehr so scharf und besser in die Frucht integriert war, was den Weinen größere Eleganz verlieh. Diese Entwicklung war keine Selbstverständlichkeit, denn das Klima ist hier nicht eben weinbaufreundlich. Der kalifornische Winzer hat nur zwei Möglichkeiten: Entweder er liest reife Trauben mit zu viel Zucker und zu wenig Säure, oder er beginnt früher mit der Ernte, bevor der Säuregehalt zu tief absinkt, aber solange die Trauben einen idealen Zuckergehalt aufweisen. Die meisten Kellermeister wählen die zweite Variante, auch wenn sie ihnen aufgrund eines zu hohen Anteils harter Apfelsäure in den Trauben Probleme beschert.

Ausgerechnet der Klerus verlangte auch während der Prohibition nach Wein (nur für das Abendmahl, versteht sich). Daher besaßen einige Weingüter Lizenzen zur Herstellung von Stillwein. Die Pleasant Valley Wine Company klagte auf Erteilung einer Sonderzulassung für Schaumwein für die Geistlichen und erhielt sie. So besaß die Firma zwei Jahre das Schaumweinmonopol, bis andere Weingüter nachzogen. Dieses skurrile Kapitel der amerikanischen Rechtsgeschichte endete erst mit Aufhebung der Prohibition.

Als beste Anbaugebiete für kalifornischen Schaumwein haben sich Mendocino, Carneros und Sonoma bewährt. Das größte Potential besitzt aber wohl das Santa Maria Valley, das in den 60er und 70er Jahren mit Schaumweinsorten bestockt war – lange bevor seine Eignung für seidenweiche rote Pinot Noirs bekannt wurde.

Anzeige für Golden State Champagne, dessen Genuß, wie es heißt, »geradewegs in den Himmel« führt.

»MAD HARRY«

Einige Erzeuger, wie etwa »der verrückte Harry« Osborne von Kristone, haben sich auf die entgegengesetzte Methode verlegt: Anders als die meisten kalifornischen Schaumweinhersteller lesen sie die Trauben erst, wenn sie reif sind. Zwar ist solches Lesegut stets zu zuckerhaltig, doch brachte »Mad Harry« aus vollreifen Trauben ein erstklassiges Produkt zustande (*siehe* Kristone im Erzeugerverzeichnis) und half überdies den Neuseeländern bei der Verbesserung ihrer Schaumweine (*siehe S*. 59).

WASHINGTON UND OREGON

In beiden Bundesstaaten kommt die Schaumweinproduktion erst allmählich in Gang, doch ihr Potential ist vielleicht ebenso groß wie das von Kalifornien. In Washington schien das Château Ste. Michelle Ende der 70er Jahre sehr vielversprechend, enttäuschte danach jedoch. Seriöse Schaumweine bietet das Weingut Mountain Dome in Spokane von Dr. Michael Manz.

Angesichts des guten Rufs, den der Pinot Noir aus Oregon genießt, überrascht das geringe Interesse der Champenois an diesem Bundesstaat. Laurent-Perrier erwarb dort zwar Anfang der 1990er Jahre Land, nutzte es aber bislang nicht. Ein weiteres französisches Champagnerhaus, Bollinger, hat sich finanziell in Argyle in den Red Hills von Dundee engagiert. Argyle gehört dem australischen Erzeuger Croser und ist mit Abstand die beste Schaumweinmarke Oregons.

*I*n den USA gibt es kein Gesetz gegen die Verwendung der Bezeichnung »Champagner« für heimischen Schaumwein, weil der Begriff schon seit frühester Zeit in Amerika benutzt und daher im Bundesrecht als Gattungsbegriff definiert wurde. Dennoch wird er von den meisten ambitionierten Schaumweinerzeugern mittlerweile gemieden.

Lese des Pinot Noir für den Schaumwein im Willamette Valley in Oregon.

Australien Neuseeland

Australische Cricketmannschaft feiert ihren Sieg über England.

Klima und Geographie Neuseelands eignen sich ausgesprochen gut für die Schaumweinproduktion, vielleicht besser als jedes andere Anbaugebiet außerhalb der Champagne. Australien assoziieren wohl die wenigsten Champagnerfreunde mit diesem Weinstil. Doch ist seine Weinbaugeschichte fast so alt wie seine Kolonialgeschichte, und viele Gebiete eignen sich auch für den Anbau ausgezeichneter Schaumweine.

Fliegende Kellermeister

Das Konzept des Fliegenden Kellermeisters (Flying Winemaker) stammt aus Australien: durch die riesige Ausdehnung des Kontinents sind die Lesetermine gestaffelt, und so können die Weinfachleute des Landes als Berater von einer Lese zur anderen fliegen. Der fliegende Kellermeister Tony Jordan und sein ehemaliger Partner Brian Croser spürten so zahlreiche Gegenden auf, die sich als Anbauflächen eignen.

Der erste sogenannte Sparkling Burgundy (Schäumender Burgunder) entstand 1881 in Auldana als Vorgänger des berühmten Shiraz, ein Oberbegriff für Weine aus Cabernet Sauvignon, Merlot und anderen roten Rebsorten.

Die überwältigende Berglandschaft Victorias bildet den Hintergrund für die Weingärten von Great Western.

Australien und Neuseeland

SÜDOSTAUSTRALIEN

Die Schaumweinproduktion gedeiht in der neuseeländischen Region Marlborough und in den meisten Anbaugebieten Australiens. Die besten Erzeuger haben ihren Sitz im Umkreis von Melbourne und Adelaide.

☐ Wichtigste Anbaugebiete

Die besten Erzeuger

1 Brun (Daniel Le)
  Marlborough
2 Chandon (Domaine)
  Yarra Valley
3 Croser
  Barossa Eden
4 Hunter's
  Marlborough
5 Jackson Estate
  Marlborough
6 Pelorus
  Marlborough
7 Seaview/Seppelt
  Southern Vales
8 Yalumba
  Barossa Eden
9 Yellowglen
  Ballarat

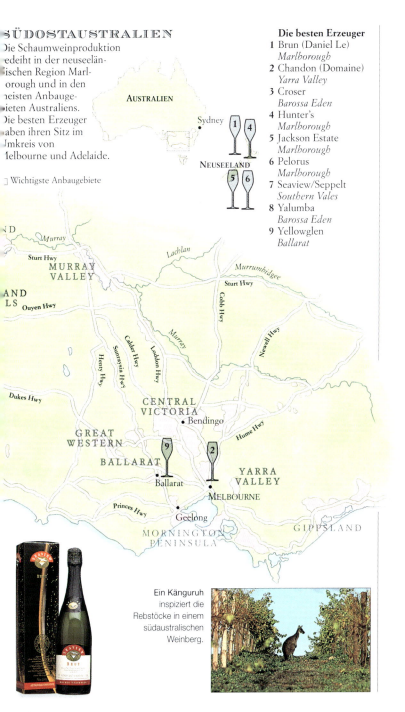

Ein Känguruh inspiziert die Rebstöcke in einem südaustralischen Weinberg.

AUSTRALISCHE PIONIERE

1843 stellte James King, ein Siedler aus dem englischen Hertfordshire, in Irrawing im Hunter Valley (New South Wales) den ersten australischen Schaumwein her.

Yalumba, gegründet 1849, liegt im grünen Barossa Valley.

Ab Ende der 1840er Jahre experimentierten auch Winzer im Bundesstaat South Australia mit Schaumwein – etwa Patrick Auld (Auldana), Thomas Hardy, Samuel Smith (Yalumba) und Joseph Ernest Seppelt (B. Seppelt & Sons, Seppeltsfield und Chateau Tanunda). Hans Irvine erwarb in den 1890er Jahren Great Western, installierte spezielle Kellertechnik und stellte den bei Pommery ausgebildeten Charles Pierlot ein. Irvines Freund Benno Seppelt übernahm dann 1918 das Unternehmen, das bald darauf unter dem neuen Namen Seppelt Great Western die Branche beherrschte.

Ein Jahr später begann der französische Koch Edmund Mazure seine Marke La Perouse zu vertreiben. Sie wurde später von Wynns übernommen, 1975 bekam sie den berühmten Namen Seaview.

Minchinbury praktizierte als erstes australisches Weingut das Transferverfahren, bei dem die Weine nach der Flaschengärung in andere Flaschen gefiltert werden. Auf diese Weise – nicht streng nach der *méthode champenoise*, bei der die Gärung in derselben Flasche erfolgt, in der das Produkt verkauft wird – werden heute viele australische Schaumweine hergestellt.

Um in Europa nicht als Nation von Ausgestoßenen, sondern als Kulturvolk wahrgenommen zu werden, schickten James King und andere australische Winzer ihre Erzeugnisse 1855 um den halben Globus zur Weltausstellung in Paris. Und das zu einer Zeit, als die Siedler Australien noch nie von Norden nach Süden durchquert hatten. In ihrem offiziellen Bericht über die Weine aus New South Wales bescheinigten die französischen Preisrichter edelmütig, »Bukett, Körper und Geschmack« von Kings Schaumwein seien »den feinsten Champagnerweinen ebenbürtig«. Der elegante Tropfen war einer von nur zwei Weinen, die Napoleon III. beim Schlußbankett kredenzt wurden.

Benno Seppelt besaß diese Weingroßhandlung in Broken Hill, New South Wales, bevor er 1918 Great Western erwarb.

SPARKLING SHIRAZ

Der Schäumende Shiraz hat eine ansprechende purpurrote Farbe und ist in zwei Grundvarianten erhältlich, eichenholzbetont oder fruchtig. Wer ihn erstmals probiert, beschwert sich oft, er schmecke wie ein körperreicher Roter, der zufällig auch perlt. Die meisten Genießer wissen den Stil jedoch mit zunehmender Shiraz-Erfahrung zu schätzen. Zum Essen läßt er sich gut trinken, vor allem zu sehr aromatischen Speisen wie einer Stilton-Sauce.

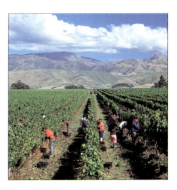

Pinot-Noir-Lese für den neuseeländischen Erzeuger Cloudy Bay im Brancott Valley in der Region Marlborough.

SPÄTENTWICKLER NEUSEELAND

Erst 1981, als der Branchenriese Montana alle Kräfte auf die Markteinführung des Lindauer verlegte, nahm die Schaumweinproduktion in Neuseeland nennenswerten Umfang an. Die Kooperation zwischen Montana und Champagne Deutz führte 1988 schließlich dazu, daß auch dieses Land seinen Platz auf der Weltkarte des flaschenvergorenen Schaumweins eroberte. Im selben Jahr brachte Cloudy Bay unter der Regie des allgegenwärtigen »Mad Harry« Osborne *(siehe S. 55)* den ersten Jahrgang seines Pelorus heraus. Das wahre Potential der Region Marlborough konnte erst ein Jahr später der Exil-Champenois Daniel Le Brun demonstrieren.

In den 1990er Jahren produzierte die Domaine Chandon eine neuseeländische Cuvée. Der Huntersche Schaumwein kam erst 1997 so recht zur Geltung, als Jane Hunter ihren Miru Miru präsentierte. Es ist zu hoffen, daß Neuseeland mehr und mehr individuell komponierte Schaumweine hervorbringen wird, vor allem aus Marlborough, das der Champagne qualitativ und preislich durchaus Konkurrenz machen kann.

Mate Selak produzierte 1956 Neuseelands ersten Schaumwein, auch wenn er ihn noch nicht vermarkten konnte. Die von ihm eingesetzte Chasselas-Traube brachte kein gutes Ergebnis, außerdem explodierten viele Flaschen. Erst 15 Jahre später hatte er Erfolg.

Er starb 1991. Sein Vermächtnis ist ein nach ihm benannter Blanc de Blancs.

Jackson Estate mit der über 30 Meter hohen aufblasbaren Schaumweinflasche.

Die besten Erzeuger der Welt

SÜDAFRIKA

Nelson Mandela trinkt auf das Ende der Apartheid.

Die Ächtung Südafrikas während der Endphase der Apartheid-Ära machte jede Entwicklung der Weinindustrie unmöglich. Doch nachdem das Land in den 90er Jahren endlich eine gemischtrassige Demokratie einführte, gab die plötzliche Öffnung der Weltmärkte der noch in den Kinderschuhen steckenden Branche Auftrieb.

DIE FEINE FRUCHT VOM KAP

Die Weingüter konzentrieren sich auf die festgelegten WO-Gebiete (Wine of Origin) um die Stadt Cape Town. Viele produzieren auch Schaumweine, häufig leider fruchtige Sprudler. Das Rebgut vom Kap verfügt jedoch über eine schöne Struktur und eine gewisse Feinheit der Frucht, die Interessantes erwarten lassen. Zu den besten Marken gehören Graham Beck, Krone Borealis (hergestellt von Twee Jongegezellen), Jacques Bruère (von Bon Courage), Pierre Jourdan (vom Clos Cabrière), Oak Village (von Vinfruco) und Villiera.

DIE ERSTEN ERZEUGER

Den ersten südafrikanischen Schaumwein bereitete 1929 die Stellenbosch Farmers' Winery. Ihr sogenannter »Grand Mousseux Vin Doux« war schlicht ein mit Kohlensäure versetzter Stillwein. Dieses Machwerk aus Chenin blanc und Clairette blanche beherrschte 60 Jahre lang den Markt und ist auch heute noch erfolgreich, vor allem im Nachbarland Namibia. Die Nederburg Première Cuvée, ein Schaumwein nach dem *Cuve-close*-Verfahren, wurde 1945 eingeführt.

Anbaugebiete für Wines of Origin (Wyn van Oorsprong)

ANBAUGEBIETE AM KAP

Die wichtigsten Rebflächen für Schaumwein liegen in einem Umkreis von rund 160 Kilometer um Cape Town. Die Etiketten werden zunehmend in englischer Sprache oder zweisprachig (Englisch und Afrikaans) beschriftet. Auf einigen wenigen sind die Informationen nur in Afrikaans abgedruckt.

Die besten Erzeuger
1 Beck *Robertson*
2 Bon Courage *Robertson*
3 Clos Cabrière *Paarl*
4 Oak Village *Stellenbosch*
5 Twee Jongegezellen *Tulbagh*
6 Villiera *Paarl*

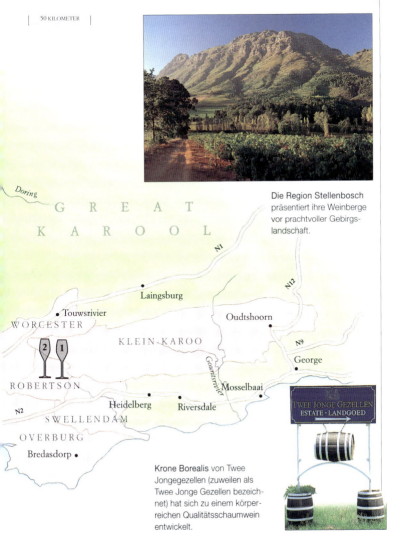

Die Region Stellenbosch präsentiert ihre Weinberge vor prachtvoller Gebirgslandschaft.

Krone Borealis von Twee Jongegezellen (zuweilen als Twee Jonge Gezellen bezeichnet) hat sich zu einem körperreichen Qualitätsschaumwein entwickelt.

Auf dem Etikett mancher südafrikanischer Weine steht Night Harvest (Nachtlese) – eine Methode, die negativen Auswirkungen des heißen Klimas auf frisches Lesegut zu vermeiden. Nachts gelesene Trauben ergeben gewöhnlich frischere, aromatischere und lebhaftere Weine als Lesegut, das tagsüber geerntet wird.

ERSTE HINWEISE AUF QUALITÄT

Den ersten südafrikanischen Schaumwein nach der *méthode champenoise* bereitete 1979 Frans Malan von Simonsig. Der »Kaapse Vonkel«, anfangs überwiegend aus Chenin Blanc gekeltert, ist neuerdings ein Verschnitt aus Pinot Noir und Chardonnay. Dieser Schaumwein war die einzige südafrikanische Flaschengärung, bis 1979 Boschendal seine erste Cuvée vorstellte.

Die internationalen Sanktionen gegen Südafrika zogen die Weinexporte in den 80er Jahren in Mitleidenschaft. Trotzdem schloß Villiera-Eigner Jeff Grier 1984 eine fruchtbare Partnerschaft mit dem französischen Winzer Jean-Louis Denois, heute einer der innovativsten Erzeuger von Limoux. Nach dem Ende der Apartheid ging Mumm eine Kooperation mit Nicky Krone von Twee Jongegezellen ein, dem Erzeuger eines der besten südafrikanischen Schaumweine, Krone Borealis.

ÜBERWINDUNG DER ISOLATION

Die Suche nach neuen Handelskontakten in der Folge der politischen Änderungen zu Anfang der 90er Jahre offenbarte, daß sich die Weinberge am Kap nach der langen internationalen Isolation in einem schlechten Zustand befanden. Zudem war das heimische Fachwissen um zehn Jahre hinter den Standard der übrigen Erzeugerländer zurückgefallen. Doch die Weinindustrie war lernwillig – der Fortschritt begann im Keller, wo einfache Maßnahmen wie eine strengere Auslese der Trauben und umfangreiche

Die meisten südafrikanischen Schaumweine entstehen im Tank, manche gar durch Karbonisierung, einschließlich derjenigen, die als *perlé* oder *perlant* gekennzeichnet sind. Höhere Qualitäten versprechen die Worte »Cap Classique« auf dem Etikett – seit 1992 der südafrikanische Ausdruck für *Méthode champenoise*.

Dem Weingut Cabrière Estate im Anbaugebiet Paarl, geführt von Achim von Arnim, gehört die ungeheuer erfolgreiche Schaumweinmarke Pierre Jourdan.

Investitionen in neues Eichenholz und bessere Technik schnelle Erfolge ermöglichten. Noch wichtiger war aber das weitsichtige Vineyard Improvement Programme (»Programm zur Verbesserung der Weinberge«, kurz: VIP), das kurz nach Aufhebung der Sanktionen in Kraft trat und mit einem ansehnlichen Prozentsatz der wachsenden Erlöse aus dem südafrikanischen Weinexport finanziert wird.

AUSBLICK

Die erste Phase des VIP, zu der die Selektion von Klonen und die Verbesserung der Unterlagsreben gehört, ist bereits im Gang. Doch da ein Weinstock erst im dritten Jahr trägt und im fünften Jahr sein wirkliches Potential erkennen läßt, zeigen sich die ersten Auswirkungen erst seit kurzem.

Phase Zwei, in der die Eignung der anfangs entwickelten Klone und Unterlagsreben in den verschiedenen *terroirs* am Kap getestet werden soll, erstreckt sich über einen langen Zeitraum.

Daher wird sich trotz der merklichen Aufwärtsentwicklung bei einigen besseren südafrikanischen Stillweinen der große Qualitätssprung erst in rund zehn Jahren bemerkbar machen. Zudem verläuft die Lernkurve bei Schaumwein länger als bei seinem stillen Verwandten. Bei letzterem erkennt der Kellermeister die Früchte seiner Arbeit oft schon ein Jahr nach der Lese, während es bei qualitätsorientierten Schaumweinen mindestens zwei bis drei Jahre dauert, bis sie vom Hefesatz genommen werden können.

*D*ie Weinberge am Kap liegen überwiegend in mediterranem Klima, das sich besser für stille Weine eignet als für schäumende. Das heißt aber nicht, daß Südafrika für Schaumwein schlicht zu heiß wäre. Die Küstenregionen sind recht niederschlagsreich und werden vom eisigen Bengula-Strom zusätzlich gekühlt. Mancherorts kommen die Trauben gar nicht erst ganz zur Reife, was für Schaumwein ideal ist. Letztlich wird die Branche ihren Schwerpunkt eher auf solche Regionen legen, als die mangelnde Ausgewogenheit früh gelesener Trauben hinzunehmen.

Bei Villiera häuften sich in den 90er Jahren die Erfolgsmeldungen. Heute exportiert man in die ganze Welt und verkauft auch direkt an Besucher.

ANDERE LÄNDER

Diese verfügen meist nicht über einen sehr hoch entwickelten Weinbau, zeigen jedoch großes Potential:

Österreich und die Schweiz erzeugen gemessen am Potential ihrer *terroirs* überraschend wenig Schaumwein, während sich im Vereinigten Königreich in den letzten Jahren Nyetimber als erster britischer Weltklasse-Schaumwein erwiesen hat. In gewissen Grenzen ist ganz Osteuropa Schaumweingebiet, meist kommt aber nur das enttäuschend fade Produkt des russischen Durchlaufverfahrens dabei heraus. In Portugal wirkt sich das gleiche Phänomen, das den heimischen Tafelweinen zugute kam, hoffentlich auch bald auf die sprudelnden Varianten aus.

In Kanada produziert die Gruppe Brights-Cartier Spitzenweine und erwarb unlängst das Versuchsgut Inniskillin. Die Flaschengärung Blue Mountain aus British Columbia hat Weltklasse, und auch Colios im Tank vergorener Chardonnay Lily ist ein Probeglas wert.

In Chile verspricht der neue Schaumwein von Mumm einiges, und Miguel Torres läuft seit kurzem wieder zur Höchstform auf. Moët & Chandon bereitet in Brasilien recht ansprechenden Schaumwein, in Argentinien weniger. Auf der anderen Seite der Weltkugel entsteht schon seit über zehn Jahren in den Sahyadri Mountains östlich von Bombay der beste asiatische Schaumwein, Omar Khayyam.

Chardonnay-Lese in Argentinien, einem Land, das für die Zukunft erheblich verbesserte schäumende Kreationen verheißt.

Gute flaschenvergorene Schaumweine sind unter anderem Nyetimber aus England und Omar Khayyam aus Indien.

Cricova in Moldawien ist die faszinierendste Schaumweinfabrik Osteuropas. Mit der unterirdischen »Stadt«, ihrem 65 Kilometer langen Wegenetz und den Kellergewölben für eine Milliarde Flaschen hatte man offenbar mehr im Sinn als nur die derzeit erzeugten zwei Millionen Flaschen. Und wer kann schon so prachtvolle Empfangssäle, marmorne Toilettenräume und das Sortiment von atombombensicheren Stahltüren installiert haben? Doch wohl niemand anderer als das mittlerweile abgehalfterte Politbüro!

Jahresübersicht

Bewertungstabellen und alphabetisches
Verzeichnis empfohlener Erzeuger, mit
Probiernotizen zu über 800 Champagnern
und Schaumweinen.

DAS BEWERTUNGSSYSTEM

Fast alle Weine in diesem Führer sind zu empfehlen. Wo Gewächse nicht bewertet wurden, befanden sie sich in einer Entwicklungsphase, die sich noch nicht verläßlich beurteilen ließ, werden aber wohl im Reifestadium gut ausfallen. Die meisten Weine wurden in meinen professionell ausgestatteten Probierräumen blind (d. h. bei verdecktem Etikett) verkostet, andere bei Veranstaltungen degustiert, die Fachorganisationen eigens für die Erstellung dieses Buches organisierten.

Ich reise regelmäßig in die Champagne und andere Schaumweingebiete, um dort Verkostungen vorzunehmen. Ein Champagner muß mindestens 80 von 100 möglichen Punkten erreichen, um in dieses Buch aufgenommen zu werden; für andere Schaumweine gilt ein Minimum von 70 Punkten.

DIE BEWERTUNG DER WEINE

Alle Weine werden gekühlt und im Vergleich zu anderen Kreszenzen ähnlichen Stils oder aus derselben Kategorie verkostet. Die Temperatur ist für die Beurteilung von zentraler Bedeutung, denn sie beeinflußt die Freigabe der Kohlensäure, die wiederum für den Eindruck der Mousse am Gaumen und die Ausgewogenheit des Weines verantwortlich ist. Innerhalb einer Kategorie vergleiche ich möglichst viele verschiedene Varianten, denn die Position eines Weines innerhalb einer bestimmten Reihenfolge kann seine Beurteilung entscheidend beeinflussen.

Sollte ein Wein fehlerhaft sein oder möglicherweise nur schwer feststellbare Mängel (etwa Spuren von Korkgeschmack oder TCA) aufweisen, steht stets eine zweite, korrekt gekühlte Flasche bereit. Und schließlich ein Punkt, der keinesfalls zu vernachlässigen ist: Es gibt Weine, die in der analytischen Atmosphäre einer Blindverkostung gar nicht zur Geltung kommen. Solche Flaschen nehme ich mit nach Hause, wo ich der Flüssigkeit in der verhüllten Flasche bei einem guten Essen vielleicht tiefere Einsichten entlocken kann.

DIE BESCHREIBUNG DER WEINE

Einen Wein wortreich zu besingen, fällt nicht schwer, knappe Präzision dagegen sehr. Der Leser ist auf präzise Beschreibungen angewiesen, denn er kann zwei Weine besser auseinanderhalten, wenn der eine zum Beispiel Erdbeerduft, der andere Ananasaromen ausströmt. Zähle ich jedoch beim ersten Wein nicht nur Erdbeeren, sondern auch noch Brombeeren, Kirschen, Bitterschokolade, Kaffee und Toast auf, beim anderen Himbeeren, rote Johannisbeeren, Damaszenerpflaumen, weiße Schokolade, Vollkornbiskuit und Toast, so wird dies den Leser völlig verwirren. Wo ein Wein tatsächlich ein so breites Aromaspektrum zeigt, beschreibe ich es auch, andernfalls lasse ich die Phantasie beiseite.

Viele Cuvées duften und schmecken wie ein sehr feiner Champagner, ohne auch nur den leisesten Hauch von Ananas, Zitrone, Pfirsich, Apfelblüte, Walnuß oder einem anderen konkreten Aroma aufzuweisen. Letztlich gibt es nur wenige Kreszenzen mit mehr als ein bis zwei eindeutigen Aromen. Wo Farbe oder Perlage nicht erwähnt werden, sind diese Merkmale zumindest zufriedenstellend ausgefallen. Nur auffällige Eigenschaften sind erwähnenswert.

Zum Gebrauch der Probiernotizen und Bewertungen

SYMBOL
- ▣ Echter Champagner
- ☐ Schaumwein
- 99 Gesamtbewertung durch den Autor
- ● Gesamtbewertung vorbehalten
- ❗ Trinkreife (ab sofort bis zum angegebenen Jahr)
- 🍾 Lagerzeit (bis zum angegebenen Jahr)

PREISKATEGORIEN
Da es sich um eine internationale Publikation handelt, werden im Erzeugerverzeichnis keine Einzelpreise, sondern Preiskategorien genannt:
€ Bis EUR 15,99
€€ EUR 16,00–31,99
€€€ EUR 32,00–55,99
€€€€ EUR 60,00 und darüber

PREISANGABEN IN FRANCS
🍾 Preise in französischen Francs beziehen sich auf den Verkauf ab Weinberg/Kellerei und werden nur bei echtem Champagner angegeben, soweit sie vom Erzeuger zur Verfügung gestellt wurden.

ZU DEN BEWERTUNGSKRITERIEN
Bei der Verkostung für diesen Einkaufsführer versuche ich, unabhängig von Herkunft oder Stil des Weines jede Probe mit demselben Maßstab zu messen. Doch ich verkoste nach Kategorien; darum frage ich mich manchmal schon, ob ein mit 85 Punkten bewerteter kalifornischer Schaumwein wirklich einem gleich hoch eingestuften Champagner, der ein paar Wochen später zur Verkostung kommt, gleichwertig ist. Hoffentlich ist das so!

Das Problem wird dadurch verkompliziert, daß die spezifischen Eigenheiten des jeweiligen Stils oder Anbaugebiets trotz der universellen Bewertungsskala berücksichtigt werden müssen.

DIE BEWERTUNGEN IM EINZELNEN
Das 100-Punkte-System, nach dem Kritiker den Gesamteindruck eines Weines beurteilen, ist allgemein anerkannt:

70 Die Schwelle, von der an ein Schaumwein, der kein Champagner ist, für mich interessant wird.

75 Ein Schaumwein mit dieser Bewertung ist mehr als interessant – er kann sich der Anerkennung selbst eingefleischter Champagnerfans sicher sein.

80 Weil Champagner Schaumwein von weniger begünstigten *terroirs* ohnehin überlegen ist, interessiert mich erst ab dieser Wertung eine günstige Hausmarke.

85 Dieses Niveau muß ein Champagner aufweisen, den ich mir in den Keller lege. Andere Schaumweine mit dieser Punktzahl sind wirklich von außergewöhnlicher Qualität.

90 Ein Spitzenchampagner, meist ein Jahrgangswein oder eine Prestige-Cuvée. Ein solches Gewächs verdient eine Auszeichnung und hat höchstwahrscheinlich das Potential für 3–5 Jahre zusätzliche Kellerreife.

95 Die größten Champagner, die selbst Spitzenhäuser nur selten zustande bringen. Eine außergewöhnliche, unvergeßliche Trinkerfahrung. Die meisten Tropfen dieser Klasse könnte man gefahrlos ein Jahrzehnt im Keller vergessen.

100 Der perfekte Champagner – eine Unmöglichkeit!

Anmerkung Die Punktzahl eines Weines kann sich von einem Jahr zum anderen verändern, weil Flaschen, die zu unterschiedlichen Zeiten degorgiert wurden, nicht völlig gleich ausfallen. (Dies gilt auch für die Angabe der Trinkreife.) Wo unerwartete Einflüsse die im Vorjahr prognostizierte Leistung eines Weines beeinträchtigen, bekommt der Wein ein ●-Symbol, und die Gründe dafür werden beschrieben.

DIE BEWERTUNG DER WEINE

Im folgenden werden fast alle Weine aus dem Erzeugerverzeichnis, geordnet nach Kategorien, mit ihrer jeweiligen Bewertung aufgelistet. So sind die besten und preiswertesten Cuvées eines bestimmten Anbaugebiets, Stils oder Jahrgangs auf einen Blick zu entdecken. Eine Beschreibung der Weine mit Angabe der Trinkreife findet sich in den Probiernotizen.

Die Schaumweine werden mit absteigender Punktbewertung und danach streng alphabetisch aufgeführt (Vornamen eingeschlossen). Eine Ausnahme bildet die Preisliste mit den Angaben in französischen Francs.

Anmerkung Nicht aufgeführte Weine sind entweder mit einem ⊖-Symbol versehen, gehören zu einer Gruppe, die zu klein ist, um eine sinnvolle Kategorie zu bilden, oder lassen sich erst gar nicht einer bestimmten Kategorie zuordnen.

CHAMPAGNER

MERKE!
85 Punkte: »Dieses Niveau muß ein Champagner aufweisen, den ich mir in den Keller lege.«
TOM STEVENSON
Wählen Sie nicht nur Weine ab 90 Punkten aus – ich tue es auch nicht!

CHAMPAGNER: BRUTS OHNE JAHRGANG
Ein Brut hat bis zu 15 Gramm Restzucker pro Liter (bezogen auf den mit der Dosage zugegebenen Zucker). Dieser sollte nicht zu schmecken sein, sondern durch ausreichende Säure ausgeglichen werden. Ein echter Brut ist daher trocken, aber nicht spröd – dies bewirkt bei jungen Cuvées die Frucht, bei reifen die Fülle.

Im Interesse einer fairen Vergleichsbasis habe ich alle jahrgangslosen Cuvées auszuschließen versucht, die zu einem höheren Preis als der Standard-Brut desselben Winzers verkauft werden. Die Tatsache, daß in diesem Jahr 67 Weine mit mindestens 85 Punkten bewertet wurden, zeigt die ausgezeichnete Verfassung selbst der einfachsten Champagner. Es ist höchst erfreulich, daß sich zu den Marken von Großunternehmen wie Moët und Lanson zunehmend kleinere, qualitätsbewußte Winzer gesellen.

- **90** €€€ Louis Roederer Brut Premier
- **90** €€€ Louis Roederer Brut Premier (*Magnum*)
- **89** €€€ Charles Heidsieck Brut Réserve Mis en Cave 1995
- **89** €€ Gaston Chiquet Tradition, Brut
- **89** €€ Lanson Black Label, Brut (*Magnum*)
- **89** €€ Paul Goerg Brut Tradition, Premier Cru
- **88** €€ A.R. Lenoble Brut Réserve
- **88** €€€ Bollinger Special Cuvée
- **88** €€€ Bruno Paillard Brut Première Cuvée
- **88** €€€ Charles Heidsieck Brut Réserve Mis en Cave 1993
- **88** €€ Forget-Brimont Brut 1er Cru
- **88** €€ Lanson Black Label, Brut
- **88** €€€ Moët & Chandon Brut Impérial
- **88** €€€ R de Ruinart Brut
- **88** €€€ Veuve Clicquot Ponsardin Brut Yellow Label
- **88** €€€ Veuve Clicquot Ponsardin Yellow Label Brut (*Jeroboam*)
- **87** €€ Billecart-Salmon Brut Réserve
- **87** €€ Gosset-Brabant Cuvée Tradition Brut, Premier Cru

Die Bewertung der Weine

- **87** €€ Henri Goutorbe Cuvée Traditionnelle Brut
- **87** €€€ Jacquesson & Fils Perfection Brut
- **87** €€ Laurent-Perrier Brut L.P.
- **87** €€ Moutard Cuvée Prestige Brut
- **87** €€€ Pol Roger Brut (*Magnum*)
- **87** €€€ Pol Roger Brut
- **87** €€€ Veuve Clicquot Ponsardin Yellow Label Brut (*Magnum*)
- **86** €€ Arlaux Brut Réserve
- **86** €€€ Canard-Duchêne Grande Cuvée Charles VII, Brut
- **86** €€ Chartogne-Taillet Cuvée Sainte-Anne Brut
- **86** €€ Château de Boursault Brut Tradition
- **86** €€€ Delbeck Brut Héritage
- **86** €€ Delouvin Nowack Brut
- **86** €€ Drappier Carte d'Or Brut
- **86** €€ Rémy Massin & Fils Brut Prestige
- **86** €€ Taittinger Brut Réserve
- **86** €€ Veuve A. Devaux Grande Réserve Brut
- **86** €€ Vilmart & Cie Grande Réserve Brut, Premiers Crus
- **85** €€ Alain Bergère Réserve Brut
- **85** €€€ Alexandre Bonnet Cuvée Prestige Brut
- **85** €€ Alfred Gratien Brut
- **85** €€ Besserat de Bellefon Grande Tradition Brut
- **85** €€€ Bollinger Special Cuvée, Brut
- **85** €€ Charles de Cazanove Brut Azur, Premier Cru
- **85** €€ Colin Brut Cuvée Alliance, Premier Cru
- **85** €€ Comte Audoin de Dampierre Cuvée des Ambassadeurs, Brut Premier Cru
- **85** €€ De Venoge Brut Sélect Cordon Bleu
- **85** €€€ Deutz Brut Classic
- **85** €€ Dourdon-Vieillard Brut
- **85** €€ Duval-Leroy Fleur de Champagne, Brut
- **85** €€ Gardet Brut Special
- **85** €€ Gauthier Brut Grande Réserve
- **85** €€€ Georges Vesselle Brut Grand Cru
- **85** €€ J. de Telmont Brut Grande Réserve
- **85** €€ Jacquart Brut Mosaïque
- **85** €€ Joseph Perrier Cuvée Royale Brut
- **85** €€ L. Bénard-Pitois Brut Réserve, Premier Cru
- **85** €€ Lagache-Lecourt Brut Sélection
- **85** €€€ Lanson Black Label, Brut (*Jeroboam*)
- **85** €€ Le Brun de Neuville Cuvée Sélection Brut
- **85** €€ Marc Chauvet Brut
- **85** €€ Michel Arnould Brut Réserve, Grand Cru
- **85** €€ Moutard Brut
- **85** €€ Perrier-Jouët Grand Brut
- **85** €€ Pierre Vaudon Brut Premier Cru
- **85** €€ Piper-Heidsieck Brut
- **85** €€€ Pommery Brut Royal
- **85** €€ René Geoffroy Cuvée de Réserve, Brut Premier Cru
- **85** €€ Roger Legros Cuvée Grande Réserve
- **85** €€ Rémy Massin & Fils Brut Réserve
- **84** €€ Alexandre Bonnet Cuvée Tradition Brut
- **84** €€ Canard-Duchêne Brut
- **84** €€ De Castellane Brut
- **84** €€ E. Barnaut Grande Réserve, Brut Grand Cru
- **84** €€€ Henriot Brut Souverain
- **84** €€ J. Lemoine Brut
- **84** €€ Jean Josselin Brut Tradition
- **84** €€ Piper-Heidsieck Brut
- **84** €€ Roger Legros Brut
- **83** €€ Alain Thienot Brut
- **83** €€ Boizel Brut Réserve
- **83** €€ Daniel Dumont Grande Réserve Brut
- **83** €€ Gosset Brut Excellence
- **83** €€ Henri Mandois Cuvée de Réserve Brut
- **83** €€ Moutard Brut Réserve
- **83** €€ Vollereaux Brut
- **82** €€ Chanoine Grande Réserve Brut
- **82** €€ Etienne Oudart Brut Extra
- **82** €€ Gallimard Père & Fils

- **82** €€ Cuvée de Réserve Brut
- **82** €€ H. Blin & Co Brut Tradition
- **82** €€ Heidsieck & Co Monopole Blue Top Brut
- **82** €€ Jean Moutardier Carte d'Or Brut
- **82** €€ Mansard Brut
- **82** €€ Mercier Brut
- **82** €€ Vranken Demoiselle, Tête de Cuvée Brut
- **81** €€ Esterlin Brut
- **80** €€ A. Margaine Brut 1er Cru
- **80** €€ Beaumont des Crayères Grande Réserve Brut
- **80** €€ De Nauroy Brut
- **80** €€ Delamotte Brut
- **80** €€€ Delbeck Cramant
- **80** Grand Cru Brut
- **80** €€€ Fallet-Dart Grande Sélection Brut
- **80** €€ Gaillard-Girot Brut
- **80** €€ J. Charpentier Brut Tradition
- **80** €€ Jean Moutardier La Centenaire Brut
- **80** €€ Michel Guilleminot Brut
- **80** €€ Monmarthe Grande Réserve, Brut Premier Cru
- **80** €€ P. Brugnon Brut Sélection
- **80** €€ Pannier Sélection Brut
- **80** €€ Poul-Justine Carte Blanche, Brut Premier Cru
- **80** €€ Raymond Boulard Brut Tradition

CHAMPAGNER: PREMIUM-CUVÉES OHNE JAHRGANG

Hierzu gehören alle Champagner von den (oft mit dem Begriff »Réserve« bezeichneten) Gewächsen, die im Vergleich zu den normalen jahrgangslosen Bruts etwas teurer in den Handel kommen, über Prestige-Cuvées bis hin zu Spezialabfüllungen, etwa zur Jahrtausendwende. Die Preise der verschiedenen Marken fallen zwar unterschiedlich aus, doch ist die höhere Qualität den Aufpreis meist durchaus wert. Interessanterweise sind in der oberen Hälfte dieser Liste einige der preisgünstigsten Cuvées zu finden.

- **98** €€€€ Laurent-Perrier Grand Siècle »La Cuvée«, Brut
- **95** €€€ Gosset Grande Réserve Brut (*Magnum*)
- **95** €€€€ Krug Grand Cuvée, Brut
- **94** €€€ Gosset Grande Réserve Brut
- **91** €€€ Cattier Clos du Moulin, Brut Premier Cru
- **90** €€€€ Charles Heidsieck Réserve Charlie Brut, Mis en Cave 1990
- **89** €€€ Delbeck Bouzy Grand Cru Brut
- **89** €€ Jean Moutardier An 2000 Brut
- **89** €€€ M. Dumangin Fils Brut, Grand Cru, Cuvée 2000
- **89** €€ Serge Mathieu Brut Select, Tête de Cuvée
- **88** €€€€ André Clouet A.D. 1911, Grand Cru Classé
- **88** €€ Beaumont des Crayères Cuvée de Prestige, Brut
- **88** €€€ Dourdon-Vieillard Cuvée 2000
- **88** €€€ Gaston Chiquet Réserve du Millénaire, Brut Premier Cru
- **88** €€ H. Blin & Co Brut Deux Mille
- **88** €€ Serge Mathieu Brut 2000
- **88** €€ Serge Mathieu Cuvée Prestige Brut
- **88** €€€ V. Testulat Brut Cuvée 2000
- **87** €€ Bernard Brémont Grand Cru 2000 Brut
- **87** €€€ Brice Bouzy, Grand Cru Brut
- **87** €€€ Charles Heidsieck Réserve Privée Brut, Mis en Cave 1990
- **87** €€ Drappier Cuvée Spéciale Brut
- **87** €€ G.H. Mumm & Cie, Cordon Rouge Brut, Greenwich Meridian 2000
- **87** €€ Gaillard-Girot An

- (87) €€ Goutorbe Cuvée Prestige Brut 2000, Brut
- (87) €€ Jean Moutardier Sélection Brut
- (87) €€€ Philipponnat Le Reflet, Brut
- (87) €€€ Pommery Brut Royal Apanage
- (87) €€ Rémy Massin et Fils Brut An 2000
- (87) €€€ Tribaut Schloesser, Exception du Millénaire 2000 Célébration du IIIème Millénaire Brut
- (86) €€ J. Dumangin Fils Brut Grande Réserve, Premier Cru
- (86) €€€ Paul Gobillard Cuvée Régence, Brut
- (85) €€€ Alain Bergère Brut Cuvée 2000
- (85) €€€ Alfred Gratien Cuvée Paradis Brut
- (85) €€ Beaumet Brut Collection 2000
- (85) €€€ Brice Cramant, Grand Cru Brut
- (85) €€€ Cattier Saphir Brut
- (85) €€ Chanoine Tsarine, Tête de Cuvée Brut
- (85) €€€ Forget-Brimont Cuvée An 2000
- (85) €€€ Gosset-Brabant Cuvée de Réserve, Grand Cru
- (85) €€ Hamm Réserve 1er Cru Brut
- (84) €€ Andrew Garrett & Nicolas Feuillatte Signé, Brut
- (84) €€ Besserat de Bellefon Cuvée des Moines Brut
- (84) €€ Vranken Demoiselle, Prestige Cuvée 21
- (80) €€ D. Henriet-Bazin An 2000, Brut Grand Cru
- (80) €€ Veuve A Devaux Cuvée D Brut
- (80) €€€ Vilmart & Cie Grand Cellier Brut, Premiers Crus
- (80) €€ Raymond Boulard Réserve Brut

CHAMPAGNER: EXTRA-BRUTS

Aufgrund der strengen Kriterien mußte ich in diese Liste sowohl Jahrgangschampagner als auch jahrgangslose Cuvées aufnehmen. Meine Skepsis gegenüber Champagnern ohne Dosage hat vor allem mit Qualitätsüberlegungen zu tun. Denn sie gewinnen nicht durch eine längere Lagerung, weil sich nach dem Degorgieren nur bei Vorhandensein von Zucker feine, zusätzliche Reife-Aromen entwickeln. Ist der betreffende Wein aber frisch und jung und überzeugt aufgrund seiner reifen Frucht auch ohne Zucker, so wird er mir sicher gefallen, selbst wenn ich ihn nicht zum Einkellern empfehle. Nun konnte sich in diesem Jahr praktisch kein Champagner ohne Dosage qualifizieren. Ein *Extra-Brut* darf aber bis zu 6 Gramm Restzucker pro Liter enthalten, was den Erfolg der folgenden Weine erklären mag. Die Ergebnisse zeigen, daß Jahrgangsweine bei geringerer Dosage besser abschneiden als jahrgangslose Gewächse, und je älter der Jahrgang, um so wahrscheinlicher wird eine gute Wertung. Voraussetzung ist freilich ein guter Grundwein.

- (90) €€€€ Bollinger 1988 RD Extra Brut
- (89) €€€ Duval-Leroy 1990 Fleur de Champagne, Extra Brut Millésime
- (88) €€€ Larmandier-Bernier 1995 Blanc de Blancs Extra Brut, Grand Cru
- (85) €€ E. Barnaut Sélection Extra Brut, Grand Cru
- (85) €€€ Jacques Selosse Extra Brut, Grand Cru Blanc de Blancs
- (83) €€ Forget-Brimont Extra Brut 1er Cru
- (82) €€ Roger Legros Extra Brut
- (80) €€ Brochet-Hervieux Brut Extra, Premier Cru

CHAMPAGNER: SECS

Die offizielle Bezeichnung *sec* für diesen selten gewordenen Stil ist ein Mißgriff – immerhin enthält ein solcher Wein zwischen 17 und 35 Gramm Restzucker pro Liter. Er muß daher lieblicher sein als ein Brut, und im Extremfall ist ein *Sec* gar ebenso süß wie ein *Demi-Sec*. Zu würzigen Speisen, die eine gewisse Süße oder Fruchtigkeit enthalten, kann der Sec freilich ein willkommener Begleiter sein.

- **89** €€€€ Louis Roederer Rich Sec
- **80** €€ E. Barnaut Cuvée Douceur, Sec Grand Cru

CHAMPAGNER: DEMI-SECS

Viele Jahre wurde dieser süße Stil mit seinem vorgeschriebenen Restzuckergehalt von 35–50 Gramm durch die große Masse der Champagnererzeuger entwertet, die sich der Supermarkt-Kundschaft mit einer Vorliebe für Süßigkeiten andienen wollten. Damit soll nicht gesagt sein, Süße im Champagner oder im Wein sei disqualifizierend oder ein Zeichen für schlechten Geschmack. Vielmehr mögen viele Menschen heute nur süße Getränke und können jenseits der Süße gar nichts anderes mehr wahrnehmen. Dieses Phänomen ermöglicht es den Champagnererzeugern, die mangelnde Qualität ihrer Weine unter einer Zuckerschicht zu verbergen. Zwar stimmt die von Lanson und Veuve Cliquot angeführte Initiative zur Wiederbelebung süßerer Cuvées zuversichtlich. Gleichwohl sind von den in diesem Jahr von mir verkosteten Demi-Sec-Weinen nur vier so gut, daß ich sie bereitwillig einkellern würde – ein Zeichen dafür, daß noch viel zu tun ist.

- **88** €€€€ Veuve Clicquot Ponsardin 1991 Rich Réserve
- **88** €€ Lanson Ivory Label, Demi-Sec
- **87** €€€€ Veuve Clicquot Ponsardin 1993 Rich Réserve
- **86** €€ Piper-Heidsieck Demi-Sec
- **85** €€ Vollereaux Demi-Sec
- **83** €€ Drappier Carte d'Or Demi-Sec
- **83** €€€ Veuve Clicquot Ponsardin Demi-Sec
- **80** €€ De Venoge Demi-Sec Cordon Bleu
- **80** €€ Mansard Demi-Sec

JAHRGANGSCHAMPAGNER: 1995

Der erste echte Jahrgang seit 1990. Dem Gesetz nach konnte er nicht vor Januar 1999 degorgiert werden, und da die meisten Winzer im Mai oder Juni abfüllen, war das Frühjahr 1999 der früheste Zeitpunkt für diese Aktion. Zwischen Degorgieren und Versand müssen die Flaschen dann drei bis sechs Monate ruhen, danach rechnet man weitere sechs Wochen für den Vertrieb. Wer diesen Jahrgang vor Herbst 1999 suchte, erwartete also zuviel. Viele 1995er, die ich probiert habe, waren noch im Vorprobenstadium, und die besten Weine aus diesem Jahrgang werden erst in zwei bis drei Jahren freigegeben. Die folgende Auswahl besteht daher aus den besten Weinen der frühesten Auflagen. Am meisten freut mich, daß Mumm wieder zu seiner früheren Form zurückgefunden hat.

- **90** €€€ Gardet 1995 Cuvée Charles Gardet
- **89** €€€ Drappier 2000 1995 Cuvée Millénaire
- **89** €€€ G.H. Mumm & Cie 1995 Cordon Rouge Brut
- **88** €€€ Larmandier-Bernier 1995 Vieilles Vignes de Cramant
- **87** €€ Beaumont des Crayères 1995 Grand Prestige Millésime, Brut
- **85** €€ Chanoine 1995 Tsarine, Brut Millésime
- **85** €€ R. Renaudin 1995 Brut Réserve Spéciale, MM 2000
- **82** €€ Paul Goerg 1995 Brut Millésimé, Premier Cru
- **80** €€ Bauget-Jouette 1995 An 2000 Brut

JAHRGANGSCHAMPAGNER: 1994

Dies ist der schlechteste der weniger guten Jahrgänge zwischen dem großen 1990er und dem ausgezeichneten 1995er, die allesamt durch Regen bei der Lese verdorben wurden. Drei weitere 1994er in diesem Buch habe ich mit Minus-Symbolen versehen. Der Blanc de Blancs wurde nur aufgenommen, weil er in keine andere Kategorie paßt. Es ist nicht zu erwarten, daß ein berühmtes Haus oder ein qualitätsbewußter Erzeuger diesen Jahrgang herausbringt, im Gegensatz zu vielen Genossenschaften und einfachen Winzern, denen es meist schwerfällt, die Routine der Jahrgangs-Champagner zu durchbrechen.

- (85) €€€ Vranken 1994 Demoiselle Premier Cru Brut
- (84) €€€ Vollereaux 1994 Blanc de Blancs Brut
- (80) €€€ Heidsieck & Co Monopole 1994 Brut

JAHRGANGSCHAMPAGNER: 1993

Reife- und Säurewerte bei diesem Jahrgang fallen weniger günstig aus als 1992, und sie erreichen nicht ganz das Niveau eines echten Jahrgangschampagners. Trotzdem brachte das Jahr einige sehr gute Weine hervor; etwa den sensationellen Roederer. Zum gegenwärtigen Zeitpunkt würde ich 1993 und 1992 als gleichwertig bezeichnen.

- (95) €€€€ Louis Roederer 1993 Cristal Brut
- (92) €€€€ Louis Roederer 1993 Brut Vintage (*Magnum*)
- (90) €€€€ Louis Roederer 1993 Brut Vintage
- (89) €€€ Henri Mandois 1993 Cuvée Victor Mandois Brut
- (89) €€€ Moët & Chandon 1993 Brut Impérial
- (89) €€€ Pol Roger 1993 Brut
- (88) €€€ Drappier 1993 Carte d'Or Brut
- (88) €€€ Lanson 1993 Gold Label, Brut Millésime
- (87) €€€ Deutz 1993 Brut
- (87) €€€€ Gosset 1993 Grande Millésime Brut
- (87) €€ Mercier 1993 Vendange Brut
- (87) €€ Nicolas Feuillatte 1993 Blanc de Blancs Brut
- (87) €€€€ Veuve Clicquot Ponsardin 1993 Vintage Reserve Brut
- (86) €€ Alexandre Bonnet 1993 Madrigal, Brut
- (85) €€€ R de Ruinart 1993 Brut
- (85) €€€ René Geoffroy 1993 Cuvée Sélectionnée, Brut Premier Cru
- (85) €€ Serge Mathieu 1993 Brut
- (83) €€ J. Dumangin Fils 1993 Brut Millésime, Premier Cru, Cuvée 2000
- (83) €€ R. Renaudin 1993 Grande Réserve Brut
- (83) €€€ Vollereaux 1993 Cuvée Marguerite Brut
- (82) €€ Poul-Justine 1993 Millésime Brut
- (80) €€€€ Fallet-Dart 1993 Millésimé Brut

JAHRGANGSCHAMPAGNER: 1992

Nominell ist dies zwischen 1990 und 1995 das einzige Jahr mit Jahrgangsqualität. In diesem Jahr entstanden zwar einige ausgezeichnete Gewächse, aber das gilt auch für 1993. Bei vielen Spitzenhäusern steht die Freigabe der 1992er und 1993er noch bevor; daher muß die Frage, welches der bessere Jahrgang ist, vorerst offenbleiben.

- (95) €€€€ Vilmart & Cie 1992 Cuvée Création IIIe Millénaire Brut
- (91) €€€€ Vilmart & Cie 1992 Coeur de Cuvée Brut, Premiers Crus
- (89) €€€€ Cuvée Dom Pérignon Brut 1992 Moët et Chandon
- (88) €€ Deux Mille Jours pour l'an Deux Mille 1992 Champagne Mailly
- (88) €€€ Duval-Leroy 1992 Fleur de Champagne, Fin de Siècle Cuvée Brut
- (88) €€€ Perrier-Jouët 1992 Grand Brut

Jahresübersicht

- **88** €€€ Pommery 1992 Grand Cru Brut
- **87** €€ Daniel Dumont 1992 Grande Réserve Millésime
- **87** €€€ R de Ruinart 1992 Brut
- **87** €€€ Ruinart 1992 Brut
- **86** €€€ Beaumont des Crayères 1992 Nostalgie, Brut
- **86** €€€ Boizel 1992 Grand Vintage Brut
- **86** €€€ Jacquart 1992 Brut Mosaïque
- **86** €€ Mansard 1992 Grand Cru, Blanc de Blancs Brut
- **85** €€€ Arlaux 1992 Brut Vintage
- **85** €€€ Charles de Cazanove 1992 Brut Millésime
- **85** €€€ Duval-Leroy 1992 Fleur de Champagne, Millésime Brut
- **85** €€ Esterlin 1992
- **85** €€ L. Bénard-Pitois 1992 Brut Millésime, Premier Cru
- **85** €€€ Mailly, Deux Mille Jours 1992 Pour l'an Deux Mille, Grand Cru Brut
- **85** €€€ Moët & Chandon 1992 Brut Impérial
- **84** €€ P. Brugnon 1992 Brut Millésime
- **82** €€€ Chartogne-Taillet 1992 Cuvée Sainte-Anne Brut
- **82** €€€ Nicolas Feuillatte 1992 Cuvée Palmes d'Or, Brut

JAHRGANGSCHAMPAGNER: 1991

Dieser Jahrgang wurde nur von wenigen Häusern genutzt, und die Reife- und Säurewerte waren mäßiger als 1992 oder 1993; dennoch haben einige Erzeuger Treffer gelandet.

- **93** €€€€ Vilmart & Cie 1991 Coeur de Cuvée Brut (*Magnum*)
- **88** €€€ Drappier 1991 Carte d'Or Brut
- **88** €€€ Pommery 1991 Grand Cru Brut
- **87** €€€ Billecart-Salmon 1991 Cuvée Nicolas François Billecart, Brut
- **87** €€ Gaston Chiquet 1991 Brut
- **87** €€ H. Blin & Co 1991 Brut
- **87** €€€€ Veuve Clicquot Ponsardin 1991 Vintage Réserve Brut
- **84** €€ Jean Moutardier 1991 Millésime Brut
- **83** €€€ Brochet-Hervieux 1991 HBH, Brut Premier Cru
- **83** €€€ De Venoge 1991 Brut Millésimé
- **82** €€ Monmarthe 1991 Brut Millésime Premier Cru
- **81** €€ Médot & Cie 1991 Brut Millésime
- **80** €€ D. Henriet-Bazin 1991 Brut Grand Cru

JAHRGANGSCHAMPAGNER: 1990

1990 ist nicht nur ein echtes Champagnerjahr, sondern einer der 18 fantastischsten Jahrgänge des Jahrhunderts, kurz: ein perfekter Genuß fürs neue Jahrtausend. Die Trauben wurden reifer als in dem trockenen Jahr 1976, entwickelten verblüffend hohe Säurewerte und einen erheblich größeren Anteil an reifer Weinsäure gegenüber unreifer Apfelsäure als in irgendeinem Jahr zuvor. Meine Begeisterung für diesen außergewöhnlichen Jahrgang wird allenfalls dadurch getrübt, daß der 1996er noch besser zu werden droht!

- **96** €€€ Billecart-Salmon 1990 Cuvée Nicolas-François, Brut
- **95** €€€€ Cuvée Dom Pérignon 1990 Brut, Moët et Chandon (*Magnum*)
- **95** €€€€ Gosset Celebris 1990 Brut
- **95** €€€ Pol Roger 1990 Vintage Brut
- **95** €€€€ Veuve Clicquot Ponsardin 1990 La Grande Dame Brut
- **93** €€€€ Vilmart & Cie 1990 Coeur de Cuvée Brut, Premiers Crus
- **92** €€€€ Bollinger 1990 Grande Année, Brut
- **92** €€€€ Veuve Clicquot Ponsardin 1990 La Grande Dame, Brut
- **91** €€€€ Duval-Leroy 1990 Femme de Champagne
- **91** €€€€ Jacquesson & Fils 1990 Signature Brut
- **91** €€€ Laurent-Perrier 1990 Brut Vintage
- **90** €€€€ Cuvée William Deutz 1990 Brut Millésimé
- **90** €€€ Lanson 1990 Brut Millésime

- **90** €€€€ Louis Roederer 1990 Brut Vintage
- **90** €€€€ Perrier-Jouët 1990 Belle Epoque, Brut
- **89** €€€ Beaumont des Crayères 1990 Nuit d'Or, Cuvée 2000 Millénaire, Brut
- **88** €€€ Boizel 1990 Tradition, Cuvée Sous Bois
- **88** €€€ Bricout 1990 Cuvée Brut Millésime
- **88** €€ Daniel Dumont 1990 Cuvée d'Excellence, Brut Millésime
- **88** €€€ Henriot 1990 Brut Millésimé
- **88** €€€ Joseph Perrier 1990 Cuvée Royale Brut
- **88** €€€ Piper-Heidsieck 1990 Brut Millésimé
- **87** €€€ Besserat de Bellefon 1990 Brut Millésime
- **87** €€€ Duval-Leroy 1990 Fleur de Champagne, Cuvée Leroy-Neiman
- **87** €€€ G.H. Mumm, Cordon Rouge Cuvée Limitée 1990 Brut Millésime, Greenwich Meridian 2000
- **87** €€€ Gauthier 1990 Brut Millésime
- **86** €€ Comte Audoin de Dampierre 1990 Grand Vintage, Brut Premier Cru
- **86** €€€ De Castellane 1990 Croix Rouge Brut
- **86** €€€ Drappier 1990 Grande Sendrée Brut
- **86** €€€ Egérie de Pannier 1990 Brut
- **86** €€ Paul Gobillard 1990 An 2000, Brut
- **85** €€ Etienne Oudart 1990 Cuvée Juliana
- **85** €€€ Guy Charbaut 1990 Brut
- **82** €€ André Simon 1990 Vintage Brut
- **82** €€ Nicolas Feuillatte 1990 Cuvée Spéciale, Brut Premier Cru

JAHRGANGSCHAMPAGNER: 1989

Der mittlere der drei großen Ausnahmejahrgänge sorgte bei Champagnerfreunden anfangs für einige Verwirrung. Nach dem außergewöhnlichen Medienrummel während der Lese erwiesen sich viele der ersten Cuvées als enttäuschend. Dies lag jedoch an einem physiologischen Problem mit dem Pinot Noir, das die billigeren und natürlich zuerst degorgierten Weine belastete. Erst als die besseren 1989er auf den Markt kamen, erkannte man die aufregende Qualität dieses Jahrgangs.

- **96** €€€€ Krug 1989 Clos de Mesnil, Brut
- **95** €€€€ Krug 1989 Brut
- **95** €€€€ Philipponnat 1989 Clos de Goisses, Brut
- **92** €€€€ Henriot 1989 Cuvée des Enchanteleurs, Brut
- **92** €€€€ Taittinger 1989 Comtes de Champagne, Brut
- **91** €€€€ Gosset 1989 Grand Millésime Brut
- **90** €€€€ Gosset 1989 Grande Millésime, Brut
- **89** €€€ Georges Vesselle 1989 Brut Millésime Grand Cru
- **88** €€€ Boizel 1989 Joyau de France, Brut
- **88** €€€ Heidsieck & Co Monopole 1989 Diamant Bleu
- **88** €€€ Henriot 1989 Brut Millésimé
- **88** €€€ Joseph Perrier 1989 Cuvée Joséphine, Brut
- **87** €€€ Charles Lafitte 1989 Orgueil de France, Brut
- **87** €€€€ De Castellane 1989 Cuvée Commodore, Brut
- **86** €€€€ Lanson 1989 Noble Cuvée de Lanson, Brut
- **85** €€€ A. Margaine 1989 Spéciale Club Blanc de Blancs Brut
- **85** €€€ Bruno Paillard 1989 Brut Millésime

JAHRGANGSCHAMPAGNER: 1988

Die besten Champagner haben noch immer einige Jahre vor sich, bis sie sich so gut trinken lassen wie die 1989er, die 1990er oder gar die 1992er und 1993er. Das Problem ist, daß von diesem Jahrgang nur noch wenige Flaschen erhältlich sind.

- **95** €€€€ Pol Roger 1988 Sir Winston Churchill Cuvée, Brut
- **91** €€€€ Lanson 1988 Brut Millésime (*Magnum*)
- **90** €€€€ Lanson 1988 Noble Cuvée de Lanson, Brut
- **89** €€€€ Pommery 1988 Louise, Brut
- **88** €€€€ De Castellane 1988 Cuvée Florens de Castellane, Brut
- **88** €€€€ Henriot 1988 Cuvée des Enchanteleurs, Brut
- **87** €€€ Jacquart 1988 La Cuvée Nominée Brut

JAHRGANGSCHAMPAGNER: 1985

Von den besten 1985ern, die noch knapper geworden sind als die 1988er, waren selbst die Champenois überrascht; denn noch lange, nachdem die jüngeren Weine praktisch ausgetrunken sind, entwickelt dieser Jahrgang außerordentliche Tiefe und Komplexität.

- **90** €€€€ Jacquesson & Fils 1985 Dégorgement Tardive Brut
- **89** €€€ Charles Heidsieck 1985 Cuvée Champagne Charlie, Brut
- **89** €€€ Joseph Perrier 1985 Cuvée Joséphine, Brut (*Magnum*)
- **84** €€€€ Henriot 1985 Cuvée des Enchanteleurs, Brut
- **82** €€€ Moutard 1985 Vieux Millésimes Brut

JAHRGANGSCHAMPAGNER: 1982 UND ÄLTER

Einige Häuser haben sich zur Freigabe alter Jahrgänge aus ihrer Schatzkammer entschlossen. Nun verwenden die Franzosen häufig den Ausdruck *goût anglais,* wenn sie den Charakter eines reifen Champagners beschreiben wollen – fälschlicherweise, wie ich feststellen mußte, als ich die große Auswahl an reifen Jahrgängen für die Auktion anläßlich der Veröffentlichung meiner *Christie's World Encyclopedia of Champagne & Sparkling Wine* (dt.: Sekt & Champagner, Köln: Könemann 1999) zusammenstellte. Bei jedem oxidierten, dunklen und nach Sherry schmeckenden Champagner erklärten die Champenois mit einem Lächeln: »C'est le goût anglais!« Ich erläuterte ihnen zwar, daß wir eher Weine bewunderten, die möglichst lange ihre Jugend und Frische bewahren, doch man bestand darauf, mir scheintote Gewächse zu präsentieren. In perfektem Zustand sind gereifte Champagner hingegen geradezu sublim. Im folgenden werden die besten von ihnen aufgelistet. Ich konnte jedoch nicht sämtliche Weine verkosten, die zum damaligen Zeitpunkt erhältlich waren. Da bis Ende 1999 weitere reife Jahrgänge auf den Markt gekommen sind, ist Vorsicht angebracht. Was man nicht selbst probiert hat, sollte man nur kaufen, wenn ein bestimmter Jahrgang, der direkt aus dem Keller des Champagnerhauses kommt, besonders empfohlen wurde.

- **95** €€€€ Bollinger RD 1979 Brut
- **95** €€€€ Bollinger RD 1979 Brut (*Magnum*)
- **94** €€€€ Lanson 1961 Brut Millésime
- **93** €€€€ Cuvée Dom Pérignon 1964 Brut, Moët et Chandon
- **92** €€€€ Lanson 1976 Brut Millésime (*Magnum*)
- **92** €€€€ Cuvée Dom Pérignon 1973 Brut, Moët et Chandon
- **91** €€€€ Lanson 1971 Brut Millésime
- **91** €€€€ Lanson 1979 Brut Millésime (*Magnum*)

CHAMPAGNER BLANC DE BLANCS: OHNE JAHRGANG

Es gibt viele jahrgangslose Blancs de Blancs, allerdings ist es schwerer, einen sortentypischen Champagner aus verschiedenen Jahrgängen zu verschneiden. Daher war ich nicht überrascht, daß diese Weine in meinen Blindverkostungen nur halb so gut abschnitten wie jahrgangslose Cuvées. Kleine Erzeuger von der Côte des Blancs sind mit Weinen am erfolgreichsten, die nicht mehr als fünf Prozent Reserveweine enthalten. Manche guten Provenienzen sind auch Jahrgangsweine, bei denen die Jahreszahl nicht angegeben wird.

- **89** €€ Bonnaire Blanc de Blancs, Brut Grand Cru
- **89** €€€ Jacques Selosse, Origine Blanc de Blancs, Brut Grand Cru
- **89** €€ Varnier-Fannière Cuvée Saint Denis Blanc de Blancs Brut Grand Cru
- **88** €€€ De Castellane Chardonnay Blanc de Blancs Brut
- **88** €€ Pierre Gimonnet & Fils Cuis 1er Cru, Brut Blanc de Blancs
- **88** €€€ Pierre Moncuit, Cuvée de Réserve Brut, Blanc de Blancs, Grand Cru
- **87** €€€€ A.R. Lenoble 2000 Brut, Blanc de Blancs Grand Cru
- **87** €€€ Bruno Paillard Chardonnay Réserve Privée, Brut
- **87** €€€ Jacques Selosse Blanc de Blancs, Brut Grand Cru
- **87** €€ Le Brun de Neuville Cuvée Chardonnay Blanc de Blancs Brut
- **87** €€€ Mumm de Cramant Brut Chardonnay, Grand Cru
- **87** €€ V. Testulat Brut Blanc de Blancs
- **86** €€ Boizel Chardonnay Brut Blanc de Blancs
- **86** €€€ Henriot Blanc de Blancs Brut
- **86** €€ Michel Gonet Blanc de Blancs, Brut Grand Cru
- **86** €€€ Pierre Moncuit Brut, Hugues de Coulmet, Blanc de Blancs
- **85** €€ Bardy-Chauffert Blanc de Blancs Brut Réserve Grand Cru
- **85** €€ Colin Brut Cuvée Castille, Blanc de Blancs Premier Cru
- **85** €€ Delamotte Blanc de Blancs Brut
- **85** €€ Lagache Grand Réserve, Premier Cru, Blanc de Blancs
- **85** €€ Larmandier-Bernier Blanc de Blancs Brut, Premier Cru
- **85** €€ Médot & Cie Blanc de Blancs Brut
- **85** €€ Royer Père et Fils Cuvée 2000 Brut Prestige
- **85** €€ Thierry Triolet Brut Blanc de Blancs
- **84** €€ Jacques Copinet Sélection, Brut Blanc de Blancs
- **84** €€€ Pommery Summertime, Blanc de Blancs Brut
- **84** €€ Poul-Justine Blanc de Blancs, Brut Chardonnay
- **83** €€ Guy Larmandier Cramant Grand Cru Brut Blanc de Blancs
- **83** €€ Veuve Clémence Blanc de Blancs, Grand Cru
- **82** €€ Raymond Boulard Blanc de Blancs Brut
- **81** €€ Gaston Chiquet Blanc de Blancs d'Aÿ, Brut Grand Cru
- **80** €€ A.R. Lenoble Blanc de Blancs Brut, Grand Cru
- **80** €€€€ Besserat de Bellefon Grande Cuvée B de B Brut
- **80** €€ Jean Josselin Brut Blanc de Blancs
- **80** €€ Paul Goerg Blanc de Blancs Brut, Premier Cru

CHAMPAGNER BLANC DE BLANCS: 1995

Wie beim normalen Jahrgangschampagner wird es auch hier schwierig gewesen sein, die 1995er zum letzten Quartal 1999 auf den Markt zu bekommen, daher gab es nur wenige Vorproben. Diejenigen, die den Test bestanden, bestätigen die während der Lese getroffene Vorhersage, daß der Chardonnay in diesem Jahrgang herausragend ausfällt.

- **90** €€€ Pierre Gimonnet & Fils 1995 Brut, Gastronome, Blanc de Blancs, 1er Cru
- **90** €€€ Pierre Gimonnet & Fils, Club de Viticulteurs 1995 Brut, Premier Cru, Chardonnay
- **89** €€€ G. Fluteau 1995 Cuvée Prestige, Brut
- **89** €€€ Le Mesnil 1995 Brut, Réserve Sélection, Blanc de Blancs
- **87** €€€ De Sousa Cuvée du Millénaire 1995 Chardonnay Brut Grand Cru
- **87** €€ Esterlin 1995 Brut Blanc de Blancs

CHAMPAGNER BLANC DE BLANCS: 1993

Während das Urteil über die 1992er und 1993er insgesamt noch nicht gesprochen ist, erwies sich 1993 für den Blanc de Blancs als bester Jahrgang zwischen 1990 und 1995.

- **91** €€€€ Comtes de Champagne 1993 Blanc de Blancs Brut, Taittinger
- **88** €€€€ Louis Roederer 1993 Blanc de Blancs Brut
- **87** €€€€ Deutz 1993 Blanc de Blancs Brut
- **87** €€€ Henri Mandois 1993 Blanc de Blancs, Brut
- **87** €€€ Jacquesson & Fils 1993 Blanc de Blancs, Brut Grand Cru
- **87** €€€ Pierre Gimonnet & Fils 1993 Brut, Fleuron, Blanc de Blancs, 1er Cru
- **87** €€ Th. Blondel 1993 Brut Millésimé, Blanc de Blancs Premier Cru
- **86** €€€ Duval-Leroy 1993 Fleur de Champagne, Blanc de Chardonnay Brut

CHAMPAGNER BLANC DE BLANCS: 1992

Nach strenger Auslese kann ich nur die folgenden vier Gewächse empfehlen. Da aber der Larmandier-Bernier vor einigen Jahren zu den besten Vorproben von 1992 gehörte, stehen die besten Blancs de Blancs aus diesem Jahrgang wohl noch aus.

- **87** €€€ Pierre Moncuit 1992 Brut Millésime, Blanc de Blancs, Grand Cru
- **87** €€ Th. Blondel 1992 Vieux Millésime Brut, Chardonnay Premier Cru
- **86** €€€ Jacquart 1992 Blanc de Blancs
- **84** €€ Jacques Copinet 1992 Cuvée Marie Etienne, Brut Blanc de Blancs

CHAMPAGNER BLANC DE BLANCS: 1990

Ein großer Jahrgang für Blanc de Blancs, wie die Wertungen zeigen. Da aber nur noch wenige Flaschen erhältlich sind, heißt es sofort zugreifen.

- **92** €€€ Pierre Gimonnet & Fils, Les Cuvées de l'An 2000 1990 Brut Millésime de Collection (*Magnum*)
- **91** €€€ Dom Ruinart 1990 Blanc de Blancs Brut
- **91** €€€ Pierre Moncuit 1990 Brut Millésime, Blanc de Blancs, Grand Cru
- **90** €€€€ Philipponnat 1990 Grand Blanc Brut
- **89** €€€ Drappier Cuvée Signature 1990 Blanc de Blancs de Chardonnay Brut

- **88** €€€ De Castellane 1990 Cuvée Royale Chardonnay Brut
- **88** €€€€ Jacques Selosse 1990 Blanc de Blancs, Brut Grand Cru
- **88** €€€ Le Mesnil 1990 Brut, Réserve Sélection, Blanc de Blancs
- **87** €€€ De Venoge 1990 Brut Blanc de Blancs

CHAMPAGNER BLANC DE BLANCS: 1989 UND ÄLTER

Einige dieser Jahrgänge, womöglich kaum noch zu haben, zeigen, daß ein reinsortiger zehnjähriger oder älterer Chardonnay-Champagner ein sinnliches Trinkerlebnis bietet.

- **93** €€€€ Salon 1988 Blanc de Blancs Brut
- **92** €€€€ Charles Heidsieck 1985 Blanc de Millénaires, Brut
- **90** €€€ Pierre Gimonnet & Fils, Les Cuvées de l'An 2000 1989 Brut Millésime de Collection
- **90** €€€ Pierre Moncuit 1988 Brut Millésime, Blanc de Blancs, Grand Cru
- **88** €€€ Comte A. de Dampierre, Cuvée de Prestige 1988 Blanc de Blancs, Brut Grand Cru

CHAMPAGNER BLANC DE NOIRS

Die Auffassung, ein Blanc de Noirs sei ein gehaltvoller, fleischiger Champagner, wurde durch die Vieilles Vignes Françaises von Bollinger geprägt: Weinen aus den überreifen Trauben von Direktträgern, also wurzelechten Reben. Doch diese sind eine Ausnahme. Vor allem im Marnetal werden viele Champagner nur aus roten Trauben gekeltert, bis vor kurzem kamen aber nur wenige als Blancs de Noirs in den Handel. Viele halten diese Weine für reinsortige Pinots Noirs, doch sind es häufig Verschnitte aus Pinot Noir und Meunier.

- **98** €€€€ Bollinger 1990 Vieilles Vignes Françaises, Brut
- **88** €€ Duval-Leroy Fleur de Champagne, Blanc de Noirs Brut
- **88** €€ Serge Mathieu Cuvée Tradition, Blanc de Noirs Brut
- **87** €€€ Pommery Wintertime, Blanc de Noirs Brut
- **86** €€ V. Testulat Brut Carte d'Or, Blanc de Noirs
- **85** €€ Patrick Soutiran Blanc de Noirs, Brut Grand Cru
- **85** €€ Rémy Massin & Fils Brut Tradition, Blanc de Noirs
- **83** €€ Jean Josselin Brut Carte Noire, Blanc de Noirs
- **82** €€ De Venoge Brut Blanc de Noirs
- **81** €€ G. Fluteau Brut Carte Blanche
- **80** €€ Veuve A. Devaux Blanc de Noirs Brut

CHAMPAGNER ROSÉ: OHNE JAHRGANG

Fast jeder Winzer in der Champagne hat einen jahrgangslosen Rosé im Angebot, doch ist die Qualität weniger verläßlich als die des gewöhnlichen jahrgangslosen Brut.

- **96** €€€€ Krug Rosé Brut
- **89** €€€ Bruno Paillard Brut Rosé Première Cuvée
- **89** €€ Château de Boursault Rosé Brut
- **89** €€€ Gosset Grande Rosé Brut
- **89** €€€ Moët & Chandon Brut Rosé
- **88** €€€ Billecart-Salmon Brut Rosé
- **88** €€€ De Castellane Brut Rosé
- **88** €€€ Jacquesson & Fils Perfection Brut Rosé
- **88** €€€ Oeil de Perdrix Tradition Brut, Veuve A. Devaux
- **88** €€ René Geoffroy Brut Rosé
- **87** €€ A. Margaine Brut Rosé
- **87** €€ G.H. Mumm & Cie Cordon Rosé Brut
- **87** €€ Mercier Brut Rosé
- **87** €€€ R de Ruinart Brut Rosé

Jahresübersicht

86	€€ André Simon Brut Rosé		Grand Cru
86	€€€ Canard-Duchêne Grande Cuvée Charles VII, Rosé	84	€€€ Lanson Brut Rosé
		84	€€ Raymond Boulard Cuvée Rosé Brut
86	€€ De Nauroy Brut Rosé	83	€€ Arlaux Brut Rosé
86	€€ Forget-Brimont Rosé Brut	83	€€ J. Charpentier Brut Rosé
		83	€€ Jean Moutardier Rosé Brut
86	€€ Gaston Chiquet Rosé Brut	82	€€ Chartogne-Taillet Cuvée Sainte-Anne, Brut Rosé
86	€€ Gauthier Brut Rosé Grande Réserve	82	€€ Duval-Leroy Fleur de Champagne, Rosé de Saignée Brut
86	€€€ Pannier Cuvée Louis Eugène Rosé, Brut		
86	€€ R.C. Lemaire Brut-Rosé	82	€€ Louise Brison L'Impertinente, Brut Rosé
85	€€ Beaumont des Crayères Fleur de Rosé Brut	82	€€ Piper-Heidsieck Brut Rosé
85	€€ Besserat de Bellefon Cuvée des Moines Rosé Brut	82	€€ Taittinger Prestige Rosé
85	€€ Delamotte Rosé	81	€€ Daniel Dumont Grande Réserve Rosé Brut
85	€€ Drappier Rosé Brut, Val des Demoiselles	81	€€ J. Dumangin Fils Brut Rosé, Premier Cru
85	€€€ G. Fluteau Brut Carte Rubis	80	€€ Canard-Duchêne Brut Rosé
85	€€€ Georges Vesselle Brut Rosé Grand Cru	80	€€ Jacques Copinet Brut Rosé
85	€€€ Laurent-Perrier Cuvée Rosé Brut	80	€€ Monmarthe Rosé, Brut Premier Cru
85	€€ Pannier Brut Rosé	80	€€ Médot & Cie Brut Rosé
85	€€ Patrick Soutiran Brut Rosé, Grand Cru	80	€€€ Perrier-Jouët Blason de France Rosé Brut
85	€€ Serge Mathieu Rosé Brut	80	€€ Varnier-Fannière Brut Rosé Grand Cru
84	€€€ Bricout Cuvée Brut Rosé		
84	€€ E. Barnaut Rosé Brut,		

CHAMPAGNER ROSÉ: 1993

Ein Jahrgangs-Rosé ist ein Widerspruch in sich, denn viele Champenois empfehlen, Rosé jung und frisch zu trinken. Warum dann überhaupt Jahrgangsweine? Die Frage ist berechtigt. Gleichwohl können die seltenen Rosé-Champagner, die im Alter besser werden, ganz außergewöhnlich ausfallen. Interessanterweise wurde von dieser jung zu trinkenden Variante kein 1995er hergestellt, 1993 ist also der jüngste Jahrgang.

90	€€€€ Comtes de Champagne 1993 Brut Rosé, Taittinger	87	€€€€ Veuve Clicquot Ponsardin 1993 Rosé Réserve
87	€€€€ Louis Roederer 1993 Brut Rosé	86	€€€ Moët & Chandon 1993 Brut Impérial Rosé

CHAMPAGNER ROSÉ: 1990

Ein erhabener Rosé-Jahrgang, von dem allerdings nur noch wenig vorhanden ist.

96	€€€€ Cuvée William Deutz 1990 Rosé Brut Millésimé		Année Rosé, Brut
		86	€€€€ Veuve Clicquot Ponsardin 1990 Rosé Reserve Vintage
94	€€€€ Veuve Clicquot Ponsardin 1990 La Grande Dame Rosé Brut		
		83	€€€ Henriot 1990 Rosé Millésimé Brut
89	€€€€ Bollinger 1990 Grande		

CHAMPAGNER ROSÉ: 1989 UND ÄLTER

Nur wenige Kreszenzen bestanden die Blindprobe. Die dürftige Auswahl bestätigt zumindest die französische Theorie, daß ein Rosé jung getrunken werden sollte.

- **88** €€€€ Cuvée Dom Pérignon Rosé 1986 Moët et Chandon
- **88** €€€€ Dom Ruinart 1986 Brut Rosé
- **84** €€€ Henriot 1988 Rosé Millésimé Brut

PRESTIGE-CUVÉES

Eine echte Prestige-Cuvée, die gelungen ist, holt stets eine außerordentliche Wertung. Manche Vertreter dieser Kategorie verfehlten allerdings die Mindestanforderungen.

- **98** €€€€ Bollinger 1990 Vieilles Vignes Françaises, Brut
- **98** €€€€ Laurent-Perrier Grand Siècle »La Cuvée«, Brut
- **96** €€€ Billecart-Salmon 1990 Cuvée Nicolas-François, Brut
- **96** €€€€ Cuvée William Deutz 1990 Rosé Brut Millésimé
- **96** €€€€ Krug Rosé Brut
- **96** €€€€ Krug 1989 Clos de Mesnil, Brut
- **95** €€€€ Cuvée Dom Pérignon 1990 Brut, Moët et Chandon
- **95** €€€€ Gosset Celebris 1990 Brut (*Magnum*)
- **95** €€€ Gosset Grande Réserve Brut (*Magnum*)
- **95** €€€€ Philipponnat 1989 Clos de Goisses, Brut
- **95** €€€€ Krug Grand Cuvée, Brut
- **95** €€€€ Krug 1989 Brut
- **95** €€€€ Louis Roederer 1993 Cristal Brut
- **95** €€€€ Pol Roger 1988 Sir Winston Churchill Cuvée, Brut
- **95** €€€€ Veuve Clicquot Ponsardin 1990 La Grande Dame Brut
- **94** €€€ Gosset Grande Réserve Brut
- **94** €€€€ Veuve Clicquot Ponsardin 1990 La Grande Dame Rosé Brut
- **93** €€€€ Cuvée Dom Pérignon 1964 Brut, Moët et Chandon
- **93** €€€€ Salon 1988 Blanc de Blancs Brut
- **93** €€€€ Vilmart & Cie 1990 Coeur de Cuvée Brut, Premiers Crus
- **92** €€€€ Charles Heidsieck 1985 Blanc de Millénaires, Brut
- **92** €€€€ Cuvée Dom Pérignon 1973 Brut, Moët et Chandon
- **92** €€€€ Henriot 1989 Cuvée des Enchanteleurs, Brut
- **92** €€€€ Taittinger 1989 Comtes de Champagne, Brut
- **92** €€€€ Veuve Clicquot Ponsardin 1990 La Grande Dame, Brut
- **91** €€€ Cattier Clos du Moulin, Brut Premier Cru
- **91** €€€€ Comtes de Champagne 1993 Blanc de Blancs Brut, Taittinger
- **91** €€€€ Dom Ruinart 1990 Blanc de Blancs Brut
- **90** €€€€ Comtes de Champagne 1993 Brut Rosé, Taittinger
- **90** €€€€ Cuvée William Deutz 1990 Brut Millésimé
- **90** €€€€ Jacquesson & Fils 1985 Dégorgement Tardive Brut
- **90** €€€€ Perrier-Jouët 1990 Belle Epoque, Brut
- **89** €€€ Joseph Perrier 1985 Cuvée Joséphine, Brut (*Magnum*)
- **89** €€€€ Pommery 1988 Louise, Brut
- **88** €€€ Boizel 1989 Joyau de France, Brut
- **88** €€€€ Cuvée Dom Pérignon Rosé 1986 Moët et Chandon
- **88** €€€€ De Castellane 1988 Cuvée Florens de Castellane, Brut
- **88** €€€€ Dom Ruinart 1986 Brut Rosé
- **88** €€€ Heidsieck & Co Monopole 1989 Diamant Bleu
- **88** €€€€ Henriot 1988 Cuvée des Enchanteleurs, Brut
- **88** €€€ Joseph Perrier 1989 Cuvée Joséphine, Brut
- **87** €€€€ De Castellane 1989 Cuvée Commodore, Brut
- **86** €€€ Canard-Duchêne Grande Cuvée Charles VII, Rosé
- **86** €€€ Drappier 1990 Grande Sendrée Brut

Jahresübersicht

- **86** €€€ Egérie de Pannier 1990 Brut
- **86** €€€€ Lanson 1989 Noble Cuvée
- **84** de Lanson, Brut
- **84** €€€€ Henriot 1985 Cuvée des Enchanteleurs, Brut

CHAMPAGNER AB WEINGUT, NACH WERTUNG GEORDNET

Die meisten Winzer in der Champagne verkaufen auch direkt an Besucher, doch viele zögerten mit Preisinformationen, vor allem die größeren Häuser. Offenbar befürchten sie, die Kunden zu ermuntern, ihren Champagner nicht mehr vom Importeur, sondern direkt beim Winzer zu kaufen. Da die meisten Erzeuger, allen voran die großen Häuser, jedoch auf Besucher vorbereitet sind, verstehe ich solche Bedenken nicht. Ernsthafte Champagnerliebhaber mit guten Lagermöglichkeiten überzeugen sich nun mal gern selbst, daß ihre Weine ohne Umweg vom Keller des Erzeugers in den eigenen gelangt sind, selbst wenn der Preisunterschied gering ist. Ein wenig läßt sich aber doch sparen, und wer in die Champagne reist, wird die Häuser, die keine Preisangaben gemacht haben, nicht besuchen; schließlich könnte die Fahrt vergeblich sein. Ich werde jedenfalls auch für die folgenden Ausgaben Preise anfordern in der Hoffnung, daß sich mit der Zeit mehr und mehr Häuser kooperativ zeigen werden.

- **95** 184.00FF Vilmart & Cie 1992 Cuvée Création IIIe Millénaire Brut
- **95** 430.00FF Veuve Clicquot Ponsardin 1990 La Grande Dame Brut
- **95** 550.00FF Philipponnat 1989 Clos de Goisses, Brut
- **94** 1000.00FF Veuve Clicquot Ponsardin 1990 La Grande Dame Rosé Brut
- **93** 194.00FF Vilmart & Cie 1990 Coeur de Cuvée Brut, Premiers Crus
- **93** 399.00FF Vilmart & Cie 1991 Coeur de Cuvée Brut (*Magnum*)
- **93** 450.00FF Salon 1988 Blanc de Blancs Brut
- **91** 194.00FF Vilmart & Cie 1992 Coeur de Cuvée Brut, Premiers Crus
- **91** 381.50FF Dom Ruinart 1990 Blanc de Blancs Brut
- **90** 239.00FF Philipponnat 1990 Grand Blanc Brut
- **90** 340.00FF Perrier-Jouët 1990 Belle Epoque, Brut
- **90** 500.00FF Jacquesson & Fils 1985 Dégorgement Tardive Brut
- **89** 78.00FF Paul Goerg Brut Tradition, Premier Cru
- **89** 82.00FF Serge Mathieu Brut Select, Tête de Cuvée
- **89** 83.00FF Gaston Chiquet Tradition, Brut
- **89** 88.00FF G. Fluteau 1995 Cuvée Prestige, Brut Blanc de Blancs
- **89** 146.00FF Delbeck Bouzy Grand Cru Brut
- **89** 165.00FF Beaumont des Crayères 1990 Nuit d'Or, Cuvée 2000 Millénaire, Brut
- **89** 285.00FF Jacques Selosse, Origine Blanc de Blancs, Brut Grand Cru
- **88** 62.00FF Serge Mathieu Cuvée Tradition, Blanc de Noirs Brut
- **88** 67.00FF Serge Mathieu Cuvée Prestige Brut
- **88** 84.00FF H. Blin & Co Brut Deux Mille
- **88** 95.00FF Beaumont des Crayères Cuvée de Prestige, Brut
- **88** 96.00FF A.R. Lenoble Brut Réserve
- **88** 108.00FF Larmandier-Bernier 1995 Blanc de Blancs Extra Brut, Grand Cru
- **88** 116.00FF Daniel Dumont 1990 Cuvée d'Excellence, Brut Millésime
- **88** 119.00FF Bricout 1990 Cuvée Brut Millésime
- **88** 125.00FF Gaston Chiquet Réserve du Millénaire, Brut Premier Cru
- **88** 134.59FF Lanson Black Label, Brut
- **88** 139.00FF Veuve Clicquot Ponsardin Brut Yellow Label
- **88** 145.00FF Perrier-Jouët 1992 Grand Brut
- **88** 147.00FF R de Ruinart Brut
- **88** 194.00FF Henriot 1990 Brut Millésimé
- **88** 194.00FF Henriot 1989 Brut Millésimé
- **88** 197.00FF Deux Mille Jours pour l'an Deux Mille 1992 Champagne

- (88) 290.00FF Comte A. de Dampierre, Mailly Cuvée de Prestige 1988 Blanc de Blancs, Brut Grand Cru
- (88) 330.00FF Henriot 1988 Cuvée des Enchanteleurs, Brut
- (88) 423.50FF Dom Ruinart 1986 Brut Rosé
- (87) 74.00FF Esterlin 1995 Brut Blanc de Blancs
- (87) 77.00FF Henri Goutorbe Cuvée Traditionnelle Brut
- (87) 86.00FF Goutorbe Cuvée Prestige Brut
- (87) 88.50FF Rémy Massin et Fils Brut An 2000
- (87) 93.00FF Moutard Cuvée Prestige Brut
- (87) 99.00FF Beaumont des Crayères 1995 Grand Prestige Millésime, Brut
- (87) 100.00FF Mercier Brut Rosé
- (87) 100.00FF Th. Blondel 1993 Brut Millésimé, Blanc de Blancs Premier Cru
- (87) 106.00FF H. Blin & Co 1991 Brut
- (87) 110.00FF Th. Blondel 1992 Vieux Millésime Brut, Chardonnay Premier Cru
- (87) 116.00FF Mercier 1993 Vendange Brut
- (87) 122.00FF Gaston Chiquet 1991 Brut
- (87) 143.56FF Besserat de Bellefon 1990 Brut Millésime
- (87) 146.00FF Jacques Selosse Blanc de Blancs, Brut Grand Cru
- (87) 146.93FF Gauthier 1990 Brut Millésime
- (87) 169.00FF Philipponnat Le Reflet, Brut
- (87) 170.00FF A.R. Lenoble 2000 Brut, Blanc de Blancs Grand Cru
- (87) 177.50FF R de Ruinart 1992 Brut
- (87) 180.00FF Veuve Clicquot Ponsardin 1993 Vintage Réserve Brut
- (87) 180.00FF Veuve Clicquot Ponsardin 1993 Rich Réserve
- (87) 186.50FF R de Ruinart Brut Rosé
- (87) 190.00FF Veuve Clicquot Ponsardin 1993 Rosé Réserve
- (86) 89.00FF Vilmart & Cie Grande Réserve Brut, Premiers Crus
- (86) 95.00FF Gaston Chiquet Rosé Brut
- (86) 134.59FF Gauthier Brut Rosé Grande Réserve
- (86) 139.00FF Beaumont des Crayères 1992 Nostalgie, Brut
- (86) 166.00FF Comte Audoin de Dampierre 1990 Grand Vintage, Brut Premier Cru
- (86) 426.20FF Lanson 1989 Noble Cuvée de Lanson, Brut
- (85) 62.50FF Alain Bergère Réserve Brut
- (85) 68.00FF Moutard Brut
- (85) 69.00FF Thierry Triolet Brut Blanc de Blancs
- (85) 71.00FF Lagache-Lecourt Brut Sélection
- (85) 71.00FF Serge Mathieu Rosé Brut
- (85) 75.00FF G. Fluteau Brut Carte Rubis
- (85) 76.00FF Serge Mathieu 1993 Brut
- (85) 79.00FF Patrick Soutiran Blanc de Noirs, Brut Grand Cru
- (85) 80.00FF René Geoffroy Cuvée de Réserve, Brut Premier Cru
- (85) 89.00FF Patrick Soutiran Brut Rosé, Grand Cru
- (85) 90.00FF Royer Père et Fils Cuvée 2000 Brut Prestige
- (85) 92.00FF René Geoffroy 1993 Cuvée Sélectionnée, Brut Premier Cru
- (85) 93.00FF E. Barnaut Sélection Extra Brut, Grand Cru
- (85) 93.00FF Larmandier-Bernier Blanc de Blancs Brut, Premier Cru
- (85) 95.00FF Beaumont des Crayères Fleur de Rosé Brut
- (85) 98.00FF Médot & Cie Blanc de Blancs Brut
- (85) 102.00FF Charles de Cazanove Brut Azur, Premier Cru
- (85) 103.00FF Hamm Réserve 1er Cru Brut
- (85) 118.00FF Delamotte Blanc de Blancs Brut
- (85) 118.89FF Gauthier Brut Grande Réserve
- (85) 122.00FF Perrier-Jouët Grand Brut
- (85) 122.25FF Besserat de Bellefon Grande Tradition Brut
- (85) 134.59FF Besserat de Bellefon Cuvée des Moines Rosé Brut
- (85) 142.00FF Comte Audoin de Dampierre Cuvée des Ambassadeurs, Brut Premier Cru
- (85) 164.00FF Jacques Selosse Extra Brut, Grand Cru

Jahresübersicht

		Blanc de Blancs
(85)	180.30FF	R de Ruinart 1993 Brut
(85)	250.00FF	Raymond Boulard 1986 Année de la Comète 2000, Millésime Brut
(84)	75.00FF	Jean Josselin Brut Tradition
(84)	77.00FF	Poul-Justine Blanc de Blancs, Brut Chardonnay
(84)	87.00FF	E. Barnaut Grande Réserve, Brut Grand Cru
(84)	93.00FF	E. Barnaut Rosé Brut, Grand Cru
(84)	95.00FF	Raymond Boulard Cuvée Rosé Brut
(84)	119.00FF	Bricout Cuvée Brut Rosé
(84)	128.98FF	Besserat de Bellefon Cuvée des Moines Brut
(84)	161.51FF	Lanson Brut Rosé
(84)	214.00FF	Henriot 1988 Rosé Millésimé Brut
(84)	330.00FF	Henriot 1985 Cuvée des Enchanteleurs, Brut
(83)	70.00FF	Moutard Brut Réserve
(83)	71.00FF	Jean Josselin Brut Carte Noire, Blanc de Noirs
(83)	86.00FF	Daniel Dumont Grande Réserve Brut
(83)	108.00FF	Brochet-Hervieux 1991 HBH, Brut Premier Cru
(83)	214.00FF	Henriot 1990 Rosé Millésimé Brut
(82)	84.00FF	H. Blin & Co Brut Tradition
(82)	87.00FF	Poul-Justine 1993 Millésime Brut
(82)	91.00FF	Louise Brison L'Impertinente, Brut Rosé
(82)	92.50FF	Raymond Boulard Blanc de Blancs Brut
(82)	95.00FF	Mercier Brut
(82)	99.00FF	Paul Goerg 1995 Brut Millésimé, Premier Cru
(82)	125.00FF	Moutard 1985 Vieux Millésimes Brut
(81)	63.00FF	Esterlin Brut
(81)	70.00FF	G. Fluteau Brut Carte Blanche
(81)	86.00FF	Daniel Dumont Grande Réserve Rosé Brut
(81)	94.00FF	Médot & Cie 1991 Brut Millésime
(81)	95.00FF	Gaston Chiquet Blanc de Blancs d'Aÿ, Brut Grand Cru
(80)	68.00FF	Gaillard-Girot Brut
(80)	74.00FF	Poul-Justine Carte Blanche, Brut Premier Cru
(80)	78.00FF	Paul Goerg Blanc de Blancs Brut, Premier Cru
(80)	79.00FF	Brochet-Hervieux Brut Extra, Premier Cru
(80)	81.00FF	Jean Josselin Brut Blanc de Blancs
(80)	85.00FF	Beaumont des Crayères Grande Réserve Brut
(80)	87.00FF	E. Barnaut Cuvée Douceur, Sec Grand Cru
(80)	88.00FF	Varnier-Fannière Brut Rosé Grand Cru
(80)	90.00FF	Raymond Boulard Réserve Brut
(80)	98.00FF	Médot & Cie Brut Rosé
(80)	101.00FF	Delamotte Brut
(80)	105.00FF	A.R. Lenoble Blanc de Blancs Brut, Grand Cru
(80)	113.00FF	Vilmart & Cie Grand Cellier Brut, Premiers Crus
(80)	120.00FF	Raymond Boulard Brut Tradition
(80)	146.00FF	Delbeck Cramant Grand Cru Brut
(80)	159.00FF	Perrier-Jouët Blason de France Rosé Brut
(80)	246.75FF	Besserat de Bellefon Grande Cuvée B de B Brut

CHAMPAGNER AB WEINGUT, NACH PREISEN GEORDNET

Wer in der Champagne ein Gewächs innerhalb einer bestimmten Preiskategorie sucht, dürfte hier fündig werden. **Anmerkung** Die Preise beziehen sich auf die Zeit der Verkostung. Änderungen sind unausweichlich, dürften aber im Rahmen bleiben. Mit Hilfe dieser Liste sollte der Leser zumindest unangemessene Preiserhöhungen sofort bemerken.

(88)	62.00FF	Serge Mathieu Cuvée Tradition, Blanc de Noirs Brut
(85)	62.50FF	Alain Bergère Réserve Brut
(81)	63.00FF	Esterlin Brut
(88)	67.00FF	Serge Mathieu Cuvée Prestige Brut
(85)	68.00FF	Moutard Brut
(80)	68.00FF	Gaillard-Girot Brut

- (85) 69.00FF Thierry Triolet Brut Blanc de Blancs
- (83) 70.00FF Moutard Brut Réserve
- (80) 70.00FF G. Fluteau Brut Carte Blanche
- (85) 71.00FF Lagache-Lecourt Brut Sélection
- (85) 71.00FF Serge Mathieu Rosé Brut
- (83) 71.00FF Jean Josselin Brut Carte Noire, Blanc de Noirs
- (87) 74.00FF Esterlin 1995 Brut Blanc de Blancs
- (80) 74.00FF Poul-Justine Carte Blanche, Brut Premier Cru
- (85) 75.00FF G. Fluteau Brut Carte Rubis
- (84) 75.00FF Jean Josselin Brut Tradition
- (85) 76.00FF Serge Mathieu 1993 Brut
- (87) 77.00FF Henri Goutorbe Cuvée Traditionnelle Brut
- (84) 77.00FF Poul-Justine Blanc de Blancs, Brut Chardonnay
- (89) 78.00FF Paul Goerg Brut Tradition, Premier Cru
- (80) 78.00FF Paul Goerg Blanc de Blancs Brut, Premier Cru
- (85) 79.00FF Patrick Soutiran Blanc de Noirs, Brut Grand Cru
- (80) 79.00FF Brochet-Hervieux Brut Extra, Premier Cru
- (85) 80.00FF René Geoffroy Cuvée de Réserve, Brut Premier Cru
- (80) 81.00FF Jean Josselin Brut Blanc de Blancs
- (89) 82.00FF Serge Mathieu Brut Select, Tête de Cuvée
- (89) 83.00FF Gaston Chiquet Tradition, Brut
- (88) 84.00FF H. Blin & Co Brut Deux Mille
- (82) 84.00FF H. Blin & Co Brut Tradition
- (80) 85.00FF Beaumont des Crayères Grande Réserve Brut
- (87) 86.00FF Goutorbe Cuvée Prestige Brut
- (83) 86.00FF Daniel Dumont Grande Réserve Brut
- (81) 86.00FF Daniel Dumont Grande Réserve Rosé Brut
- (84) 87.00FF E. Barnaut Grande Réserve, Brut Grand Cru
- (82) 87.00FF Poul-Justine 1993 Millésime Brut
- (80) 87.00FF E. Barnaut Cuvée Douceur, Sec Grand Cru
- (89) 88.00FF G. Fluteau 1995 Cuvée Prestige, Brut Blanc de Blancs
- (80) 88.00FF Varnier-Fannière Brut Rosé Grand Cru
- (87) 88.50FF Rémy Massin et Fils Brut An 2000
- (86) 89.00FF Vilmart & Cie Grande Réserve Brut, Premiers Crus
- (85) 89.00FF Patrick Soutiran Brut Rosé, Grand Cru
- (85) 90.00FF Royer Père et Fils Cuvée 2000 Brut Prestige
- (80) 90.00FF Raymond Boulard Réserve Brut
- (82) 91.00FF Louise Brison L'Impertinente, Brut Rosé
- (85) 92.00FF René Geoffroy 1993 Cuvée Sélectionnée, Brut Premier Cru
- (82) 92.50FF Raymond Boulard Blanc de Blancs Brut
- (87) 93.00FF Moutard Cuvée Prestige Brut
- (85) 93.00FF E. Barnaut Sélection Extra Brut, Grand Cru
- (85) 93.00FF Larmandier-Bernier Blanc de Blancs Brut, Premier Cru
- (84) 93.00FF E. Barnaut Rosé Brut, Grand Cru
- (81) 94.00FF Médot & Cie 1991 Brut Millésime
- (88) 95.00FF Beaumont des Crayères Cuvée de Prestige, Brut
- (86) 95.00FF Gaston Chiquet Rosé Brut
- (85) 95.00FF Beaumont des Crayères Fleur de Rosé Brut
- (84) 95.00FF Raymond Boulard Cuvée Rosé Brut
- (82) 95.00FF Mercier Brut
- (81) 95.00FF Gaston Chiquet Blanc de Blancs d'Aÿ, Brut Grand Cru
- (88) 96.00FF A.R. Lenoble Brut Réserve
- (85) 98.00FF Médot & Cie Blanc de Blancs Brut
- (80) 98.00FF Médot & Cie Brut Rosé
- (87) 99.00FF Beaumont des Crayères 1995 Grand Prestige Millésime, Brut
- (82) 99.00FF Paul Goerg 1995 Brut Millésimé, Premier Cru
- (87) 100.00FF Mercier Brut Rosé

- (87) 100.00FF Th. Blondel 1993 Brut Millésimé, Blanc de Blancs Premier Cru
- (80) 101.00FF Delamotte Brut
- (85) 102.00FF Charles de Cazanove Brut Azur, Premier Cru
- (85) 103.00FF Hamm Réserve 1er Cru Brut
- (80) 105.00FF A.R. Lenoble Blanc de Blancs Brut, Grand Cru
- (87) 106.00FF H. Blin & Co 1991 Brut
- (88) 108.00FF Larmandier-Bernier 1995 Blanc de Blancs Extra Brut, Grand Cru
- (83) 108.00FF Brochet-Hervieux 1991 HBH, Brut Premier Cru
- (87) 110.00FF Th. Blondel 1992 Vieux Millésime Brut, Chardonnay Premier Cru
- (80) 113.00FF Vilmart & Cie Grand Cellier Brut, Premiers Crus
- (88) 116.00FF Daniel Dumont 1990 Cuvée d'Excellence, Brut Millésime
- (87) 116.00FF Mercier 1993 Vendange Brut
- (85) 118.00FF Delamotte Blanc de Blancs Brut
- (85) 118.89FF Gauthier Brut Grande Réserve
- (88) 119.00FF Bricout 1990 Cuvée Brut Millésime
- (84) 119.00FF Bricout Cuvée Brut Rosé
- (80) 120.00FF Raymond Boulard Brut Tradition
- (87) 122.00FF Gaston Chiquet 1991 Brut
- (85) 122.00FF Perrier-Jouët Grand Brut
- (85) 122.25FF Besserat de Bellefon Grande Tradition Brut
- (88) 125.00FF Gaston Chiquet Réserve du Millénaire, Brut Premier Cru
- (82) 125.00FF Moutard 1985 Vieux Millésimes Brut
- (84) 128.98FF Besserat de Bellefon Cuvée des Moines Brut
- (88) 134.59FF Lanson Ivory Label, Demi-Sec
- (88) 134.59FF Lanson Black Label, Brut
- (86) 134.59FF Gauthier Brut Rosé Grande Réserve
- (85) 134.59FF Besserat de Bellefon Cuvée des Moines Rosé Brut
- (88) 139.00FF Veuve Clicquot Ponsardin Brut Yellow Label
- (86) 139.00FF Beaumont des Crayères 1992 Nostalgie, Brut
- (85) 142.00FF Comte Audoin de Dampierre Cuvée des Ambassadeurs, Brut Premier Cru
- (87) 143.56FF Besserat de Bellefon 1990 Brut Millésime
- (88) 145.00FF Perrier-Jouët 1992 Grand Brut
- (89) 146.00FF Delbeck Bouzy Grand Cru Brut
- (87) 146.00FF Jacques Selosse Blanc de Blancs, Brut Grand Cru
- (80) 146.00FF Delbeck Cramant Grand Cru Brut
- (87) 146.93FF Gauthier 1990 Brut Millésime
- (88) 147.00FF R de Ruinart Brut
- (80) 159.00FF Perrier-Jouët Blason de France Rosé Brut
- (84) 161.51FF Lanson Brut Rosé
- (85) 164.00FF Jacques Selosse Extra Brut, Grand Cru Blanc de Blancs
- (89) 165.00FF Beaumont des Crayères 1990 Nuit d'Or, Cuvée 2000 Millénaire, Brut
- (86) 166.00FF Comte Audoin de Dampierre 1990 Grand Vintage, Brut Premier Cru
- (87) 169.00FF Philipponnat Le Reflet, Brut
- (87) 170.00FF A.R. Lenoble 2000 Brut, Blanc de Blancs Grand Cru
- (87) 177.50FF R de Ruinart 1992 Brut
- (87) 180.00FF Veuve Clicquot Ponsardin 1993 Vintage Réserve Brut
- (87) 180.00FF Veuve Clicquot Ponsardin 1993 Rich Réserve
- (85) 180.30FF R de Ruinart 1993 Brut
- (95) 184.00FF Vilmart & Cie 1992 Cuvée Création IIIe Millénaire Brut
- (87) 186.50FF R de Ruinart Brut Rosé
- (87) 190.00FF Veuve Clicquot Ponsardin 1993 Rosé Réserve
- (83) 194.00FF Vilmart & Cie 1990 Coeur de Cuvée Brut, Premiers Crus
- (91) 194.00FF Vilmart & Cie 1992 Coeur de Cuvée Brut, Premiers Crus
- (88) 194.00FF Henriot 1990 Brut Millésimé
- (88) 194.00FF Henriot 1989 Brut Millésimé
- (88) 197.00FF Deux Mille Jours pour l'an Deux Mille 1992 Champagne Mailly
- (84) 214.00FF Henriot 1988 Rosé Millésimé Brut
- (83) 214.00FF Henriot 1990 Rosé Millésimé Brut

- (90) 239.00FF Philipponnat 1990 Grand Blanc Brut
- (80) 246.75FF Besserat de Bellefon Grande Cuvée B de B Brut
- (85) 250.00FF Raymond Boulard 1986 Année de la Comète 2000, Millésime Brut
- (89) 285.00FF Jacques Selosse, Origine Blanc de Blancs, Brut Grand Cru
- (88) 290.00FF Comte Audoin de Dampierre, Cuvée de Prestige 1988 Blanc de Blancs, Brut Grand Cru
- (88) 330.00FF Henriot 1988 Cuvée des Enchanteleurs, Brut
- (84) 330.00FF Henriot 1985 Cuvée des Enchanteleurs, Brut
- (90) 340.00FF Perrier-Jouët 1990 Belle Epoque, Brut
- (91) 381.50FF Dom Ruinart 1990 Blanc de Blancs Brut
- (93) 399.00FF Vilmart & Cie 1991 Coeur de Cuvée Brut (*Magnum*)
- (88) 423.50FF Dom Ruinart 1986 Brut Rosé
- (86) 426.20FF Lanson 1989 Noble Cuvée de Lanson, Brut
- (95) 430.00FF Veuve Clicquot Ponsardin 1990 La Grande Dame Brut
- (83) 450.00FF Salon 1988 Blanc de Blancs Brut
- (90) 500.00FF Jacquesson & Fils 1985 Dégorgement Tardive Brut
- (95) 550.00FF Philipponnat 1989 Clos de Goisses, Brut
- (94) 1000.00FF Veuve Clicquot Ponsardin 1990 La Grande Dame Rosé Brut

ANDERE FRANZÖSISCHE SCHAUMWEINE

Die Winzer von der Loire reichten weit mehr Weine zur Prüfung als ein jedes andere französische Anbaugebiet außerhalb der Champagne. Zudem ließ die Qualität der anderen Schaumweine größtenteils derart zu wünschen übrig, daß die wenigen erfolgreichen Cuvées aus Limoux, dem Bordelais und der Bourgogne keine eigene Kategorie rechtfertigten. Auch ist es schwer, jeden Schaumweinerzeuger Frankreichs zu überzeugen, daß ich seine Weine für einen Ratgeber wie diesen jedes Jahr neu verkosten muß. Die Champenois sind daran schon gewöhnt, und offenbar sind auch die Cava-Erzeuger und Teile der Neuen Welt erpicht darauf, ihre Produkte einem möglichst großen Publikum vorzustellen. In Frankreich sind aber nur wenige Anbaugebiete für ihre Schaumweine berühmt, was die Winzer dazu verleitet, ihre besten Trauben für traditionelle Weinstile zu verwenden und nur minderwertiges und überschüssiges Rebgut ›aufzuschäumen‹. So sollte der Crémant de Bourgogne eigentlich zu den umwerfendsten Schaumweinen der Welt gehören, aufgrund dieser Mentalität kann man aber viele Sprudler aus dem Burgund und anderen Anbaugebieten nur als enttäuschend bis entsetzlich bezeichnen. In Zukunft werde ich einige dieser Regionen besuchen, um ein breites Sortiment von Schaumweinen zu verkosten, so daß der Leser dann an dieser Stelle ein größeres Angebot aus anderen französischen Regionen finden wird.

MERKE!

75 Punkte: »Ein Schaumwein mit dieser Bewertung ist nicht nur interessant – er kann sich der Anerkennung selbst eingefleischter Champagnerfans sicher sein.« TOM STEVENSON
Wählen Sie nicht nur Weine ab 90 Punkte aus – ich tue es auch nicht!

LOIRE: JAHRGANGSLOSE SCHAUMWEINE
Der Triumph des Saumur.

- **77** €€ Ackerman Saumur Brut
- **75** €€ Quadrille de Langlois-Château Cuvée pour l'An 2000, Brut Crémant de Loire
- **74** € Ackerman Crémant de Loire Brut
- **74** € Château de Montgueret Brut Saumur
- **74** € Louis de Grenelle Grande Cuvée, Saumur Brut
- **73** € Chateau Moncontour Tête de Cuvée, Vouvray Brut
- **71** € Domaine de la Paleine Saumur Brut
- **71** €€ Langlois Crémant de Loire, Brut
- **70** € Ackerman Cuvée de l'Aiglon 1811, Saumur Brut
- **70** € Ackerman Cuvée Privée, Crémant de Loire Brut
- **70** € Claude Levasseur Montlouis Brut
- **70** € Claude Levasseur Crémant de Loire
- **70** € Foussy Crémant de Loire, Brut
- **70** € Gratien & Meyer Cuvée Flamme, Saumur Brut

LOIRE: JAHRGANGS-SCHAUMWEINE
Der im *barrique* vergorene Trésor übertraf alle anderen, doch davon abgesehen zeigten die Proben in diesem Jahr, daß an der Loire zwischen Schaumweinen mit und ohne Jahrgang kein großer Qualitätsunterschied besteht.

- **82** €€ Bouvet Ladubay 1995 Trésor Brut, Saumur
- **75** € Bouvet 1997 Saphir Brut Vintage, Saumur
- **70** € Chateau Moncontour 1996 Cuvée Prédilection, Vouvray Brut
- **70** € Gratien & Meyer 1996 Cuvée de Minuit, Saumur Brut

LOIRE: ROSÉ-SCHAUMWEINE
Gäbe es keine anderen Loire-Kategorien, hätte ich diese wohl auch nicht berücksichtigt.

- **75** € Ackerman Cuvée de l'Aiglon 1811, Saumur Rosé Brut
- **71** € Cray 1993 Crémant de Loire Rosé

SPANIEN

Die meisten empfehlenswerten spanischen Schaumweine tragen das Etikett Cava (s. S. 40). Im letzten Jahr betrug die Erfolgsrate des Cava 23 %, doch mit den 45 % in diesem Jahr hatte niemand gerechnet! Ein ähnliches Phänomen war bereits vor ein paar Jahren aufgetreten. Damals interpretierte ich es als wichtigen Durchbruch bei den Qualitätsansprüchen der Cava-Erzeuger; allerdings ging die Rate danach rasch wieder zurück. Daher sind die beiden Ausreißerjahre wohl eher auf die ein bis zwei Spitzenjahrgänge unter den jeweils verfügbaren Weinen mit und ohne Jahrgang zurückzuführen. Sie werteten das gesamte Angebot qualitativ auf, so daß insgesamt mehr Cavas die 70-Punkte-Schranke überwanden. Eine generelle Qualitätsverbesserung ist dagegen nicht zu verzeichnen.

CAVA: OHNE JAHRGANG

Der Jaume Codorníu zeigt, welchen Qualitätsstandard man mit Cava erreichen könnte, wenn man sich nur um besseres Lesegut bemühte – seien es nun ausschließlich einheimische oder, wie in diesem Fall, zum Teil französische Trauben.

- **85** €€€ Jaume Codorníu Brut Codorníu
- **80** € Raimat Gran Brut Codorníu
- **74** € Benito Escudero Abad Brut Bodegas Escudero
- **73** € Castillo de Perelada Brut Reserva C. del Castillo de Perelada
- **72** € L'Hereu de Raventós i Blanc Cava Brut
- **71** € Brut Vallformosa Masia Vallformosa
- **71** € Vilarnau Brut Rosado Castell de Vilarnau
- **70** € Cuvée Raventós Brut Codorníu
- **70** € Freixenet Monastrell-Xarel.lo Brut
- **70** € Mont Marçal Brut 2000 Manuel Sancho e Hijas
- **70** € Paul Cheneau Brut Cigravi
- **70** € Raimat Chardonnay Brut Codorníu

CAVA: BRUT NATURE OHNE JAHRGANG

Da ich weder Cava noch Schaumweine ohne Dosage sonderlich schätze, mag sich der eine oder andere Leser fragen, warum ich so viele *Brut-Nature-Cavas* empfehle. Die Antwort ist einfach: Zur Zeit ist die Frucht der Cava für eine kräftige Dosage noch zu mild; ihr Fehlen würde andererseits seine Entwicklung behindern. Die weiche Frucht bekommt dem Brut Nature weitaus besser. Ein solcher Wein darf bis zu 3 Gramm Restsüße pro Liter aufweisen.

- **78** € Joan Raventós Rosell Brut Nature Joan Raventós Rosell
- **72** € Brut del Pupitre Chardonnay Caycra
- **72** € Brut del Pupitre Chardonnay Caycra
- **71** € Jane Ventura Cava
- **70** €€ Cava 2000 Brut Nature Agustí Torello
- **70** €€ Kripta Gran Reserva Brut Nature Agustí Torello
- **70** € Viladem any Brut Nature Castell d'Age

CAVA: BRUT NATURE MIT JAHRGANG

Diese Weine fallen im allgemeinen besser aus als ihre jahrgangslosen Vettern, doch an den Joan Raventós Rosell Brut Nature ohne Jahrgang kommt keiner von ihnen heran.

- **75** €€ Gramona III Lustrol Brut Nature 1993 Gramona
- **73** €€ Reserva de l'Avi Brut Nature 1993 Canals & Munne
- **73** €€ Reserva de l'Avi Brut Nature 1993 Canals & Munne
- **72** €€€ 78 Aniversario Brut Nature 1995 Parxet
- **72** € Extra Seco Vallformosa 1997 Masia Vallformosa
- **72** € Saldoni Brut Nature 1997 Giro i Giro
- **71** € Cava Llopart Reserva Brut Nature 1995 Llopart Cava
- **71** € Eudald Massana Noya Reserva Brut Nature 1996 Massana Noya
- **71** €€ Jane Ventura 1996 Cava Gran Reserva Brut Nature
- **71** € Vintage Brut Nature 1994 Segura Viudas
- **70** € Castell Gornal Brut Nature 1997 Caycra
- **70** €€ Castillo de Perelada Gran Claustro Brut Nature 1996 C. del Castillo de Perelada

- (70) € Ferret Reserva Brut Nature 1995 Cavas Ferret
- (70) € Gran Reserva Ezequiel Ferret Brut Nature 1992 Cavas Ferret
- (70) € Mont-Ferrant Blanes Nature Extra Brut 1994 Mont-Ferrant
- (70) € Reserva Brut Nature 1995 Giro i Giro

JAHRGANGS-CAVA

Wie es scheint, war 1996 seit geraumer Zeit der erfolgreichste Jahrgang für die Cava.

- (75) €€ Gran Reserva MM Millenium Brut 1996 Parxet
- (74) € Torreblanca Extra 1997 Brut Reserva
- (73) € Brut Reserva 1996 Segura Viudas
- (72) €€€ Celler Battle Gran Reserva Brut 1992 Gramona
- (72) € Summarroca Brut 1997 Moli Coloma
- (72) € Torre Oria Brut Reserva 1996 Torre Oria
- (71) € Brut Vintage Vallformosa 1996 Masia Vallformosa
- (70) € Aliguer Brut Vintage 1996 Agustí Torello
- (70) € Blancher Brut Especial 1996 Espumosos de Cava
- (70) €€ Cava Llopart Gran Reserva Brut Imperial 1994 Llopart Cava
- (70) € Eudald Massana Noya Brut 1997 Massana Noya
- (70) €€ Milesimé Brut Gran Reserva 1994 Juvé & Camps
- (70) €€ Vilarnau Gran Reserva Vintage Brut 1993 Castell de Vilarnau

ITALIEN

Die besten Proben kamen aus Franciacorta, Italiens einziger ernstzunehmender Schaumweinappellation, die sich zunehmend zu einem Brennpunkt der Schaumweinwelt entwickelt. Laut Gerüchteküche hat Antinori ein Auge auf diese Region geworfen, doch sollten hier nicht die Unternehmer der Toskana, sondern die Champenois Niederlassungen gründen.

MERKE!

75 Punkte: »Ein Schaumwein mit dieser Bewertung ist nicht nur interessant – er kann sich der Anerkennung selbst eingefleischter Champagnerfans sicher sein.« TOM STEVENSON
Wählen Sie nicht nur Weine ab 90 Punkte aus – ich tue es auch nicht!

FRANCIACORTA

Die einzige Schaumweinappellation Italiens, wo die *méthode champenoise* Vorschrift ist.

- (85) €€€ Ca'del Bosco 1992 Cuvée Annamaria Clementi, Brut
- (78) €€ Ca'del Bosco 1995 Brut, Franciacorta
- (76) €€ Ca'del Bosco Brut, Franciacorta
- (76) €€ Gatti Franciacorta Brut
- (75) €€ Ca'del Bosco 1995 Dosage Zero, Franciacorta
- (75) €€ Cavalleri 1994 Franciacorta Pas Dosé, Blanc de Blancs
- (74) €€€ Bellavista 1995 Gran Cuvée Brut, Franciacorta
- (73) €€€ Bellavista Cuvée Brut, Franciacorta
- (70) €€ Cavalleri Franciacorta Brut Satèn, Blanc de Blancs
- (70) €€ Cavalleri 1994 Collezione, Franciacorta Brut, Blanc de Blancs
- (70) €€ Fratelli Berlucchi 1995 Brut Franciacorta

DEUTSCHLAND

Die Sekt-Produktionsmenge ist ungeheuer groß, doppelt so groß wie beim Champagner, doch ein Großteil des Sekts wird aus überschüssigem Wein anderer Länder verschnitten, und der Exportanteil ist gering. Seit 1986 ist die Bezeichnung »Deutscher Sekt« ausschließlich Sekt aus deutschen Grundweinen vorbehalten. Kleinere Erzeuger versuchten sich in den letzten Jahren auch an klassischen Schaumweinen.

MERKE!
75 Punkte: »Ein Schaumwein mit dieser Bewertung ist nicht nur interessant – er kann sich der Anerkennung selbst eingefleischter Champagnerfans sicher sein.« TOM STEVENSON
Wählen Sie nicht nur Weine ab 90 Punkte aus – ich tue es auch nicht!

SEKT: MIT UND OHNE JAHRGANG

Wo ich im letzten Jahr noch einige wunderschön ausdrucksvolle Sekte vom Riesling und Rosés vom Spätburgunder fand, stellt sich die Szene nun weniger spannend dar. Die besten Schaumweine aus dieser Traube zeigten nämlich im letzten Jahr ein deutliches Benzinaroma, das sich erst mit zunehmender Flaschenreife entwickelt. Nun wurden diese Degustationen aber zusammen mit denen für *Christie's World Encyclopedia of Champgagne & Sparkling Wine* vorgenommen, und vermutlich reichten einige Erzeuger dafür ein paar ältere Jahrgänge ein, um das Reifepotential ihrer Weine zu demonstrieren. Dieses Jahr war die Auswahl auf Cuvées beschränkt, die noch einige Zeit auf dem Markt sein werden. Beim nächsten Mal werde ich also noch erhältliche, aber ältere Jahrgänge ebenfalls anfordern.

78 €€ Müller-Ruprecht 1993 Müller-Ruprecht Spätburgunder Brut
78 €€ Max Ferd. Richter 1997 Mühlheimer Sonnenlay Brut
76 €€ Wilhelmshof 1996 Blanc de Noirs, Siebeldinger Sonnenschein Brut
76 €€ St. Laurentius Sekt 1997 Cuvée Pinot Brut
76 €€ Kassner-Simon 1996 Riesling Brut
75 €€ Kloss & Foerster 1993 Assmannshäuser Steil Spätburgunder Brut
75 €€ Kruger-Rumpf 1996 Lisa-Maria Sekt Extra Brut
74 €€ Hammel Kleinkarlbacher Herrenberg 1994 Pinot Blanc de Noirs Brut
73 €€ Domänenweingut Schloß Schönborn 1994 Erbacher Marcobrunn Brut
73 €€€ Heimsche Privatsektkellerei 1984 Sekt Weiss Brut
73 €€ Schumann-Nägler 1997 Geisenheimer Mönchspfad Brut
72 €€ Kühling-Gillot 1997 Cuvée 2000 Roland Gillot Brut
72 €€ Franz Künstler 1997 Hochheimer Hölle Riesling Brut
72 €€ Reichsrat v. Buhl 1997 Reichsrat v. Buhl Riesling Brut
72 €€ Schloß Sommerhausen 1995 Sommerhäuser Steinbach Riesling Brut
70 €€ Bischöfliche Weingüter Trier 1996 Wiltinger Kupp Riesling Brut
70 €€ St. Laurentius Sekt 1997 Riesling Brut
70 €€ Kühling-Gillot 1996 Roland Gillot Brut
70 €€ Carl Adelseck 1995 Münsterer Pittersberg Adelseck Juwel Brut
70 €€ Franz Künstler 1997 Hochheimer Hölle Riesling Brut
70 € Köwerich Mosel Riesling Brut
70 €€ Lergenmüller 1990 Pinot Brut Grande Cuvée

Sekt: Extra Trocken

Dieser Stil entspricht in technischer Hinsicht dem *Extra Sec*, er darf also zwischen 12 und 20 Gramm Restzucker pro Liter enthalten.

- **74** €€ Friedrich Wilhelm Gymnasium 1996 Abitur, Trittenheimer Altärchen Extra Trocken
- **72** €€ Hirschhof Walter & Tobias Zimmer 1995 Spätburgunder Rosé Sekt, Rheinhessen Extra Trocken
- **72** €€ Rilling Sekt 1996 Spätburgunder Württemberg Extra Trocken
- **70** € E. Stein 1995 Riesling Sekt, Nahe Extra Trocken
- **70** € Peter Herres Alt Trier Riesling Sekt Cuvée 2000 Extra Trocken
- **70** €€ Winzergenossenschaft Nordheim/Main 1996 Nordheimer Vögelein Extra Trocken
- **70** €€ Weingärtnergenossenschaft Nordheim 1995 Pinot Noir Extra Brut

ENGLAND & WALES

Die Erkenntnis, daß das Klima des Vereinigten Königreichs ebenso wechselhaft ist wie das der Champagne und daß die Côte des Blancs zu demselben Kreidebecken gehört, das sich unter Paris und dem Kanal hindurch bis zu den Kreidefelsen von Dover erstreckt, führt zu einer Blüte englischer und walisischer Schaumweine. Zudem machten sich Güter wie Camel Valley und Ridgeview die Tatsache, daß die Engländer ihren Wein lange vor den Franzosen zum Schäumen brachten, für ihre Werbung zunutze. (Der Beweis ist in Christopher Merrets Schrift aus dem Jahr 1662 zu finden, die in *Christie's World Encyclopedia of Champagne & Sparkling Wine* erstmals veröffentlicht wurde.)

MERKE!

75 Punkte: »Ein Schaumwein mit dieser Bewertung ist nicht nur interessant – er kann sich der Anerkennung selbst eingefleischter Champagnerfans sicher sein.« TOM STEVENSON
Wählen Sie nicht nur Weine ab 90 Punkte aus – ich tue es auch nicht!

England: Schaumweine ohne Jahrgang

Bislang hat kein Erzeuger genügend Reserveweine beisammen, um sich ernsthaft an einem klassischen jahrgangslosen Qualitätsverschnitt zu versuchen. John Worontschaks »Clocktower Gamay« ist noch am beständigsten.

- **75** €€ Valley Vineyard Clocktower Gamay
- **74** € Bearsted Brut
- **70** € Chapel Down Epoch Pinot Cuvée
- **70** € Valley Vineyards Heritage Rosé

England und Wales: Jahrgangsschaumweine

Nyetimber liegt klar in Führung, doch Ridgeview, eine weitere Lage, die ausschließlich für Schaumwein klassifiziert ist, hat schnell aufgeholt.

- **87** €€ Nyetimber 1993 Brut
- **85** €€ Nyetimber 1992 Chardonnay, Première Cuvée Brut
- **83** €€ Nyetimber 1993 Chardonnay, Première Cuvée Brut
- **83** €€ Ridgeview 1996 South Ridge, Cuvée Merret
- **77** € Chapel Down 1993 Epoch Vintage Brut
- **75** €€ Camel Valley 1997 Brut
- **75** €€ Warden Vineyard 1996 Brut Quality Sparkling Wine
- **75** €€ Warden Vineyard 1996 Quality Sparkling Wine, Extra Brut
- **74** €€ Ridgeview 1996 South Ridge
- **73** €€ Moorlynch Vineyard 1994 Special Reserve Brut
- **71** € Bothy Vineyard 1993 Dry
- **71** €€ Llanerch Vineyard 1996 Cariad Gwrid Blush
- **70** €€ Breaky Bottom 1995 Cuvée Réservée Brut

AUSTRALIEN

Die Verkostung australischer Schaumweine war in diesem Jahr so enttäuschend wie nie zuvor. Vielen Weinen mangelte es an Säure, was in einem Land, dessen Kellermeister die Säureanpassung im Schlaf beherrschen, geradezu lächerlich anmutet. Da Australien jedoch so viele Cuvées hervorbringt, ist trotzdem eine stattliche Anzahl empfehlenswerter Weine dabei.

Merke!
75 Punkte: »Ein Schaumwein mit dieser Bewertung ist nicht nur interessant – er kann sich der Anerkennung selbst eingefleischter Champagnerfans sicher sein.« TOM STEVENSON
Wählen Sie nicht nur Weine ab 90 Punkten aus – ich tue es auch nicht!

AUSTRALIEN: JAHRGANGSLOSE SCHAUMWEINE
Die herausragende Cuveé von Yellowglen ist ein klassischer Jahrgangsloser.

- **81** € Yellowglen Pinot Noir Chardonnay Brut
- **78** € Grant Burge Barossa Brut Pinot Noir Chardonnay
- **78** € Sir James Brut de Brut Pinot Noir Chardonnay
- **75** € Omni Brut
- **75** € Tatachilla Pinot Noir Brut, McLaren Vale
- **74** € Banrock Station Chardonnay Brut
- **74** € Leasingham Clare Riesling Brut
- **73** € Seaview Brut
- **73** € The Cranswick Estate Pinot Chardonnay Brut
- **72** € Barramundi Brut
- **72** € Fiddler's Creek Cuvée Brut
- **72** € Killawarra Brut Rosé
- **72** € Kingston Estate Pinot Noir Chardonnay Brut
- **72** € McLarens on the Lake Cuvée Brut
- **71** € Seaview Brut Rosé
- **72** € Aldridge Estate Brut
- **72** € Jacobs Creek Chardonnay Pinot Noir

AUSTRALIEN: JAHRGANGS-SCHAUMWEINE
Sie bedeuten in Australien eine Qualitätssteigerung gegenüber den Standardcuvées. Verbesserungen sind aber wohl eher der wachsenden Erfahrung zuzuschreiben.

- **91** €€ Vintage Pirie 1995 Tasmania
- **86** €€ Domaine Chandon 1995 Brut
- **85** €€ Croser 1995 Brut
- **85** €€ Domaine Chandon 1995 Blanc de Blancs Brut

85	€€ Domaine Chandon 1995 Brut Rosé	78	€€ Edwards & Chaffey 1995 Pinot Noir Chardonnay Brut
85	€€ Domaine Chandon 1993 Yarra Valley Brut	75	€€ Mountadam 1992 Pinot Noir Chardonnay Brut, Eden Valley
85	€€ Wirra Wirra 1995 The Cousins, Pinot Noir Chardonnay	74	€€ Domaine Chandon 1996 Rosé Brut
82	€€ Yalumba 1996 D Black	70	€€ Domaine Chandon 1994 Blanc de Noirs Brut
78	€€ Clover Hill 1996 Tasmania Brut	70	€ Seaview 1995 Chardonnay Pinot Noir Brut
78	€€ Domaine Chandon 1996 Brut		

AUSTRALIEN: ROTE SCHAUMWEINE

Das Geheimnis der Frische mancher Kreszenzen liegt darin, daß die älteren Cuvées meist en gros gelagert werden und die Zweitgärung daher relativ spät stattfindet. Der Kultstatus dieser idealen Begleiter zu sommerlichen Grillfesten wird sich wahrscheinlich bis nach Europa ausbreiten, vor allem, wenn die globale Erwärmung anhält.

90	€€ Primo Joseph Sparkling Red		Chambourcin
90	€€€ Charles Melton Barossa Valley Sparkling Red	80	€€ Hollick 1994 Sparkling Merlot
85	€€ Seppelt 1987 Show Sparkling Shiraz	80	€ Tatachilla Sparkling Malbec Padthaway
80	€€ D'Arenberg 1997 The Peppermint Paddock Sparkling	80	€€ The Cranswick Estate Sparkling Shiraz
		77	€ Seppelt 1994 Sparkling Shiraz

NEUSEELAND

Seltsamerweise fiel die zentrale Verkostung hier ebenso enttäuschend aus wie in Australien. Eine Reihe von Weinen präsentierte sich auffallend schlechter als erwartet, und obwohl die Reserveflaschen ebenso ungenügend waren, forderte ich weitere Proben direkt vom Erzeuger an. Diese frischen Weine schmeckten genau, wie sie schmecken sollten. Ich kann daher nur vermuten, daß einige Proben für diese zentrale Degustation schlecht gelagert worden waren.

MERKE!

75 Punkte: »Ein Schaumwein mit dieser Bewertung ist nicht nur interessant – er kann sich der Anerkennung selbst eingefleischter Champagnerfans sicher sein.« TOM STEVENSON
Wählen Sie nicht nur Weine ab 90 Punkte aus – ich tue es auch nicht!

NEUSEELAND: JAHRGANGSLOSE SCHAUMWEINE

An der Spitze finden wir Cloudy Bay mit seinem neuen Jahrgangslosen, der als Blanc de Blancs geboren wurde, doch in Zukunft wohl ein einfacher Brut sein wird.

85	€€ Pelorus Brut, Cloudy Bay	80	€€ Deutz Marlborough Cuvée

- (80) €€ Voyage Special Cuvée Brut
- (76) € Shingle Peak Méthode Traditionnelle, Marlborough
- (75) € Lindauer Special Reserve, Marlborough/Hawkes Bay
- (75) € Mills Reef Charisma, Hawkes Bay
- (75) €€ Daniel Le Brun Tache, Marlborough
- (74) € Terrace Road Classic Brut, Marlborough

NEUSEELAND: JAHRGANGSSCHAUMWEINE

Für ein so kleines Erzeugerland findet man hier eine stattliche Anzahl außergewöhnlich erfolgreicher Jahrgangscuvées.

- (87) €€ Pelorus 1995 Marlborough
- (85) €€ Hunter's 1996 Miru Miru, Marlborough
- (85) €€ Pelorus 1994 Brut, Cloudy Bay
- (82) €€ Matua M Nineteen Ninety Six Brut
- (78) €€ Hunter's 1995 Marlborough Brut
- (75) €€ Elstree Cuvée 1995 Marlborough
- (75) €€ Palliser Estate 1996 Méthode Champenoise, Martinborough
- (70) €€ Mills Reef 1994 Traditional Method Vintage, Hawkes Bay

USA

Kalifornien war das erste Anbaugebiet in der Neuen Welt, in dem ein Champagnerhaus eine Niederlassung errichtete (Moët gründete hier 1973 die Domaine Chandon). Der Bundesstaat hält in den USA immer noch die Führung, doch da Washington und Oregon aufgeholt haben, scheint es mir interessant, die drei Staaten zusammengefaßt nach Schaumweinstil zu betrachten. New York State hat als ein Land von Massenerzeugern bislang noch keinen qualitativen Ehrgeiz an den Tag gelegt.

MERKE!

75 Punkte: »Ein Schaumwein mit dieser Bewertung ist nicht nur interessant – er kann sich der Anerkennung selbst eingefleischter Champagnerfans sicher sein.« TOM STEVENSON
Wählen Sie nicht nur Weine ab 90 Punkte aus – ich tue es auch nicht!

KALIFORNIEN, WASHINGTON UND OREGON: JAHRGANGSLOSE SCHAUMWEINE

Kaliforniens Dominanz in dieser Kategorie und seine Stilrichtungen, von gehaltvoll und komplex bis zu frisch und luftig, zeigen die Reife der dortigen Schaumweinindustrie.

- (90) €€ Roederer Estate Brut, Anderson Valley
- (90) €€ Roederer Estate Brut, Anderson Valley (*Jeroboam*)
- (88) €€ Mumm Cuvée Napa 21st Century Cuvée
- (85) € Mumm Cuvée Napa Brut Prestige (*Magnum*)
- (83) € Mumm Cuvée Napa Brut Prestige
- (82) € Piper-Sonoma Brut
- (81) €€ Jepson Brut
- (80) €€ Domaine Chandon Etoile
- (80) €€ Mountain Dome Brut, Washington State
- (78) €€ Domaine Chandon Cuvée 2000

Jahresübersicht

- **78** €€ Domaine Chandon Brut Réserve 494
- **77** € Piper-Sonoma Brut
- **75** €€ Pacific Echo Brut, Mendocino County
- **73** € Domaine Chandon Brut Cuvée 196
- **73** € Domaine Chandon Brut Cuvée 197
- **73** €€ Rex Hill Méthode Champenoise Brut
- **70** €€ Briceland Vineyards Humbolt Brut, California

KALIFORNIEN, WASHINGTON UND OREGON: BLANCS DE BLANCS

Die erste Ausgabe von Argyles Blanc de Blancs aus einer Einzellage wetteifert mit dem Iron Horse um den Titel des größten Weines dieser Kategorie in den USA.

- **90** €€€ Argyle Knudsen Vineyard, Julia Lee's Block 1995 Blanc de Blancs Brut, Willamette Valley
- **90** €€€ Iron Horse 1990 Blanc de Blancs Brut L.D.
- **88** €€ Iron Horse 1991 Blanc de Blancs Brut
- **86** €€ Mumm Cuvée Napa Blanc de Blancs Brut
- **76** €€ Jepson 1994 Blanc de Blancs
- **75** €€ Domaine Ste Michelle Cuvée Brut, Washington State
- **75** €€€ Kristone 1993 Blanc de Blancs
- **72** € Codorníu 1992 Blanc de Blancs
- **72** €€ Domaine Ste Michelle Blanc de Blancs Brut, Washington State

KALIFORNIEN, WASHINGTON UND OREGON: JAHRGANGS-SCHAUMWEINE

Argyle, dessen Schaumweine beständig zu den besten der Westküste gehören, betritt mit der Herausgabe seiner drei überwältigenden 1995er Cuvées Neuland. Dies beweist das große Schaumweinpotential Oregons, doch solange nicht weitere Erzeuger für diesen Weinstil geeignete Reben anbauen, muß Kalifornien keine Konkurrenz fürchten.

- **91** €€ Argyle Knudsen Vineyard 1995 Brut, Willamette Valley
- **91** €€ L'Ermitage Brut 1993 Roederer Estate, Anderson Valley
- **90** €€ Argyle 1995 Brut, Willamette Valley
- **90** €€€ Domaine Carneros 1993 Le Rêve
- **90** €€€ Domaine Carneros 1994 Le Rêve
- **90** €€ L'Ermitage Brut 1992 Roederer Estate, Anderson Valley
- **89** €€€ Iron Horse 1991 L.D. Brut
- **89** €€ Iron Horse 1994 Classic Vintage Brut
- **89** €€ L'Ermitage Brut 1994 Roederer Estate, Anderson Valley (*Magnum*)
- **88** €€ Mumm Cuvée Napa 1994 DVX
- **87** €€ Mumm Cuvée Napa 1994 Vintage Réserve
- **87** €€ S. Anderson 1994 Blanc de Noirs
- **85** €€ Alexia 1996 Brut, Washington State
- **85** €€ Alexia 1996 Blanc de Noirs Brut, Washington State
- **85** €€ Iron Horse 1993 Vrais Amis
- **85** €€ Pacific Echo 1996 Blanc de Blancs
- **83** €€ Mountain Dome 1997 Brut, Washington State
- **82** €€€ J. Schram 1992 Schramsberg
- **82** €€€ J. Schram 1993 Schramsberg
- **80** €€ Domaine Carneros 1994 Brut
- **80** €€ Domaine Carneros 1996 Brut
- **80** €€ Domaine Carneros 1993 Brut
- **80** €€€ Domaine Carneros 1992 Le Rêve
- **80** €€ Iron Horse 1994 Russian Cuvée
- **80** €€ Pacific Echo 1997 Brut Rosé

- **78** €€ Iron Horse 1996 Wedding Cuvée
- **75** €€ Handley Brut 1994 Anderson Valley
- **75** €€ Pacific Echo 1992 Brut Private Reserve
- **75** €€ Pacific Echo 1995 Brut
- **72** €€ Gloria Ferrer 1991 Royal Cuvée, Carneros
- **70** €€ Gloria Ferrer 1989 Royal Cuvée, Carneros
- **70** €€ Laurel Ridge Winery 1994 Vintage Brut

KALIFORNIEN, WASHINGTON UND OREGON: BLANCS DE NOIRS

Die meisten amerikanischen Blancs de Noirs unterscheiden sich kaum von den Rosés. In Frankreich ist ein Blanc de Noirs ein weißer Wein aus dunklen Trauben, kein Rosé. Ihn zu keltern, ohne ihn künstlich seiner Farbstoffe zu berauben, erfordert einige Fertigkeit – diesen Test haben die meisten der folgenden Tropfen bestanden. Das ist allerdings reiner Zufall, weil ich die Blancs de Noirs US-amerikanischer Machart (wie etwa Mumm) wie einen *Rosé* beurteile. Weine, die nicht aufgenommen wurden, haben also schlicht die Qualitätsansprüche nicht erfüllt – ihre Farbe ging in die Wertung nicht mit ein.

- **86** €€ Alexia 1997 Blanc de Noirs Brut, Washington State
- **82** €€€ Kristone 1995 Blanc de Noirs
- **82** € Piper-Sonoma Blanc de Noirs
- **80** € Domaine Chandon Blanc de Noirs 396
- **78** € Domaine Chandon Blanc de Noirs 397
- **78** €€€ Kristone 1993 Blanc de Noirs
- **75** €€ Mumm Cuvée Napa Blanc de Noirs
- **75** €€ Schramsberg 1995 Blanc de Noirs Brut

KALIFORNIEN, WASHINGTON UND OREGON: ROSÉWEINE

Ich war unschlüssig, ob die Mumm-Cuvée »Napa Sparkling Pinot Noir« mit 88 Punkten in diese Kategorie gehört, doch ist sie eher ein Rotwein als ein Rosé. Der Stil wird eindeutig von Kalifornien beherrscht, doch bislang hat Argyle keinen Rosé hervorgebracht.

- **87** €€ Roederer Estate Brut Rosé, Anderson Valley
- **87** €€ Roederer Estate Brut Rosé, Anderson Valley (*Magnum*)
- **85** € Iron Horse 1993 Brut Rosé
- **85** €€€ Kristone 1995 Brut Rosé
- **82** €€ Domaine Chandon Etoile Rosé
- **82** €€ Pacific Echo 1996 Brut Rosé
- **80** €€ Domaine Carneros Brut Rosé
- **80** €€ Mountain Dome Brut Rosé, Washington State
- **80** €€ Tefft Cellars 1997 Pinot Meunier Champagne 1997 Yakima Valley
- **75** €€ Handley Brut Rosé 1996 Anderson Valley

Jahresübersicht

Probiernotizen mit Bewertungen

Achtung, Sekt- und Schaumweinerzeuger!

Wer für weitere Auflagen dieses Buches eigene Weine einreichen will, setze sich bitte über folgende E-Mail-Adresse mit Tom Stevenson in Verbindung:
millennium.producers@bizonline.co.uk
Achtung: Jede andere an diese Adresse gesandte E-Mail wird ignoriert.

Eine Empfehlung in diesem Champagnerführer ist – abgesehen von den Kosten für den Versand der Proben – gebührenfrei.

ACKERMAN
*Ackerman-Laurance
Loire, Frankreich*

ACKERMAN CRÉMANT DE LOIRE BRUT

Zunächst qualifizierten sich keine Ackerman-Weine für eine Empfehlung, doch dieser einfache Saumur hat eine schöne, saubere Frucht und echte Fülle, abgerundet durch eleganten Stil.
🥂 Beim Kauf €

ACKERMAN CUVÉE PRIVÉE, CRÉMANT DE LOIRE BRUT

Frische Frucht mit langem, sauberen Abgang, die damit unter den üblichen Loire-Qualitäten herausragt.
🥂 Beim Kauf €

ACKERMAN SAUMUR BRUT

Gehaltvoll und befriedigend im Stil – für die Loire wahrlich ein Wein von Klasse.
🥂 sofort €

ACKERMAN CUVÉE DE L'AIGLON 1811, SAUMUR BRUT

Voll und gewichtig mit sahnig-lakritzartiger, durch malolaktische Säureumwandlung geprägter Fülle.
🥂 Beim Kauf €

ACKERMAN CUVÉE DE L'AIGLON 1811, SAUMUR ROSÉ BRUT 75

Wunderschöner Mundvoll sahniger Frucht. Höhere Säure hätte dem Wein feinere Ausgewogenheit, einen längeren Abgang, mehr Finesse im Nachgeschmack sowie mehr Punkte beschert, wenn auch 75 schon sehr gut sind.
🥂 Beim Kauf €

CARL ADELSECK
Nahe, Deutschland

CARL ADELSECK 1995 MÜNSTERER PITTERSBERG ADELSECK JUWEL BRUT

Zeigt weit mehr natürliche Riesling-Art als einige erheblich kostspieligere Sekte.
🥂 Beim Kauf €€

AGE
*Castell d'Age
Penedès, Spanien*

VILADEMANY CAVA BRUT NATURE CASTELL D'AGE

Voll und gewichtig, eher rustikal. Diese auf 1997er Grundweinen basierende Cuvée schmeckt fast wie der Rosat, nur ohne die Kirschen.
🥂 Beim Kauf €

VILADEMANY ROSAT CAVA BRUT 1997 CASTELL D'AGE

Dieser tief roséfarbene Schaumwein zeigt lebendige, recht füllige rote Kirschfrucht, hätte aber bei weniger rustikaler Art besser abgeschnitten.
🥂 Beim Kauf €

❖ **ALDRIDGE**, *siehe* Cranswick

ALEXIA
Bundesstaat Washington, USA

ALEXIA 1997 BLANC DE NOIRS BRUT, WASHINGTON STATE

Gordys 1997er Blanc de Noirs ist bislang sein bester Tropfen. Die Nase zeigt frische, blumige Finesse, am Gaumen präsentiert er erlesene, brotduftige Frucht, vermischt mit duftigen Pinot-Aromen. Gestützt wird das alles von einer weichen Mousse mit nadelkopfkleinen Perlen.
▎2000–2001 €€

ALEXIA 1996 BRUT, WASHINGTON STATE

Alle Alexia-Cuvées sind das Werk von Gordy Rawson, Besitzer und Kellermeister des Gutes. Nach einer Reihe preisgekrönter, selbstgemachter Weine wurde er von David Lake, dem Kellermeister der Columbia Winery, unter die Fittiche genommen. Gordys bezieht seine Trauben von La Center im südwestlichsten Zipfel des Bundesstaats Washington. Den ersten Jahrgang dieser Cuvée prägen Brotteig-Aromen, vom Pinot dominierte Erdbeer- und Sahnefrucht sowie eine sehr weiche Mousse aus winzigen Perlen.
▎2000–2001 €€

ALEXIA 1996 BLANC DE NOIRS BRUT, WASHINGTON STATE

Der erste Jahrgang von Gordys Blanc de Noirs zeigt üppiges Erdbeer-Pinot-Aroma und ebensolche Frucht, dazu eine ultrafeine Mousse aus winzigsten Perlen.
▎2000–2001 €€

❖ **ALIGUER**, *siehe* Torelló

ANDERSON
Kalifornien, USA

S. ANDERSON 1994 BLANC DE NOIRS

Wunderbar konturenscharf, blitzsauber und voll überquellender Frucht.
▎sofort €€

ARENBERG
South Australia, Australien

D'ARENBERG 1997 THE PEPPERMINT PADDOCK SPARKLING CHAMBOURCIN

Eine erhebliche Steigerung gegenüber dem 1996er Jahrgang, der im letzten Jahr 72 Punkte erzielte – ein viel kräftigerer Wein. Wies der Vorgänger noch eher schlichte Erdbeerfrucht auf, zeigt dieser Jahrgang minzeduftige Komplexität.
▎sofort €€

CUVÉE PRINCESSE DE AIMERY 1994 BLANQUETTE DE LIMOUX BRUT, TÊTE DE CUVÉE

Gehaltvoll, sahnig und alkoholstark.
▎sofort €

ARGYLE WINERY
Oregon, USA

ARGYLE 1995 BRUT, WILLAMETTE VALLEY

Bislang bester Jahrgang – Argyles mustergültigster Schaumwein. Schön ausgewogene Frucht, außergewöhnlich gute Säuren, große Finesse und eine geschmeidige, extrem feine Mousse.
▎sofort €€

ARGYLE KNUDSEN VINEYARD 1995 BRUT, WILLAMETTE VALLEY

Bei dieser klassischen Pinot-Chardonnay-Cuvée ist große Intensität Gegenspieler großartiger Finesse. Eine seltene Leistung, ja: einer der größten Schaumweine, die je außerhalb der Champagne hervorgebracht wurden.
▎sofort €€€

ARGYLE KNUDSEN VINEYARD, JULIA LEE'S BLOCK 1995 BLANC DE BLANCS BRUT, WILLAMETTE VALLEY

Diese geschmeidige, saftige Cuvée bietet so köstliche Cox-Orange-Frucht, daß mancher sie noch über dem klassischen Knudsen Vineyard Brut aus Pinot Noir und Chardonnay einstuft.
▎sofort €€€

ARLAUX

Champagne Arlaux Père & Fils
20 rue de la Vigne du Roi
51390 Vrigny
(326) 03.60.22 (326) 03.47.33

ARLAUX BRUT RESERVE 86

Sahnig-biskuitartige Aromen und straffe Säure auf gehaltvollem Untergrund. Angenehme Überraschung von einem Erzeuger, über den ich nur wenig weiß.
 sofort €€

ARLAUX BRUT ROSÉ 83

Frische, duftige Fruchtaromen, gefolgt von weichen roten Früchten am Gaumen und lebhaften Kirschen im Nachklang.
 sofort €€

ARLAUX 1992 BRUT VINTAGE 85

Frisch und fruchtig, mit guter Säure.
 2001 €€€

ARNOULD

Champagne Michel Arnould & Fils
28 rue de Mailly 51360 Verzenay
(326) 49.40.06 (326) 49.44.61

MICHEL ARNOULD BRUT RESERVE, GRAND CRU 85

Gehaltvoller Champagner mit heller Pinotfrucht und klassischer Struktur. Dürfte biskuitartige Aromen entwickeln.
 2002 €€

❖ **ARRAS**, *siehe* BRL Hardy

BAILLY

Caves de Bailly, Burgund, Frankreich

CRÉMANT DE BOURGOGNE 1995 CHARDONNAY BRUT, CAVES DE BAILLY 70

Sauber, fest und gewichtig, bei feiner Säure. Eher vollmundig als wirklich fruchtig. Ein guter Begleiter zum Essen.
 2000–2001 €

❖ **BANROCK STATION**, *siehe* BRL Hardy

BARDY-CHAUFFERT

Champagne Bardy-Chauffert
6 Grande Rue
51190 Le Mesnil-sur-Oger

BARDY-CHAUFFERT BLANC DE BLANCS BRUT RÉSERVE GRAND CRU 85

Frische, sorbetartige Frucht von einiger Finesse.
 2000–2001 €€

BARNAUT

Champagne E. Barnaut
13 rue Pasteur
51150 Bouzy
(326) 57.01.54 (326) 57.09.97

E. BARNAUT SÉLECTION EXTRA BRUT, GRAND CRU 85

Für einen Extra Brut sehr fruchtig, aber am besten zum Essen zu trinken.
 2000–2001 €€ 93.00FF

E. BARNAUT GRANDE RÉSERVE, BRUT GRAND CRU 84

Nach der Pinot-Frucht ein vorbildlicher Bouzy, es fehlt aber ein wenig Finesse.
 sofort €€ 87.00FF

E. BARNAUT BLANC DE NOIRS, BRUT GRAND CRU ⊘

Die blumig-esterartigen und an Oxidation gemahnenden Aromen verwirren, doch sollte man angesichts der außergewöhnlichen Fruchtkonzentration am Gaumen im Zweifel für diesen Wein entscheiden.
 Abwarten €€ 87.00FF

E. BARNAUT ROSÉ BRUT, GRAND CRU 84

Frische, blumige Aromen mit etwas Amylen (Fuselöl), das jedoch unbeständig ist und wohl in wenigen Monaten verfliegt. Frische, duftige Frucht am Gaumen.
 sofort €€ 93.00FF

E. BARNAUT CUVÉE DOUCEUR, SEC GRAND CRU 80

Die Entwicklung dieses Tropfens ist kaum vorhersagbar. Er verfügt über eine gehalt-

volle Toffeefrucht mit einem Abgang von Toffee und Äpfeln.
🍾 Beim Kauf €€ ⚖87.00FF

❖ **BARRAMUNDI**, *siehe* The Cranswick Estate

BAUGET-JOUETTE

Champagne Bauget-Jouette
6 rue Chaude-Ruelle
51200 Épernay
☎(326) 54.44.05 FAX(326) 55.37.39

| BAUGET-JOUETTE 1995 AN 2000 BRUT | 80 |

Jung und frisch, spritzige Fruchtigkeit.
🍾 Beim Kauf €€

BEARSTED
Maidstone, Kent, England

| BEARSTED BRUT | 74 |

Seriöser Schaumwein von entschieden englischem Charakter.
🍾 sofort €

BEAUMET

Champagne Beaumet
3 rue Malakoff
51207 Épernay
☎(326) 59.50.10 FAX(326) 54.78.52

| BEAUMET BRUT COLLECTION 2000 | 85 |

Gute Fruchtfülle ohne amylartige Aromen (im Gegensatz zu so vielen Cuvées der Gruppe Beaumet/Oudinot/Jeanmaire).
🍾 2000–2002 €€

BEAUMONT DES CRAYÈRES

Champagne Beaumont des Crayères
64 rue de la Liberté
Mardeuil 51318 Épernay
☎(326) 55.29.40 FAX(326) 54.26.30

| BEAUMONT DES CRAYÈRES GRANDE RÉSERVE BRUT | 80 |

Dieser schöne Wein hätte noch besser werden können, wenn sein Erzeuger die Frucht sich selbst überlassen hätte, statt sich zu verkrampft zu bemühen.
🍾 2000 €€ ⚖85.00FF

| BEAUMONT DES CRAYÈRES FLEUR DE ROSÉ BRUT | 85 |

Geschmacklich überbordend und fruchtig, dabei von seriöser Art.
🍾 2000–2002 €€ ⚖95.00FF

| BEAUMONT DES CRAYÈRES CUVÉE DE PRESTIGE, BRUT | 88 |

Kombination aus subtilen *Barrique*-Aromen und etwas Milchsäure geben dem eigentlich üppig fruchtigen Wein Finesse. Wird zunehmend biskuitartig.
🍾 2000–2003 €€ ⚖95.00FF

| BEAUMONT DES CRAYÈRES 1995 GRAND PRESTIGE MILLÉSIME, BRUT | 87 |

Eine Vorprobe, die auf einen feinen Jahrgang schließen läßt, sofern man den Wein nicht vor Mitte 2000 degorgiert und er nach dem Kauf mindestens ein weiteres Jahr eingekellert wird.
🍾 2001–2006 €€ ⚖99.00FF

| BEAUMONT DES CRAYÈRES 1994 GRANDE PRESTIGE MILLÉSIME | ⊖ |

Wird zur Zeit von biskuitartig-malolaktischen Aromen dominiert, die der mageren Frucht nicht gut zu Gesichte stehen.
🍾 Abwarten €€ ⚖99.00FF

| BEAUMONT DES CRAYÈRES 1992 NOSTALGIE, BRUT | 86 |

Diese rasch reifende, biskuitartig-volle Cuvée sollte vor dem 1990er Nostalgie genossen werden, der wiederum vor dem 1988er trinkreif wird.
🍾 Beim Kauf €€€ ⚖139.00FF

| BEAUMONT DES CRAYÈRES 1990 NUIT D'OR, CUVÉE 2000 MILLÉNAIRE, BRUT | 89 |

Parfümierte Aromen, am Gaumen gefolgt von voller, reiner, schwungvoller Frucht. Nicht nur für sich ein Genuß, auch kein schlechter Essensbegleiter.
🍾 2000–2005 €€€ ⚖165.00FF

BECK
Robertson, Südafrika

GRAHAM BECK BRUT CHARDONNAY-PINOT NOIR

Reiche, sahnige Frucht, die biskuitartige Reife verspricht.
❦ 2000–2001 €

BELLAVISTA
Franciacorta, Italien

BELLAVISTA CUVÉE BRUT, FRANCIACORTA

Sehr elegant präsentiert: eine Flasche à la Krug, mit aufgeprägtem Bellavista-B und einem kleinen, ovalen, geschmackvoll gestalteten Etikett geschmückt. Der Wein ist sehr weich und frisch, mit sahnig-malolaktischer Frucht, deren Säure und Struktur für eine höhere Wertung noch feiner abgestimmt werden müßten.
❦ Beim Kauf €€€

BELLAVISTA 1995 GRAN CUVÉE BRUT, FRANCIACORTA

Gehaltvoller als der jahrgangslose Brut, hat der 1995er in derselben Krug-ähnlichen Flasche bessere Säure und Struktur, doch fehlt ihm neben Finesse einiges von der Geschmeidigkeit der anderen Cuvées. Eine Mischung beider Weine zu gleichen Teilen ergab einen Schaumwein mit 78 Punkten!
❦ sofort €€€

BÉNARD-PITOIS
Champagne L. Bénard-Pitois
23 rue Duval
51160 Mareuil-sur-Aÿ
☎ (326) 52.60.28 📠 (326) 52.60.12

L. BÉNARD-PITOIS BRUT RÉSERVE, PREMIER CRU

Diese sehr frische Cuvée, erheblich besser als die Carte Blanche, ist den kleinen Aufpreis allemal wert.
❦ 2000–2001 €€

L. BÉNARD-PITOIS 1992 BRUT MILLÉSIME, PREMIER CRU

Sehr fruchtiger Tropfen, der Biskuitaroma entwickeln dürfte.
❦ 2000–2002 €€

BERGÈRE
Champagne Alain Bergère
81 Grand rue
51270 Etoges
☎ (323) 70.29.82 📠 (323) 70.37.15

ALAIN BERGÈRE RÉSERVE BRUT

Schön lebhafte, sorbetartige, frische Frucht mit reifer, appetitanregender Säure im Abgang. Die 50 % Meunier in dieser Cuvée zeigen, wie gut die bescheidenste Champagnertraube sein kann, vor allem in so eingängigen Tropfen.
❦ 2000 €€ ✤62.50FF

ALAIN BERGÈRE BRUT CUVÉE 2000

Reifer und doch frischer Stil, mit reichlich gehaltvoller, biskuitartiger Frucht.
❦ 2000–2001 €€€

BERLUCCI
Franciacorta, Italien

FRATELLI BERLUCCHI 1995 BRUT FRANCIACORTA

Wird sich biskuitartig entwickeln, doch die recht rustikale Frucht dürfte sich dadurch kaum verfeinern.
❦ Beim Kauf €€

BERNARD-MASSARD
Grevenmacher, Luxemburg

BERNARD-MASSARD CUVÉE DE L'ÉCUSSON BRUT

Die bislang erfolgreichste Cuvée – lebhafte, saubere, erfrischende Art, gestützt von einer geballten Ladung reif-süßer Frucht.
❦ Beim Kauf €

BESSERAT DE BELLEFON

Champagne Besserat de Bellefon
19 Avenue de Champagne
51205 Épernay
☎(326) 59.51.00 FAX(326) 59.51.19

BESSERAT DE BELLEFON
GRANDE TRADITION BRUT

Frische, flaumige Frucht mit lang anhaltendem Abgang.
🍾 2000–2002 €€ ⚜122.25FF

BESSERAT DE BELLEFON
CUVÉE DES MOINES ROSÉ BRUT

Weiche, zartduftige Frucht, gebettet auf feine, weiche Mousse.
🍾 sofort €€ ⚜134.59FF

BESSERAT DE BELLEFON
CUVÉE DES MOINES BRUT

Frische, lebendige Frucht, doch verfehlt der Wein 85 Punkte, weil der Abgang von etwas Unreife überschattet wird.
🍾 2000–2002 €€ ⚜128.98FF

BESSERAT DE BELLEFON
GRANDE CUVÉE B DE B BRUT

Eine Cuvée, die eher auf Kraft als auf Eleganz spielt, aber eine Lagerung lohnt.
🍾 2000–2002 €€€€ ⚜246.75FF

BESSERAT DE BELLEFON
1990 BRUT MILLÉSIME

Das volle, fruchtige Bukett wird von ein wenig Toastwürze eingeholt, doch am Gaumen dominiert die Frucht, die sich noch im langen, intensiven Abgang zeigt.
🍾 2000–2003 €€€ ⚜143.56FF

BILLECART-SALMON

Champagne Billecart-Salmon
40 rue Carnot
51160 Mareuil-sur-Aÿ
☎(326) 52.60.22 FAX(326) 52.64.88

BILLECART-SALMON
BRUT RÉSERVE

Gehaltvoll, sauber und lebendig, mit eleganter Fruchtigkeit im Abgang.
🍾 2000–2003 €€

BILLECART-SALMON
BRUT ROSÉ

Sehr helle Farbe, elegante Frucht im Bukett und am Gaumen. Am erfreulichsten, wenn frisch und jung genossen.
🍾 sofort €€€

BILLECART-SALMON 1991
CUVÉE NICOLAS FRANÇOIS
BILLECART, BRUT

Ein Champagner von offensichtlicher Qualität und Konzentration – schon jetzt köstlich fruchtig, aber in einigen Jahren sicher auch noch schön eichenwürzig.
🍾 2000–2006 €€€

BILLECART-SALMON 1990
CUVÉE NICOLAS-FRANÇOIS
BILLECART, BRUT

Geschmacksreicher Champagner von klassischer Struktur, der in ungeheuer komplexem und elegantem Stil zu toastwürziger Reife kommen wird.
🍾 2000–2015 €€€

BISCHÖFLICHE WEINGÜTER

Mosel-Saar-Ruwer, Deutschland

BISCHÖFLICHE WEINGÜTER
TRIER 1996 WILTINGER KUPP
RIESLING BRUT

Gemessen am Preis eine wirklich anständige Riesling-Frucht.
🍾 Beim Kauf €€

BLANC FOUSSY

Loire, Frankreich

FOUSSY CRÉMANT
DE LOIRE, BRUT 70

Streng genommen kein Blanc Foussy (der zur AOC Touraine zählt), wird diese Cuvée als »Foussy von Blanc Foussy« beschrieben – und schmeckt wie sprudelnder Granny-Smith-Apfelsaft!
🍾 Beim Kauf € ⚜35.00FF

BLANCHER
Penedès, Spanien

BLANCHER BRUT ESPECIAL 1996 ESPUMOSOS DE CAVA

Abgemilderte Fülle und Alkoholstärke heben diesen Cava aus der Masse hervor.
❗ Beim Kauf €

BLIN
Champagne H. Blin
5 rue de Verdun
51700 Vincelles
☎(326) 58.20.04 FAX(326) 58.29.67

H. BLIN & CO BRUT TRADITION

Dieser kraftvolle, eingängige Champagner wird in den nächsten ein, zwei Jahren etwas Biskuitaroma entwickeln.
❗ 2000–2001 €€ ※84.00FF

H. BLIN & CO BRUT DEUX MILLE

Starke Frucht, gestützt von klassischer Struktur. Dürfte sich sehr gut entwickeln.
❗ 2000–2004 €€ ※84.00FF

H. BLIN & CO 1991 BRUT

Schön gereifter, sahnig-biskuitartiger Tropfen mit malolaktisch getöntem Nachgeschmack voll sahnigen Karamels. Wird langfrigt nicht vorhalten, aber einige Jahre schon.
❗ 2000–2002 €€ ※106.00FF

BLONDEL
Champagne Th. Blondel
Les Monts Fournois
51500 Ludes
☎(326) 03.43.92 FAX(326) 03.44.10

TH. BLONDEL 1993 BRUT MILLÉSIMÉ, BLANC DE BLANCS PREMIER CRU

Die kraftvolle Chardonnayfrucht in dieser Cuvée beginnt eben, komplexe Aromen von Nüssen und Biskuit zu entfalten.
❗ 2000–2004 €€ ※100.00FF

TH. BLONDEL 1992 VIEUX MILLÉSIME BRUT, CHARDONNAY PREMIER CRU

Wie ein Champenois einen siebenjährigen Champagner »Vieux Millésime« nennen kann, ist mir unerklärlich. Natürlich wäre ein siebenjähriger Schaumwein überall sonst alt, aber in der Champagne ist er es nicht. Zum Glück ist diese spezielle Cuvée mit ihrer guten Fruchtfülle, deren biskuitduftige Komplexität sich eben erst aufbaut, tatsächlich noch jung.
❗ 2000–2002 €€ ※110.00FF

ACHTUNG, SEKT- UND SCHAUMWEINERZEUGER!
Wer für nachfolgende Ausgaben eigene Weinproben einreichen möchte, setze sich bitte über folgende E-Mail-Adresse mit Tom Stevenson in Verbindung:
millennium.producers@bizonline.co.uk
Achtung: Jede andere an diese Adresse gesandte E-Mail wird ignoriert.
Eine Empfehlung in diesem Champagnerführer ist – abgesehen von den Kosten für den Versand der Proben – gebührenfrei.

BLUE PYRENEES ESTATE
Victoria, Australien

FIDDLER'S CREEK CUVÉE BRUT

Bukett von Weizenschrot, gefolgt von lang anhaltendem, süßem Fruchtaroma.
❗ Beim Kauf €

BOIZEL
Champagne Boizel
14 rue de Bernon
51200 Épernay
☎(326) 55.21.51 FAX(326) 54.31.83

BOIZEL BRUT RÉSERVE

Eine sanfte Fülle in der Nase zieht sich bis ins Mittelstück. Sollte in etwa einem Jahr Toastwürze entwickeln.
❗ 2000–2001 €€

Boizel Chardonnay Brut Blanc de Blancs

So schön diese Cuvée sich jetzt auch trinken läßt, ihr Stil wird von einigen Jahren im Keller profitieren. Die erfreuliche Frucht im Nachgeschmack deutet darauf hin, wie viel besser sie nach einiger Reifung sein wird.
▌ 2000–2006 €€

Boizel 1992 Grand Vintage Brut

Frische, gehaltvolle, lebendige Frucht zieht sich bis an den Gaumen, dann baut sich im Abgang biskuitartige Fülle auf.
▌ 2000–2004 €€€

Boizel 1990 Tradition, Cuvée Sous Bois

Im *barrique* vergorener Champagner von großer Fülle mit leicht oxidierter Komplexität, die an eine Bollinger Special Cuvée erinnert. Besser 2008 zu trinken als jetzt, denn dann wird die oxidierte Note von der Ausdruckskraft des sich langsam entfaltenden Weins aufgesogen sein.
▌ 2000–2008 €€€

Boizel 1989 Joyau de France, Brut

Im Augenblick im Bukett von Chardonnay dominiert, fällt dieser Wein am Gaumen auseinander – er braucht Zeit, um sein wahres Potential zu entfalten.
▬ 2002–2012 €€€

BOLLINGER

Champagne Jacques Bruère Blanc de Blancs
16 rue Jules Lobet
51160 Aÿ-Champagne
☏(326) 53.33.66   FAX(326) 54.85.59

Bollinger Spécial Cuvée, Brut

Frisch, aber blumig-maderisiert, mit ausgeprägt süßer Frucht. Einer der ausdrucksstärksten Haus-Stile auf dem Markt, ist dieser Wein auch das größte Wechselbalg unter den Jahrgangslosen, das seine oxidierte Art nach zusätzlicher Kellerreife offenbar abzustreifen vermag. Diese Spécial Cuvée besitzt einen so gewaltigen unentwickelten Extraktgehalt, daß ihre maderisierte Art schließlich durch ihr volles Aroma überdeckt wird.
▬ 2002–2007 €€€

Bollinger Special Cuvée, Brut *(Magnum)*

Wem die Special Cuvée zu mager, spröde und karg ist oder wer ihren sherryartigen Aromen nichts abgewinnen kann, sollte diese Magnum probieren, die stets frisch, rein und fruchtig bleibt.
▌ 2000–2007 €€€

Bollinger 1990 Grande Année Rosé, Brut

Die Fülle ist bei diesem Rosé täuschend zart, doch hat man es mit einem ernstzunehmenden *Vin de garde* zu tun, der kraftvolle Aromen entwickeln wird.
▌ 2000–2006 €€€€

Bollinger 1990 Grande Année, Brut

Ein großer Wein in jeder Hinsicht: Format, Qualität, Fülle und Finesse. Auch sein Reifepotential ist erheblich – er verdient es, eingekellert zu werden!
▬ 2005–2015 €€€€

Bollinger 1990 Vieilles Vignes Françaises, Brut

Das sogenannte »Beast of Bollinger« ist wieder da, in Gestalt dieses gewaltigen Blanc de Noirs aus überreifen Trauben von unterlagsechten Reben. Ein gehöriger Mundvoll kräftiger, komplexer Frucht.
▬ 2002–2012 €€€€

Bollinger 1988 R.D., Extra Brut

Nicht ganz dasselbe wie die normale 1988er Grande Année mit Brut-Dosage und Flaschenreifung nach dem Degorgieren, doch zweifellos ein kraftvoller Wein von unbestreitbarer Klasse.
▬ 2001–2013 €€€€

Bollinger RD 1985 Brut

Die verkostete, 1999 degorgierte Probe hatte Malzaroma im Bukett und hochtönige, oxidierte Frucht, während vor Jahren als gewöhnliche Grande Année degorgierte Flaschen desselben Weins jetzt hervorragend schmecken

(96 Punkte), mit wunderbar reiner Frucht und einer vollen Toastwürze.
▬ Abwarten €€€€

BOLLINGER RD 1982 BRUT

Der gehaltvolle Geschmack komplexer Hefereifung und intensive Abgang der im März 1999 degorgierten Probe ist offensichtlich, doch gefällt mir die ursprüngliche Grande Année, die nur drei Jahre auf der Hefe liegt, besser.
▬ Abwarten €€€€

BOLLINGER RD 1979 BRUT 95

Dieser am 25. März 1999 degorgierte RD ist der einzige, dessen Qualität mit einer gut gelagerten Flasche der ursprünglichen Degorgierung mithalten kann. Die toastwürzigen Flaschenaromen haben fast 20 Jahre gebraucht, um sich zu entwickeln – und zwar vor dem Degorgieren, nicht danach. Dieses Exemplar zeigt massiven Extraktgehalt und eine Geschmacksintensität im Abgang, die sich noch weiter verbessern dürfte.
❦ 2000–2019 €€€€

BOLLINGER RD 1979 BRUT *(Magnum)* 95

Die Magnumflasche, degorgiert am 27. Januar 1999, ist finessereicher als die Standardflasche des 1979er RD, jedoch nicht so verführerisch. Sie braucht noch Zeit, um milde Reifearomen zu entwickeln.
▬ 2004–2019 €€€€

BON COURAGE
Robertson, Südafrika

JACQUES BRUÈRE BLANC DE BLANCS CAP CLASSIQUE 85

Ein kraftvoller Schaumwein mit rassigem Abgang, der in Würde altern dürfte.
❦ sofort €€

BONNAIRE

Champagne BONNAIRE
120 rue d'Épernay
51530 Cramant
☎ (326) 57.50.85

BONNAIRE BLANC DE BLANCS, BRUT GRAND CRU 90

Extrem gehaltvoll und fruchtig, bei klassischer Struktur und Säure. Wird sich sicher schön entwickeln, doch ist auch jetzt schon angenehm zu trinken.
❦ Beim Kauf €€

BONNET

Champagne Alexandre Bonnet
138 rue du Général-de-Gaulle
10340 Les-Riceys
☎ (325) 29.30.93 FAX (325) 29.38.65

ALEXANDRE BONNET CUVÉE TRADITION BRUT 84

Auch nach der Übernahme durch BCC (Boizel, Chanoine Champagne) ist dies ein unverstellt fruchtiger Champagner im typischen Bonnet-Stil.
❦ Beim Kauf €€

ALEXANDRE BONNET CUVÉE PRESTIGE BRUT 85

Offensichtliche Finesse im Bukett, schöne Frucht und raffinierte Eleganz am Gaumen. Ein guter Abgang, doch für eine höhere Wertung müßte er länger anhalten.
❦ sofort €€€

ALEXANDRE BONNET 1993 MADRIGAL, BRUT 86

Das Etikett kann man getrost ignorieren: dieser elegant fruchtige Wein ist bei dieser einst enttäuschenden Cuvée der zweite ernstzunehmende Jahrgang in Folge.
❦ sofort €€

BONNET-PONSON

Champagne Bonnet-Ponson
20 rue du Sourd
51500 Chamery
☎ (326) 97.65.40 FAX (326) 97.67.11

BONNET-PONSON 1995 BRUT PREMIER CRU

Das riesige Bukett von Butterscotch und Karamel mit Vanillesoße muß erschnup-

pert haben, wer daran glauben will. Obwohl dieser Wein von malolaktischen Aromen dominiert wird und nicht zum Stil eines frischen, lebendigen 1995ers paßt, wollte ich ihn aufnehmen.
❕ Beim Kauf €€ ☆66.00FF

BONNET-PONSON 1990 CUVÉE SPÉCIALE BRUT, PREMIER CRU

Die intensive Frucht wird sich im Reifeverlauf noch verstärken, ist aber nach fast 10 Jahren immer noch verschlossen.
🍾 Abwarten €€€ ☆77.00FF

BOSCHENDAL
Paarl, Südafrika

BOSCHENDAL BRUT 2000 1996

Eine vorzeitig degorgierte Vorprobe. Sauber, frisch, von fester Struktur und exzellenter Säure. Im Abgang war der bittere Ton unentwickelten Extrakts zu spüren, der sich aber wie ein Pfauenschweif entfalten dürfte, soweit man diese Cuvée zum optimalen Zeitpunkt – also nicht zu früh – degorgiert.
🍾 2000–2001 €€€

BOTHY
Frilford Heath, England, UK

BOTHY VINEYARD 1993 DRY

Die Cuvée kommt zwar nicht an den 1991er (78 Punkte) heran, ist aber gegenüber 1992 eine deutliche Verbesserung. Frischen Blumenaromen folgen milde Frucht und eine weiche Mousse.
❕ Beim Kauf €

BOULARD
Champagne Raymond Boulard
1 et 4 rue du Tambour
51480 La Neuville aux Larris
📞(326) 58.12.08 📠(326) 61.54.92

RAYMOND BOULARD BLANC DE BLANCS BRUT

Sehr fruchtig und eingängig, doch eine höhere Wertung würde größere Finesse in der Nase und einen nachhaltigeren Eindruck am Gaumen erfordern.
❕ Beim Kauf €€ ☆92.50FF

RAYMOND BOULARD CUVÉE ROSÉ BRUT

Dieser Rosé, nach der *Saignée*-Methode bereitet, ist hell-aprikosenfarben, mit zarter Frucht, schöner Säure und einer weichen, feinen Perlage.
❕ sofort €€ ☆95.00FF

RAYMOND BOULARD RÉSERVE BRUT

Frisch, glanzhell und fast klinisch sauber, wandelte sich dieser Wein von amylartigen zu Flaschenreifearomen und sollte sich bis Weihnachten geöffnet haben.
❕ sofort €€ ☆90.00FF

RAYMOND BOULARD BRUT TRADITION

Frisch und fruchtig, mit Geschmack von Apfelkompott und einer festen Mousse.
❕ Beim Kauf €€ ☆120.00FF

RAYMOND BOULARD 1986 ANNÉE DE LA COMÈTE 2000, MILLÉSIME BRUT

Die einzige Abfüllung der Année de la Comète, die ich bisher empfehlen kann. Offenbar eine Version, die nicht der malolaktischen Gärung unterzogen wurde, wobei Boulard im letzten Jahr beide Fassungen zur Probe einreichte, von denen keine den Test bestand. Dieser Jahrgang ist jedoch frisch und sauber, mit feiner, zitrusduftiger Frucht und einer echten Brut-Dosage.
❕ Beim Kauf €€€ ☆250.00FF

BOURSAULT
Champagne Château de Boursault
Boursault 51480 près Épernay
📞(326) 58.42.21 📠(326) 58.66.12

CHATEAU DE BOURSAULT BRUT TRADITION

Nach der blumigen Finesse im Bukett überrascht die reichhaltige Frucht am Gaumen. Hervorragende Säure. Die

bisher beste Cuvée dieser Marke.
 Beim Kauf €€

CHÂTEAU DE BOURSAULT ROSÉ BRUT — 89

Der Besitzer und Kellermeister Harald Fringhian hat sich mit diesem Wein wahrlich selbst übertroffen. Zu allem Überfluß benötigt diese satt kirschrote, auf dem 1996er Jahrgang beruhende Cuvée vor wie nach dem Degorgieren mehr Flaschenreife als jeder frühere Wein dieses Erzeugers. Kellern Sie ihn bis mindestens 2001 ein, um den flammend brillanten Überschwang der Pinot-Noir-Frucht zu erleben.
 2001–2003 €€

BOUVET
Loire, Frankreich

BOUVET 1997 SAPHIR BRUT VINTAGE, SAUMUR — 75

Der zehnprozentige Chardonnay-Anteil gibt dieser Cuvée das gewisse Etwas, nämlich eine weiche Fülle am mittleren Gaumen, die mit reinsortigem Chenin Blanc kaum zu erreichen ist.
 sofort €

BOUVET LADUBAY 1995 TRESOR BRUT, SAUMUR — 82

Dieser einst übertrieben eichenwürzige Spitzenschaumwein läuft nach einer eher faden Phase ohne hervortretendes Eichenholz zu bester Form auf – mit den klassischen Reifetönen des *Barrique*-Ausbaus. 1995 zeigt sich mit gehaltvoller, rassiger Chenin-Frucht, der 20% Chardonnay eine gewisse stilistische Tiefe gibt.
 2002 €€

BREAKY BOTTOM
Lewes, England, UK

BREAKY BOTTOM 1995 CUVÉE RÉSERVÉE BRUT — 70

Dieser Wein befand sich, wiewohl recht gehaltvoll und schmackhaft, in einem ungünstigen Stadium. Die Aromen des Degorgierens waren schon verloren, die Flaschenreife noch nicht entwickelt.
 2000–2001 €€

BRÉMONT
Champagne Bernard Brémont
1 rue de Reims
51150 Ambonnay
(326) 57.01.65

BERNARD BRÉMONT, GRAND CRU 2000 BRUT — 87

Sehr frischer, fruchtbetonter Stil von einiger Klasse. Zur Zeit herrlich zu trinken.
 2000–2001 €€

BRICE
Champagne Brice
3 rue Yvonnet
51150 Bouzy
(326) 52.06.60 FAX (326) 57.05.07

BRICE CRAMANT, GRAND CRU BRUT — 85

Große Frucht kurz vor der Toastwürze.
 2000–2001 €€€

BRICE BOUZY, GRAND CRU BRUT — 87

Jugendliche Aromen von großer Finesse, gefolgt von straffer Frucht, von starkem, reifen Säuregehalt geprägt. Lagerfähige Cuvée, die Biskuitaromen verheißt.
 2000–2006 €€€

BRICELAND
Kalifornien, USA

BRICELAND VINEYARDS HUMBOLT BRUT, CALIFORNIA — 70

Humbolt liegt so weit im Norden Kaliforniens, daß nur noch der winzige Bezirk Del Norte es vom nahen Oregon trennt. Ich mußte mich erst durch das Klamath Valley kämpfen, die Nacht im nur so genannten »Happy Camp« verbringen und dann die schneebedeckten Siskiyou Mountains überwinden, bis ich den Hippie-Flecken Briceland erreicht hatte. Dort versicherte mir Joe Collins, ich sei der erste Weinjournalist überhaupt, der bis in dieses Weinbaugebiet vorgestoßen war. Nun, ich brauchte jedenfalls etwas zu trinken, und sein frischer, apfelduftiger Briceland war ein Genuß.

❘ Beim Kauf €€

BRICOUT
Champagne Bricout
Ancien Château d'Avize
51190 Avize
(326) 53.30.00 FAX (326) 57.59.26

BRICOUT CUVÉE BRUT ROSÉ

Frische, duftige Aromen mit weicher, talkumduftiger Frucht.

❘ sofort €€€ ♥119.00FF

BRICOUT 1990 CUVÉE BRUT MILLÉSIME

Finesse im Bukett unverkennbar, gefolgt von voller, überraschend milder Frucht. Eindrucksvoll.

❘ 2000–2004 €€€ ♥119.00FF

BRISON
Champagne Louise Brison
14 Grande Rue
10360 Noé-les-Mallets
(325) 29.66.62 FAX (325) 29.14.59

LOUISE BRISON L'IMPERTINENTE, BRUT ROSÉ

Sehr frische, blumige Aromen, gefolgt von schmackhafter Pinot-Frucht, die sich wohl toastwürzig entwickeln wird.

❘ 2000–2001 €€ ♥91.00FF

LOUISE BRISON 1994 CUVÉE GERMAIN BRULEZ, BRUT MILLÉSIME

Eine sehr ansprechende Nase mit fruchtdominiertem Gaumen, einiger Finesse, doch im Nachklang merkwürdigem Beigeschmack, der die 1994er Weine generell beeinträchtigt. Der Wein wird sich verbessern, doch derzeit läßt sich unmöglich sagen, ob sich der Beigeschmack dabei verstärken oder abschwächen wird.

❘ Abwarten €€€ ♥200.00FF

BRL HARDY
South Australia, Australien

ARRAS 1995 CHARDONNAY PINOT NOIR BRUT

Die um den Hals dieser Flasche gedrehte Kordel wirkt beeindruckend und läßt sich zweifellos ausgezeichnet greifen, doch das ausgeprochen malzige Gebräu im Inneren ist voller unreifer Säure und läßt nicht im mindesten auf Finesse hoffen. Ich habe den Wein nur interessehalber aufgenommen, nicht nur wegen der Kordel, sondern auch, weil ich nicht glauben mag, daß ein Weinerzeuger von der Größe und Expertise von BRL Hardy eine so kostspielige Cuvée zweimal hintereinander so völlig verderben kann.

❘ Nie €€€

BANROCK STATION CHARDONNAY BRUT

Die frischen, amylartigen Aromen verflüchtigen sich wohl bis Ende 1999, so daß ein eleganter Wein mit Chardonnay-Geschmack und schöner Säure entsteht.

❘ Beim Kauf €

LEASINGHAM CLARE RIESLING BRUT

Die Frucht von Zitronen, Limetten und Lavendel ist für den Clare Valley Riesling typisch – ordentliche Qualität.

❘ Beim Kauf €

OMNI BRUT

Dieser frische, fruchtige Schaumwein zeigte bei der australischen Schaumweinprobe in seiner Preisklasse die beste Säure. Einen kostenlosen Omni-Bildschirmschoner gibt es bei www.brlhardy.com.au/brands, doch umfaßt er 5 MB.

❘ sofort €

SIR JAMES BRUT DE BRUT PINOT NOIR CHARDONNAY

Ausgereifter als der einfache Brut dieser

Cuvée, glänzt der Brut de Brut mit einiger sahnig-biskuitartiger Fülle und hätte über 80 Punkte erreicht, wenn der Abgang eine Idee länger wäre.
🍷 Beim Kauf €

BROCHET-HERVIEUX

Champagne Brochet-Hervieux
10 rue Saint Vincent
51500 Ecueil
📞(326) 49.24.06 FAX(326) 49.77.94

BROCHET-HERVIEUX BRUT EXTRA, PREMIER CRU

Fester Stil von reichem Biskuitaroma, der für eine höhere Wertung aber noch mehr Finesse im Abgang gebraucht hätte.
🍷 2000–2001 €€ 🍾79.00FF

BROCHET-HERVIEUX 1991 HBH, BRUT PREMIER CRU

Große, gehaltvolle, biskuitartige Frucht bei klassischer, schlanker Struktur.
🍷 2000–2002 €€€ 🍾108.00FF

ACHTUNG, SEKT- UND SCHAUMWEINERZEUGER!

Wer für nachfolgende Ausgaben Proben einreichen möchte, setze sich bitte über folgende E-Mail-Adresse mit Tom Stevenson in Verbindung:

millennium.producers@bizonline.co.uk

Achtung: Jede andere an diese Adresse gesandte E-Mail wird ignoriert.

Eine Empfehlung in diesem Champagnerführer ist – abgesehen von den Kosten für den Versand der Proben – gebührenfrei.

❖ **JACQUES BRUÈRE**, *siehe* Perrier

BRUGNON

Champagne P. Brugnon
16 rue Carnot
51500 Rilly-la-Montagne
📞(326) 03.44.89 FAX(326) 03.46.02

P. BRUGNON BRUT SÉLECTION

Ultrafruchtiger Stil, jedoch ohne großes Rückgrat. Eine kurze Flaschenreife über ein Jahr könnte ihn etwas fülliger machen, doch bei längerer Lagerung wird sich die Struktur auflösen.
🍷 2000 €€

P. BRUGNON 1992 BRUT MILLÉSIME

Befriedigend gehaltvoll und sahnig, mit duftigen Aromen und einem vanilleartigen Abgang.
🍷 2000–2004 €€

BRUN

Cellier Le Brun
Marlborough, Neuseeland

CELLIER LE BRUN TACHE, MARLBOROUGH

Satter Erdbeergeschmack.
🍷 Beim Kauf €€

ANDERE MARKEN VON LE BRUN:

TERRACE ROAD CLASSIC BRUT, MARLBOROUGH

Weiche, freche Frucht, am mittleren Gaumen säuregestützte Fülle, zum Abschluß ein weicher Abgang.
🍷 sofort €

BRUN

Le Brun Family Estate
Marlborough, Neuseeland

DANIEL BLANC DE BLANCS NO. 1 LE BRUN FAMILY ESTATE

Eine Probe dieses neuen Weins bekam ich vor seiner für den 14. 7. 1999 geplanten Freigabe, doch wurde die Flasche unterwegs beschädigt. Angesichts von Daniels großen Verdiensten für den neuseeländischen Wein kann ich sein neues Projekt hier aber zumindest vorstellen. Die Produktion dieses jahrgangslosen Blanc de Blancs ist auf 3.000 Kisten beschränkt; die Nachfolgecuvée, ein Jahrgangsverschnitt der drei klassischen Champagnersorten (Pinot

Noir, Chardonnay und Meunier), auf nur 1.000 Kisten.
➥ Abwarten €€

BRUN

Champagne Le Brun de Neuville
Route de Chantemerle
Bethon 51260 Anglure
(326) 80.48.43 FAX (326) 80.43.28

**LE BRUN DE NEUVILLE
CUVÉE CHARDONNAY
BLANC DE BLANCS BRUT**

Nur so überschäumend von ultrafrischer, eleganter Frucht – mit dieser Cuvée hat sich der Betrieb sogar selbst übertroffen.
🍷 2000–2001 €€

**LE BRUN DE NEUVILLE
CUVÉE SÉLECTION BRUT**

Sahnig-reichhaltiger Chardonnay, unterstrichen von hoher, reifer Säure.
🍷 2000–2003 €€

REICHSRAT V. BUHL
Pfalz, Deutschland

**REICHSRAT V. BUHL 1997
RIESLING BRUT**

Weiche, duftige Frucht, gestützt von einer festen Mousse.
🍷 Beim Kauf €€

BURGE
South Australia, Australien

**GRANT BURGE BAROSSA
BRUT PINOT NOIR CHARDONNAY**

In diesem vordergründigen, fruchtdominierten Wein findet man reichlich Fülle.
🍷 sofort €

CACHE
Western Australia, Australien

LA CACHE 1995 BRUT

Dieser große, reife australisch-amerikanische Knüller strotzt nur so vor Ananasfrucht. Was traditionsbewußten Champagnertrinkern vielleicht übertrieben vorkommt, sollte man doch wenigstens einmal im Leben probiert haben. Der erste Jahrgang dieses neuen Schaumweins besteht aus 85 % Pinot Noir vom australischen Margaret River und 15 % Pinot Blanc vom Ben Nacido Vineyard in Santa Barbara, Kalifornien. Hergestellt in Cape Mentelle, lag sie ein Jahr in 3–5 Jahre alten *barriques*. Für die Gärung wurden australische Wildhefen eingesetzt (von »Mad Harry« Osborne, Kellermeister und Eigentümer, als »aboriginal« bezeichnet!).
🍷 2000–2002 €€

CA'DEL BOSCO
Franciacorta, Italien

**CA'DEL BOSCO BRUT,
FRANCIACORTA**

Weich und cremig, mit an Mâcon erinnernder Frucht. Die Perlage dieser Cuvée ist viel feiner geraten als im letzten Jahr.
🍷 sofort €€

**CA'DEL BOSCO 1995 DOSAGE
ZERO, FRANCIACORTA**

Feine Aromen mit Mâcon-ähnlicher Frucht im Hintergrund, bei klassischer Schaumweinstruktur.
🍷 2000–2001 €€

**CA'DEL BOSCO 1995 SATÈN,
FRANCIACORTA**

Noch mehr Frucht à la Mâcon, doch süßer, reifer und weicher.
🍷 sofort €€

**CA'DEL BOSCO 1995 BRUT,
FRANCIACORTA**

Füllige Frucht mit schlanker Struktur im Hintergrund und ein sehr eleganter Abgang bedeuten eine erhebliche Verbesserung gegenüber dem letzten Jahr.
🍷 sofort €€

**CA'DEL BOSCO 1992 CUVÉE
ANNAMARIA CLEMENTI, BRUT**

— *Jahresübersicht* —

Langsam gereifter Wein voll biskuitartigem Duft und zitroniger Frucht, von feinen *Barrique*-Aromen durchzogen. Von allen Spitzencuvées aus Franciacorta kommt er einem Champagner am nächsten.
▌ 2000–2002 €€€

CAMEL VALLEY
Bodmin, Cornwall, England

CAMEL VALLEY 1997 BRUT

Ein köstlich fruchtiger Wein, der laut Rückenetikett »mit Hilfe der Merret-Methode zum Schäumen gebracht« wurde *(siehe S. 8).*
▌ Beim Kauf €€

CANALS & MUNNE
Penedès, Spanien

RESERVA DE L'AVI CAVA BRUT NATURE 1993 CANALS & MUNNE

Mit moderner Kellertechnik hergestellt. Blitzsaubere Frucht, ansatzweise, aber nicht unangenehm grün.
▌ Beim Kauf €€

CANARD-DUCHÊNE
Champagne Canard-Duchêne
1 rue Edmond Canard
Ludes le Coquet
51500 Rilly-la-Montagne
☎ (326) 61.10.96

CANARD-DUCHÊNE BRUT

Ein frischer, leichter, fruchtiger Stil, der beim Verkosten immer weiter in den Vordergrund drängt und im Abgang geradezu muntere Züge bekommt.
▌ Beim Kauf €€

CANARD-DUCHÊNE BRUT ROSÉ

Pfeffrig, aber fein, mit schöner Säure.
▌ 2000–2001 €€

CANARD-DUCHÊNE GRANDE CUVÉE CHARLES VII, ROSÉ

Einer der seltenen Rosés, die im Alter gewinnen – dieser dürfte geschmeidig biskuitartig werden.
▌ 2000–2003 €€€

CANARD-DUCHÊNE GRANDE CUVÉE CHARLES VII, BRUT

Diese Cuvée ist viel sauberer und besser gemacht als früher. Zwei Abfüllungen sind auf dem Markt, die eine mit sahnig-biskuitartiger Reife, die andere, von schöner Fruchtintensität, verspricht ebenfalls einen Biskuitton anzunehmen.
▌ 2000–2001 €€€

CARNEROS
*Domaine Carneros
Kalifornien, USA*

DOMAINE CARNEROS BRUT ROSÉ

Junge, frische Vanille- und weiche Rotfruchtaromen treten bei diesem eleganten Rosé am Gaumen hervor.
▌ sofort €€

DOMAINE CARNEROS 1996 BRUT

Die Vorprobe zeigte einen beständig lebhaften Stil, der verspricht, sich ebenso sahnig bis zur Biskuitphase zu entfalten.
▬ 2000–2003 €€

DOMAINE CARNEROS 1994 BRUT

Frisch und lebhaft, recht sahnig im Abgang.
▌ 2000–2001 €€

DOMAINE CARNEROS 1994 LE RÊVE

Die Vorprobe zeigte sich in Frucht, Stil und Aufbau dem herausragenden 1993er ähnlich, dürfte sich ebenso entwickeln.
▬ 2000–2004 €€€

DOMAINE CARNEROS 1993 BRUT

Den Jahrgangscuvées von Carneros tun einige Jahre Flaschenreife gut, wie die größere, mit biskuitartiger Finesse ausgewogene Tiefe dieses Tropfens beweist.
▌ sofort €€

DOMAINE CARNEROS 1993 LE RÊVE

Feine Faßgärungsaromen schweben über lebhafter, sahniger Zitronentortenfrucht. Mit der feinen, nadelkopffeinen Mousse entsteht ein Schaumwein von großer Lebendigkeit und Frische.
❦ 2000–2003 €€€

DOMAINE CARNEROS 1992 LE RÊVE

Die sahnig-malolaktischen Aromen in diesem reichhaltigen, milden Wein lenken von seiner potentiellen Finesse ab und machen den ersten Jahrgang des Le Rêve, verglichen mit dem 1993er, zu einer Enttäuschung. Für Kalifornien allerdings trotzdem ein außergewöhnlicher Wein.
❦ sofort €€€

CASTELLANE

Champagne Croix Rouge de St André de Castellane
57 rue de Verdun
51204 Épernay
☎(326) 51.19.19 FAX(326) 54.24.81

DE CASTELLANE BRUT

Frischer, fruchtiger Charme in unkompliziertem, eingängigem Stil.
❦ sofort €€

DE CASTELLANE BRUT ROSÉ

Unverstellt eingängig und fruchtig, voller Kirschen und Erdbeeren.
❦ 2000–2001 €€€

DE CASTELLANE CHARDONNAY BLANC DE BLANCS BRUT

Die erlesen frische, tropische Frucht dieses trinkreifen Champagners repräsentiert die normale Form dieser Cuvée, die sich im letzten Jahr aufgrund eines Ausrutschers nicht qualifizieren konnte.
❦ Beim Kauf €€€

DE CASTELLANE 1990 CUVÉE ROYALE CHARDONNAY BRUT

Dieser gehaltvolle, fruchtige Champagner ist jetzt eine wahre Trinkfreude, wird sich aber noch weiter verbessern.
❦ 2000–2005 €€€

DE CASTELLANE 1990 CROIX ROUGE BRUT

Gute, gehaltvolle Frucht. Sehr jung, aber unbedingt trinkbar.
❦ 2000–2002 €€€

DE CASTELLANE 1989 CUVÉE COMMODORE, BRUT

Die im letzten Jahr festgestellte »lange, vielschichtige Komplexität von Zitronen- und Limonendüften« hat sich vertieft, dabei aber in ein zitronig-toastwürziges Aroma verwandelt, das zu weit größerer und fülligerer Frucht überleitet als zuvor. Im Augenblick resultiert daraus weniger Finesse, doch die trinkreife Cuvée ist in der Wertung gegenüber dem letzten Jahr nur um einen Punkt gefallen – 87 Punkte sind ebenfalls ausgezeichnet, und der Wein wird sich wohl im Laufe der nächsten Jahre noch verbessern.
❦ 2000–2004 €€€€

DE CASTELLANE 1988 CUVÉE FLORENS DE CASTELLANE, BRUT

Hat seit dem letzten Jahr einen Punkt dazugewonnen – damals dominierten untypisch butterig-malolaktische Aromen, die sich nun verflüchtigt haben. Jetzt ist der Wein gehaltvoll und wunderbar sahnig.
❦ 2000–2002 €€€€

❖ CASTELL D'AGE, *siehe* Age

❖ CASTELL GORNAL, *siehe* Caycra

❖ CASTILLO DE PERELADA, *siehe* Perelada

CATTIER

Champagne Cattier
6 & 11 rue Dom Pérignon
51500 Chigny-les-Roses
☎(326) 03.42.11 FAX(326) 03.43.13

CATTIER SAPHIR BRUT

Diese erst kürzlich freigegebene Cuvée mit einem metallicfarbenen, mit dem Glas verschweißten Etikett und in einer saphirblauen Glasflasche scheint sich mit der Präsentation eines klassischen Champagners nicht zu vertragen. Wen das nicht stört, der findet einen vielversprechenden Wein mit duftigem Bukett und extrem junger Frucht, die noch beträchtliche Finesse verspricht.
❦ 2001–2004 €€€

CATTIER CLOS DU MOULIN, BRUT PREMIER CRU

Ist gegenüber der Cuvée des letzten Jahres aus 1985er, 1986er und 1988er im Vorteil. Die Einbeziehung reifer, fruchtiger Bestandteile aus dem Jahr 1989 (zu dem 1986er und 1998er) machen den Verschnitt dieses Jahres unmittelbar trinkreif. Klassische Kombination aus Charme und Komplexität.

2000–2005 €€€

CATTIER 1995 BRUT PREMIER CRU ⊖

Der sehr junge Wein droht trotz einiger Finesse eine muntere Fruchtigkeit zu entwickeln, die der Finesse entgegensteht. Urteil für dieses Jahr vorbehalten.

 Abwarten €€€

CAVALLERI
Franciacorta, Italien

CAVALLERI FRANCIACORTA BRUT SATÈN, BLANC DE BLANCS

Für Italien sehr gut, aber mit rustikaler Frucht, der die klassische Struktur und Finesse der besten Provenienzen aus Franciacorta fehlt.

Beim Kauf €€

CAVALLERI 1994 FRANCIACORTA PAS DOSÉ, BLANC DE BLANCS

Ausladende, zitronige Frucht, schön trocken und kein bißchen spröde.

sofort €€

CAVALLERI 1994 COLLEZIONE, FRANCIACORTA BRUT, BLANC DE BLANCS

Ähnlich rustikal wie der Jahrgangslose.

Beim Kauf €€

CAYCRA
Tarragona, Spanien

BRUT DEL PUPITRE CHARDONNAY CAYCRA

Auf dem Jahrgang 1996 beruhender Schaumwein mit weicher Textur, guter Säure und sauberer Frucht. Gibt sich als Chardonnay aus, hat jedoch nur 75 % dieser Sorte, und die EU-Richtlinien schreiben 85 % vor.

Beim Kauf €

CASTELL GORNAL BRUT NATURE 1997 CAYCRA

Fruchtig, tiefgründiger als viele andere.

Beim Kauf €

CAZANOVE
Champagne Charles de Cazanove
1 rue des Cotelles
51204 Épernay
☎(326) 59.57.40 FAX(326) 54.16.38

CHARLES DE CAZANOVE BRUT AZUR, PREMIER CRU

Lebhaft, sauber und mit Tendenz zu Biskuittönen, dem Classique desselben Erzeugers haushoch überlegen.

2000–2002 €€ 102.00FF

CHARLES DE CAZANOVE GRAND APPARAT, BRUT ⊖

Dieser körperreiche Champagner ist zwar schön zum Essen, braucht aber weitere 2–3 Jahre Reife, um sein wahres Potential zu entfalten. Zur Zeit würde er bestenfalls 82 Punkte erzielen, doch wenn der Wein mit Würde reift und im Abgang an Finesse zulegt, sind 86 Punkte oder mehr drin.

 Abwarten €€

CHARLES DE CAZANOVE 1992 BRUT MILLÉSIME

Vordergründig fruchtige Nase, die Toastwürze entwickelt, sowie elegante Frucht am Gaumen und im Abgang.

2000–2004 €€€

❖ **CELLER BATTLE**, *siehe* Gramona

CHANDON
Domaine Chandon Australia
Victoria, Australien
Auf manchen Exportmärkten als »Green Point« im Handel.

Domaine Chandon 1996 Brut (78)

Ausgezeichnete Struktur und Säure mit sahnigem Abgang.
sofort €€

Domaine Chandon 1996 Rosé Brut (74)

Ein fester Rosé mit reichlich Pinot-Geschmack.
sofort €€

Domaine Chandon 1995 Blanc de Blancs Brut (85)

Diese Cuvée begann Anfang 1999 mildere Töne zu entwickeln und ließ sich in der Jahresmitte sehr schön trinken, mit süßer, reifer Frucht, die in ein, zwei Jahren recht toastwürzig zu werden verspricht.
2000–2001 €€

Domaine Chandon 1995 Brut (86)

Im letzten Jahr umwerfend (86 Punkte), verschloß sich dieser Wein Anfang 1999 und hatte sich zur Jahresmitte zu einem noch seriöseren Wein entwickelt. Die klare Pinot-Noir-Frucht dominiert noch, zeigt aber nunmehr einen schönen Vanillehauch im Abgang.
sofort €€

Domaine Chandon 1995 Brut Rosé (85)

Ganz Frucht und vanilleduftige Finesse.
Beim Kauf €€

Domaine Chandon 1994 Blanc de Noirs Brut (70)

Flaumige rote Beeren mit einer Perlage, die für die zarte Frucht zu straff ist (und deshalb abgewertet wurde).
sofort €

Domaine Chandon 1993 Yarra Valley Brut (85)

Diese exotisch-fruchtige Sondercuvée ist viel gehaltvoller, aber auch nicht so elegant wie der einfache Jahrgangschampagner des Hauses. Elegant ist sie schon, aber eben nicht so sehr, was sie aber mit ihrer sehr erfreulichen, sahnig-milden Fruchtfülle wieder wettmacht.
Beim Kauf €€

Chandon

Domaine Chandon Kalifornien
Kalifornien, USA
Auf manchen Exportmärkten als »Shadow Creek« im Handel.

Domaine Chandon Brut Cuvée 196 (73)

1996er Jahrgangsverschnitt, frisches Bukett von süßen und sauren Früchten.
Beim Kauf €

Domaine Chandon Brut Cuvée 197 (73)

Die Ester-Töne dürfte dieser Wein vor seiner Freigabe Ende 1999 abgestreift haben. Danach wird er sich wohl schön trinken lassen, ist aber sehr weich und daher nicht langlebig. Die Cuvée 197 beruht auf dem Jahrgang 1997.
Beim Kauf €

Domaine Chandon Blanc de Noirs 396 (80)

Die feine, frische, flaumige Frucht entwickelt einen Abgang mit Vanille- und Obsttönen. Die Cuvée 396 stammt hauptsächlich aus dem Jahrgang 1996.
Beim Kauf €

Domaine Chandon Blanc de Noirs 397 (78)

Viel verschlossener als die Cuvée 396, mit eher malolaktisch-beeinflußter Art und einem bitteren Ton, der größeres Alterungspotential verspricht. Die Cuvée 397 stammt von 1997 und wird im Vereinigten Königreich unter dem Markennamen Shadow Creek verkauft.
2000–2001 €

Domaine Chandon Etoile (80)

Die aktuelle Cuvée (von 93, 92, 91 und 90) zeigt sahnige Karamelaromen, die sich bis an den Gaumen ziehen, der kräftige Säure und leichte Dosage hat. Die nächste Cuvée (94/93/91/90) ist lebhafter und frischer und endet in sahniger Frucht.
sofort €€

Domaine Chandon Etoile Rosé (82)

Der Rosé ist weniger um Würde bemüht als der Etoile Brut, und seine Frucht ist

entsprechend ausdrucksvoller. Am Ende steht ein viel feinerer Wein mit weichem, geschmeidigem Geschmack.
🍷 sofort €€

DOMAINE CHANDON CUVÉE 2000

Schmackhafte Frucht, schöne Frische und Lebendigkeit, am Gaumen besser als im Bukett. Auf dem Jahr 1992 basierender, im November 1998 degorgierter Brut.
🍷 2000–2001 €€

DOMAINE CHANDON BRUT RÉSERVE 494

Erinnert an den alten Stil der Domaine Chandon, der manchmal zu voll und schwer geriet. Hier jedoch präsentiert sich der Stil als gehaltvoll und sahnig-sättigend. Cuvée 494 verweist auf Grundweine aus dem Jahr 1994.
🍷 2000–2001 €€

CHANOINE

Champagne Chanoine
Avenue de Champagne
51100 Reims
📞 (326) 36.61.60 📠 (326) 36.66.62

CHANOINE GRANDE RÉSERVE BRUT

Frischer, ultrafruchtiger Stil.
🍷 sofort €€

CHANOINE TSARINE, TÊTE DE CUVÉE BRUT

Tritt sehr frisch und lebhaft auf, schmilzt dann aber zu saftiger, fruchtiger Art dahin. So bleibt nur die schöne Säure und ein geschmeidig-üppiger Abgang.
🍷 2000–2002 €€

CHANOINE 1995 TSARINE, BRUT MILLÉSIME 85

Vielversprechend, mit reichlich Extrakt; wird Toastwürze entwickeln.
🍾 2002–2006 €€

CHAPEL DOWN
Tenterden, England

CHAPEL DOWN EPOCH PINOT CUVÉE

Dieser Verschnitt aus gleichen Teilen Pinot Blanc und Pinot Noir nimmt für sich ein mit seiner spritzigen Frucht.
🍷 Beim Kauf €

CHAPEL DOWN 1993 EPOCH VINTAGE BRUT

Immer noch erstaunlich frisch und zum Bersten voll mit saftiger Pfirsichfrucht, die auf dem weichen Bett einer feinen Mousse ruht. Im letzten Jahr empfahl ich diesen Wein nicht zum Lagern, sondern zum Trinken, so auch diesmal. Sollte Chapel Down diesen Wein jedoch jedes Jahr neu degorgieren, werde ich vielleicht denselben Jahrgang noch in den nächsten Ausgaben empfehlen!
🍷 Beim Kauf €

CHARBAUT

Champagne Guy Charbaut
12 rue du Pont
51160 Mareuil-sur-Aÿ
📞 (326) 52.80.59 📠 (326) 51.91.49

GUY CHARBAUT 1990 BRUT

Sehr frische, eingängige Frucht. Täuschend jung für seine 10 Jahre.
🍷 2000–2005 €€€

CHARPENTIER

Champagne J. Charpentier
88 rue de Reuil
51700 Villers-sous-Châtillon
📞 (326) 58.05.78 📠 (326) 58.36.59

J. CHARPENTIER BRUT TRADITION

Angenehmer, aber schlichter, fruchtbestimmter Stil.
🍷 Beim Kauf €€

J. CHARPENTIER BRUT ROSÉ

Schmeckte beim Degustieren noch esterartig, was auf zu kurzen Hefekontakt hindeutet. Doch die Fruchtmassen lassen darauf schließen, daß sich der Wein bei

weiterer Flaschenreife fangen wird.
⬛ 2000-2001 €€

CHARTOGNE-TAILLET
Champagne Chartogne-Taillet
37-39 Grande Rue
51220 Merfy
📞(326) 03.10.17 FAX(326) 03.19.15

CHARTOGNE-TAILLET CUVÉE SAINTE-ANNE BRUT

Füllig und geschmacksintensiv, mit elegantem Abgang und sich allmählich entfaltenden, komplexen Aromen.
🍾 2000–2001 €€

CHARTOGNE-TAILLET CUVÉE SAINTE-ANNE, BRUT ROSÉ

Noch sehr fruchtig, wird aber rasch oxidieren, sollte getrunken werden.
🍾 Beim Kauf €€

CHARTOGNE-TAILLET 1992 CUVÉE SAINTE-ANNE BRUT 82

Von fülligem Geschmack mit winzigen Perlen; sprudelt noch zu heftig und braucht Zeit, weicher zu werden.
🍾 2000–2004 €€€

ACHTUNG, SEKT- UND SCHAUMWEINERZEUGER!

Wer für nachfolgende Ausgaben eigene Weinproben einreichen möchte, setze sich bitte über folgende E-Mail-Adresse mit Tom Stevenson in Verbindung:
millennium.producers@bizonline.co.uk

Achtung: Jede andere an diese Adresse gesandte E-Mail wird ignoriert.

Eine Empfehlung in diesem Champagnerführer ist – abgesehen von den Kosten für den Versand der Proben – gebührenfrei.

❖ **CHÂTEAU DE BOURSAULT**, *s.* Boursault

❖ **CHÂTEAU DE MONTGUERET**, *siehe* Montgueret

❖ **CHÂTEAU MONCONTOUR**, *siehe* Moncontour

❖ **CHÂTEAU SAINTE CATHÉRINE**, *siehe* Sainte Cathérine

CHAUVET
Champagne Marc Chauvet
1 rue de la Liberty – BP 18
51500 Rilly-la-Montagne
📞(326) 03.42.77 FAX(326) 03.42.38

MARC CHAUVET BRUT

Ein herrlicher Champagner, voll überbordenden, strahlenden Pinot-Nuancen, gestützt von lebhafter Säure. Viel besser als die Brut Sélection, die nach unreifem Chardonnay schmeckte.
🍾 sofort €€

MARC CHAUVET 1994 BRUT MILLÉSIME, PREMIER CRU

Zu Beginn extrem fruchtig, schleicht sich in diesen Wein am Gaumen ein grüner Ton, der dann auch den Abgang dominiert. Trotzdem ein interessanter Tropfen, dessen Beurteilung noch mindestens ein Jahr aufgeschoben werden sollte.
⬛ Abwarten €€

❖ **PAUL CHENEAU**, *siehe* Cigravi

CHIQUET
Champagne Gaston Chiquet
912 avenue du Général-Leclerc
Dizy – 51318 Épernay
📞(326) 55.22.02 FAX(326) 51.83.81

GASTON CHIQUET RÉSERVE DU MILLÉNAIRE, BRUT PREMIER CRU

Groß und gehaltvoll, mit biskuitartiger Frucht und Finesse am Gaumen und im Nachgeschmack; doch er verliert seine Finesse im Abgang, zwischen mittlerem Gaumen und Nachgeschmack; andernfalls hätte er vielleicht 90 Punkte oder mehr erreicht.
🍾 2000–2002 €€€ 🍾125.00FF

GASTON CHIQUET ROSÉ BRUT

Ein eleganter, köstlich fruchtiger, trinkreifer Rosé.
🍾 Beim Kauf €€€ 🍾95.00FF

— *Jahresübersicht* —

GASTON CHIQUET TRADITION, BRUT

Die Ananasfrucht dieser Cuvée macht einem den Mund wässrig – ein köstlicher, trinkfertiger Genuß.
❗ Beim Kauf €€ 83.00FF

GASTON CHIQUET BLANC DE BLANCS D'AŸ, BRUT GRAND CRU

Eine merkwürdige, aber nicht unangenehme Mischung aus halbreifen Chablis-Geschmacksnoten und Tropenfrüchten.
❗ Beim Kauf €€ 95.00FF

GASTON CHIQUET 1991 BRUT

Süffige Frucht, aber leider von einem zu festen Abgang verdorben, der allerdings mit der Zeit abschmelzen dürfte.
❗ 2000–2003 €€ 🍷122.00FF

CIGRAVI
Penedès, Spanien

PAUL CHENEAU BRUT CIGRAVI

Diese auf dem Jahrgang 1998 basierende Cuvée bewahrt ihren vordergründigen, fruchtigen Stil.
❗ Beim Kauf €

❖ CLOS DES GOISSES, *siehe* Philipponnat

CLOUDY BAY
Marlborough, Neuseeland

PELORUS BRUT, CLOUDY BAY

Bei der zentralen Degustation machte dieser Brut keinen guten Eindruck, weil er vorzeitig degorgiert worden war. Die korrekt degorgierte Version wurde mir später zugesandt; sahnige Frucht und der sorbetartige Abgang bereiten schönen, erfrischenden Trinkgenuß.
❗ sofort €€

PELORUS 1995 MARLBOROUGH

Die Vorprobe dieses Jahrgangs zeigte trotz ihrer Jugend ausgezeichnetes Potential und verspricht, sich zu einer der elegantesten Pelorus-Cuvées zu entwickeln.
🍾 2000–2004 €€

PELORUS 1994 BRUT, CLOUDY BAY

Beide Proben, die zu meiner zentralen Probe in Neuseeland eingereicht worden waren, erwiesen sich als grobschlächtig. Ein Fehler war nicht festzustellen, doch enttäuschten sie derart, daß ich um die Reserveprobe bat. Als auch die ungenügend ausfiel, bat ich um Nachsendung frischer Proben nach England. Zum Glück waren diese völlig anders. Korrekt gelagert, zeigt die Frucht in diesem Wein eine pfeffrige Art, wie manchmal auch in unfertigen Cuvées von Veuve Cliquot, dem Mutterbetrieb von Cloudy Bay. Der Wein befindet sich jedenfalls in einem Übergangsstadium, so daß die plumpe Art durchaus durch eine vorübergehende schlechte Behandlung verursacht worden sein kann. Der große, fruchtige Geschmack wird sich im Alter verfeinern.
🍾 2000–2004 €€

CLOUET

Champagne André Clouet
8 rue Gambetta
Bouzy 51150 Tours-sur-Marne
☎(326) 57.00.82 FAX(326) 51.65.13

ANDRÉ CLOUET A.D. 1911, GRAND CRU CLASSÉ

Zwar ist die Qualität der Clouetschen Grundweine über jeden Zweifel erhaben, doch können manche Cuvées zu oxidiert ausfallen. Nicht so bei dieser Spezialabfüllung. Sie zeigt massenhaft Frucht und Charakter und eine weiche Mousse aus winzigsten Perlen. Der Verschnitt aus drei Jahrgängen setzt sich, um mich Clouets treffender Beschreibung anzuschließen, wie folgt zusammen: 50% Klasse aus dem 1990er, 25% Fülle aus dem 1989er und 25% Frische aus dem 1991er. Der reinsortige Pinot Noir wird aus den zehn besten Lagen Clouets in Bouzy zusammengestellt; die Auflage von nur 1911 Flaschen ist numeriert, die einzeln in Stroh gewickelt und in einer Holzkiste verkauft werden. Das Motiv »1911« verweist auf jenes Jahr, in dem das schmucke André-Clouet-Label erfunden wurde.
❗ 2000–2008 €€€€

CODORNÍU
Penedès, Spanien

CODORNÍU 1992 BLANC DE BLANCS

Dieser Blanc de Blancs war in diesem Jahr der einzige Codorníu, der mir gefiel – zumindest zeigt er einige sahnige Komplexität mit Paranuß-Aromen. Anhänger von Codorníu Napa mag erschrecken, daß der 1996er Jahrgangswein und die jahrgangslosen, aber auf 1996 beruhenden Cuvées die letzten Weine dieses Hauses sein werden. Eine eingeschränkte Auflage von Prestige-Qualität wird 2001 oder 2002 unter dem Markennamen Joia auf den Markt kommen. Nur schwer hat sich die Einsicht durchgesetzt, daß im Gegensatz zu einem Champagnerhaus, das für einen kalifornischen Schaumwein einen Aufschlag verlangen kann, ein Cava-Haus eher das Gegenteil erlebt.

❕ sofort €

CUVÉE RAVENTÓS BRUT CODORNÍU

Besäße die Säure, Tiefe und Kraft für eine höhere Wertung, wäre die Frucht nicht so rustikal und bar an Finesse.

❕ Beim Kauf €

JAUME CODORNÍU BRUT CODORNÍU

Ein vollkommener, erfreulicher Cava, der sich komplexer Hefefrucht am Gaumen rühmen kann, mit Sommerbeeren und Zitronentorte, unterstützt von reichlich schöner, reifer Säure im Abgang.

❕ Beim Kauf €€€

RAIMAT CHARDONNAY BRUT CODORNÍU

Nicht so gut wie einst, zeigt sich der aktuelle Chardonnay Raimat säurereich, aber von dürftiger Sortentypik und mangelnder Fülle am mittleren Gaumen, früher seine besten Eigenschaften.

❕ Beim Kauf €

RAIMAT GRAN BRUT CODORNÍU

Sahnige, *barrique*-typische Aromen und Geschmack, am Gaumen verstärkt von starker Säure, im Abgang reife, pfirsichduftige Chardonnay-Frucht. Nicht unbedingt so verfeinert wie die letztjährige Cuvée und eine Idee zu vorwitzig mit dem Eichenholz, doch noch immer einer der besten Cavas auf dem Markt.

❕ sofort €

COLIN

Champagne Colin
101 avenue de Général De Gaulle
51130 Vertus
☎(326) 58.86.32 FAX(326) 51.69.79

COLIN BRUT CUVÉE ALLIANCE, PREMIER CRU

Diese belebend fruchtige Cuvée trinkt man am besten jung.

❕ sofort €€

COLIN BRUT CUVÉE CASTILLE, BLANC DE BLANCS PREMIER CRU

Ein frischer, leichter, fruchtiger Blanc de Blancs mit biskuitartigen Aromen.

❕ sofort €€

❖ **COMTE AUDOIN DE DAMPIERRE**, *siehe* Dampierre

❖ **COMTE DE CHAMPAGNE**, *siehe* Taittinger

COPINET

Champagne Jacques COPINET
11 Rue de l'Ormeau
51260 Montgenost
☎(326) 80.49.14 FAX(326) 80.44.61

JACQUES COPINET SÉLECTION, BRUT BLANC DE BLANCS

Diese vollmundige Cuvée dürfte recht komplexe, milde Aromen entfalten.

❕ 2000–2002 €€

JACQUES COPINET BRUT ROSÉ

Eher wie Wein mit Perlage als ein Beispiel für echte Champagner-Finesse, aber dennoch ein guter, solide strukturierter Begleiter zum Essen.

❕ 2000–2001 €€

JACQUES COPINET 1992 CUVÉE MARIE ETIENNE, BRUT BLANC DE BLANCS

Gehaltvoller Champagner, muß seine Komplexität oder Feinheit noch entwickeln, ist aber für 84 Punkte gut. Entfaltet er noch Flaschenaromen und Finesse, ist eine höhere Wertung fällig.
▌ 2000–2002 €€

CRANSWICK
The Cranswick Estate
New South Wales, Australien

THE CRANSWICK ESTATE PINOT CHARDONNAY BRUT

Die vanille-getönte Frucht dieses Weins könnte mehr Säure vertragen. Ihm fehlt der Schwung früherer Cuvées.
▌ Beim Kauf €

THE CRANSWICK ESTATE SPARKLING SHIRAZ

Cuvée mit reifer Frucht von schwarzen Johannisbeeren und Himbeeren, trockener als Sparkling Shiraz sonst, ohne jede Spur von Eichenholz.
▌ Beim Kauf €

ANDERE MARKEN VON CRANSWICK

ALDRIDGE ESTATE BRUT

Abgesehen von seiner duftigen Frucht ein weiterer Aussie-Schampus, der mit mehr Säure besser abgeschnitten hätte.
▌ Beim Kauf €

BARRAMUNDI BRUT

Ein billiger, honigsüßer Kick, mit wirklich schönem, weichem Stil, der nur durch den etwas bitteren Abgang getrübt wird.
▌ Beim Kauf €

CRAY
Loire, Frankreich

CRAY 1993 CRÉMANT DE LOIRE ROSÉ

Leidet darunter, daß er mindestens zwei Jahre zu alt ist, um optimale Leistungen zu zeigen. Der Winzer und Kellermeister Paul Boutinot wird vielleicht eines Tages Schaumweine hervorbringen, die würdiger und weit länger altern als aktuelle Provenienzen dieser Region. Bis dahin sollte er seine Weine in jüngerem, frischerem Stadium freigeben.
▌ Beim Kauf €

❖ CROSER, *siehe* Petaluma

RICCI CURBASTRO
Franciacorta, Italien

RICCI CURBASTRO FRANCIACORTA BRUT

Eine Vorprobe dieser auf 1996 gründenden Cuvée stellte gegenüber dem jüngst eingereichten (und nicht empfohlenen) Wein einen riesigen Fortschritt dar. Dieser ist frisch und sauber, mit herbzitrusduftiger Frucht und guter Säure. Momentan fehlt ihm zwar die Finesse, um auf mehr als 73 Punkte zu kommen, doch wird diese Cuvée nicht vor Oktober 1999 freigegeben. Dann verdient sie sicher eine höhere Wertung.
▶ Abwarten €€€

RICCI CURBASTRO FRANCIACORTA SATÈN BRUT

Ein weiterer auf 1996 basierender Tropfen, seit Oktober 1999 auf dem Markt. Der beginnende Einfluß des australischen Schaumweinberaters Owen Bird auf diese Weine ist unverkennbar. Die *Barrique*-Aromen in dieser Cuvée treten etwas zu stark hervor, zu Lasten der Säure. Andererseits hat sie eine Eleganz und Finesse, die dem Curbastro Satèn im letzten Jahr fehlte, als er unter einer überlangen malolaktischen Gärung litt. Wenn alles gut ausgeht, holt der Wein vielleicht 80 oder mehr Punkte.
▶ Abwarten €€€

DAMPIERRE
Champagne Comte Audoin de Dampierre
5 Grande Rue
51140 Chenay
☎ (326) 03.11.13   FAX (326) 03.18.05

Comte Audoin de Dampierre, Cuvée de Prestige 1988 Blanc de Blancs, Brut Grand Cru

Diese gehaltvolle, biskuitartig-komplexe Cuvée ist im Stil des 18. Jahrhunderts versiegelt, mit einer Agraffe aus gewachster Kordel, und die Schere liefert der wunderbar exzentrische Audoin de Dampierre gleich in der Schachtel mit.
🍷 2000–2008 €€€ 💰290.00FF

Comte Audoin de Dampierre Cuvée des Ambassadeurs, Brut Premier Cru

Sehr frisch und elegant, mit einiger Finesse und schönem Abgang.
🍷 sofort €€ 💰142.00FF

Comte Audoin de Dampierre 1990 Grand Vintage, Brut Premier Cru

Volle Frucht mit leichter Toastwürze. Die Standardflasche bringt es nicht ganz auf die Finesse und zarte Fülle der Magnum aus dem letzten Jahr (88 Punkte), bei der der Eindruck vorherrschte, daß sich die Komplexität langsamer aufbaute.
🍷 2000–2004 €€ 💰166.00FF

❖ **D'Arenberg**, *siehe* Arenberg

❖ **De Castellane**, *siehe* Castellane

DELAMOTTE

Champagne Delamotte
7 rue de la Brèche d'Oger
51190 Le Mesnil-sur-Oger
☎(326) 57.51.65 FAX(326) 57.79.29

Delamotte Brut 80

Die duftige Finesse im Bukett trifft leider am Gaumen nicht auf Gleichwertiges, sonst hätte dieser Wein noch höhere Wertungen erzielt.
🍷 Beim Kauf €€ 💰101.00FF

Delamotte Blanc de Blancs Brut 85

Füllig und befriedigend, mit schöner Fruchtfrische im Abgang.
🍷 2000–2002 €€ 💰118.00FF

Delamotte Rosé

Recht gehaltvoll, sehr zufriedenstellend.
🍷 2000–2002 €€

Delamotte 1990 Blanc de Blancs Brut

Im letzten und vorletzten Jahr war dies die sahnigste und exotischste der 1990er Kreszenzen, doch die in diesem Jahr angestellten Proben vermochten nicht zu beeindrucken. Nicht einmal an den Referenz-1990er in der letztjährigen Ausgabe kamen sie heran. Hoffentlich geht die Cuvée einfach nur durch eine ungünstige Phase, daher behalte ich mir ein Urteil vor.
🍾 Abwarten €€ 💰139.00FF

DELBECK

Champagne Delbeck
39 rue du Général Sarrail
51100 Reims
☎(326) 77.58.00 FAX(326) 77.58.01

Delbeck Bouzy Grand Cru Brut

Ausnahme-Champagner mit schöner Bouzy-Frucht.
🍷 2000–2005 €€€ 💰146.00FF

Delbeck Cramant Grand Cru Brut

Mandeln und Ananas.
🍷 Beim Kauf €€€ 💰146.00FF

Delbeck Brut Héritage

Diese Punktzahl bezieht sich auf die in Großbritannien verkaufte Cuvée. In Frankreich ist eine jüngere, weniger charaktervolle erhältlich (80 Punkte).
🍷 2000–2001 €€€

Delbeck 1990 Brut Vintage

Die Frucht ist noch fein und hat sich eine Spur des im letzten Jahr festgestellten mineralischen Charakters bewahrt, nicht aber die ätherische Art. Im Bukett zeigt die Frucht einen bisher nicht bemerkten Grünstich, während sie sich am Gaumen weiterzuentwickeln scheint. Als das Etikett nach der Probe enthüllt wurde, probierte ich eine zweite Flasche, bei der es dasselbe war, kramte die zweite Flasche aus dem Vorjahr heraus und fand sie deutlich anders. Vielleicht waren die beiden Versionen zu unterschiedlichen Zeiten degorgiert worden? Trinken Sie ruhig die Erwerbungen aus dem letzten Jahr, doch die in diesem Jahr gekauften 1990er von Delbeck würde ich einkellern. Urteil vorbehalten.

— Abwarten €€€

DELBECK 1990 BRUT ⊖

Entwickelt sich rascher, als die ätherisch-mineralische 88-Punkte-Cuvée aus dem letzten Jahr vermuten ließ.
— Abwarten €€€

DELOUVIN NOWACK

Champagne Delouvin-Nowack
29 rue Principale
51700 Vandières
☎(326) 58.02.70 FAX(326) 57.10.11

DELOUVIN NOWACK BRUT

Sehr füllig mit säckeweise Frucht und einer Geschmackstiefe, die sich abrunden wird; doch zu wenig Finesse im Abgang.
▮ 2000–2002 €€

DELOUVIN NOWACK 1992 BRUT EXTRA SÉLECTION ⊖

Einer Vorprobe fehlte wiederum Finesse im Abgang, was an der Degorgierung liegen könnte. Die Frucht ist jedenfalls gehaltvoll und biskuitartig.
— Abwarten €€€

❖ DE NAUROY, *siehe* Nauroy

❖ DE SOUSA, *siehe* Sousa

❖ DE TELMONT, *siehe* Telmont

DEUTZ

Champagne Deutz
16 rue Jeanson
51160 Aÿ-Champagne
☎(326) 56.94.13 FAX(326) 58.76.13

DEUTZ BRUT CLASSIC

Wirklich ein klassischer Champagner, ob nun frisch, mit schlank strukturierter Frucht bei der Freigabe, oder biskuitartig im reifen Alter.
▮ 2000–2001 €€€

DEUTZ 1993 BRUT

Reiche, biskuitartige Frucht, mit fester Säure im Hintergrund.
▮ 2000–2005 €€€

DEUTZ 1993 BLANC DE BLANCS BRUT

Dieser Jahrgang hat eindrucksvolle, mineralisch-füllige Frucht, die würdevoll und fein altern dürfte.
▮ 2000–2006 €€€

CUVÉE WILLIAM DEUTZ 1990 BRUT MILLÉSIMÉ

Die Bitterkeit unentwickelten Extrakts, die im letzten Jahr zu verzeichnen war, ist verflogen, doch dieser Klasse-Wein ist noch immer viel zu jung zum Trinken.
▮ 2001–2010 €€€€

CUVÉE WILLIAM DEUTZ 1990 ROSÉ BRUT MILLÉSIMÉ

Dieser sensationelle Rosé ist eine der größten Delikatessen, die die Champagne je hervorgebracht hat. Er hat, was Michael Broadbent einen Pfauenschweif nennt: ein Nachgeschmack, der sich im sinnlich-geschmeidigen, von Anklängen an Veilchen und Vanille durchzogenen Abgang entfaltet.
▮ 2000–2005 €€€€

❖ DEUTZ MARLBOROUGH, *s.* Montana

DEVAUX

Champagne Veuve A. Devaux
Domaine de Villeneuve
10110 Bar-sur-Seine
☎(25) 38.30.65 FAX(25) 29.73.21

VEUVE A. DEVAUX GRANDE RÉSERVE BRUT

Ein fruchtiger Champagner, der im Glas rasch sahnig-biskuitartig wird.
▮ 2000–2002 €€

VEUVE A DEVAUX CUVÉE D BRUT

Ausgezeichnete Säure, doch gebricht es dem Wein ein wenig an Fülle, und auch die Nase könnte mehr bieten.
🥂 sofort €€

VEUVE A. DEVAUX BLANC DE NOIRS BRUT

Eingängige Frucht mit strahlendem, sonnengereiftem Pinot-Geschmack; hätte bei größerer Finesse in der Nase und ohne den grünen Hauch im Nachgeschmack mehr Punkte geholt.
🥂 2000–2001 €€

OEIL DE PERDRIX TRADITION BRUT, VEUVE A. DEVAUX

Genußbetonter Champagner mit einer Fülle von tropischen Fruchtaromen, am Gaumen schwelgerisch fruchtig und im Abgang von Erdbeeren, Himbeeren und Ananas geprägt. »Œuil de Perdrix«, zu deutsch »Rebhuhnauge«, ist ein spezielles Altrosa. Bei Devaux hat man ein Etikett im Stil des 19. Jahrhunderts in dieser Farbe reproduziert, und siehe da: der Champagner von Kellermeister Claude Thibaut trifft genau denselben Ton!
🥂 Beim Kauf €€

ACHTUNG, SEKT- UND SCHAUMWEINERZEUGER!

Wer für nachfolgende Ausgaben eigene Weinproben einreichen möchte, setze sich bitte über folgende E-Mail-Adresse mit Tom Stevenson in Verbindung:

millennium.producers@bizonline.co.uk

Achtung: Jede andere an diese Adresse gesandte E-Mail wird ignoriert.

Eine Empfehlung in diesem Champagnerführer ist – abgesehen von den Kosten für den Versand der Proben – gebührenfrei.

❖ **DE VENOGE**, *siehe* Venoge

❖ **DOM RUINART**, *siehe* Ruinart

❖ **DOMAINE CARNEROS**, *siehe* Carneros

❖ **DOMAINE CHANDON** Australia, *siehe* Chandon

❖ **DOMAINE CHANDON** California, *siehe* Chandon

❖ **DOMAINE DE LA PALEINE**, *siehe* Paleine

❖ **DOMAINE STE MICHELLE**, *siehe* Ste Michelle

❖ **DOM PÉRIGNON**, *siehe* Moët & Chandon

DOURDON-VIEILLARD

Champagne Dourdon-Vieillard
7 rue du Château
51480 Reuil
📞 (326) 58.06.38 📠 (326) 58.35.13

DOURDON-VIEILLARD BRUT

Frisch, sorbetartig, mit Meunier-Frucht.
🥂 sofort €€

DOURDON-VIEILLARD CUVÉE 2000

Ein sehr gehaltvoller Champagner mit fülliger Pinot-Noir-Frucht.
🥂 2000–2001 €€€

DRAPPIER

Champagne Drappier
Grande Rue
10200 Urville
📞 (25) 27.40.15 📠 (25) 27.41.19

DRAPPIER CARTE D'OR BRUT

Diese Cuvée zeigt einen extrem ultrafruchtigen Stil, der sich rasch zu biskuitartiger Komplexität entwickelt.
🥂 sofort €€

DRAPPIER CUVÉE SPÉCIALE BRUT

Biskuitartige Aromen, gefolgt von exotischer, sahniger Frucht und einem guten Abgang, doch im Nachgeschmack gibt es eine Lücke – andernfalls 89 Punkte.
🥂 2000–2002 €€

DRAPPIER ROSÉ BRUT, VAL DES DEMOISELLES

Voll von strahlend sonniger Pinot-Frucht.
🥂 sofort €€

DRAPPIER CARTE D'OR DEMI-SEC `83`

Bei dieser gehaltvollen, biskuitartig-reifen Cuvée verhindert der enttäuschende Abgang eine erheblich höhere Wertung.
🥂 Beim Kauf €€

DRAPPIER 1993 CARTE D'OR BRUT `88`

Herrliche Säure als Grundlage von ausgezeichneter Frucht sorgt dafür, daß dieser Tropfen eine biskuitartige Komplexität von großer Finesse entfalten wird.
🥂 2000–2001 €€€

DRAPPIER 1991 CARTE D'OR BRUT `88`

Abgerundeter Klassiker, mit Bütten voller Frucht im Abgang.
🥂 2000–2008 €€€

DRAPPIER 1990 GRANDE SENDRÉE BRUT `86`

Viel Frucht, die gerade biskuitartig wurde. Gut, aber nicht auf dem Niveau der Grande Sendrée 1989 (90 Punkte).
🥂 2000–2002 €€€

DRAPPIER 2000 1995 CUVÉE MILLÉNAIRE `89`

Große, starke Frucht, mit dem bitteren Ton unentwickelten Extrakts im Abgang. Für den Keller wie geschaffen, zeigt diese Cuvée das größte Entwicklungspotential aller bisherigen Drappier-Erzeugnisse.
 2000–2005 €€€

DRAPPIER CUVÉE SIGNATURE 1990 BLANC DE BLANCS DE CHARDONNAY BRUT `89`

Dieser sehr süße und reife Champagner wirkt fast ölig.
🥂 2000–2005 €€€

DUMANGIN

Champagne J. Dumangin Fils
3 rue de Rilly
51500 Chigny-les-Roses
☎(326) 03.46.34 FAX(326) 03.45.61

J. DUMANGIN FILS BRUT GRANDE RÉSERVE, PREMIER CRU `86`

Sehr erfrischend mit flaumiger Frucht.
🥂 sofort €€

J. DUMANGIN FILS BRUT ROSÉ, PREMIER CRU `81`

Sehr fruchtig, mit sauberem, fülligem Pinotgeschmack.
🥂 2000–2001 €€

J. DUMANGIN FILS 1993 BRUT MILLÉSIME, PREMIER CRU, CUVÉE 2000 `83`

Konzentrierter, aber nicht ganz so fein.
🥂 sofort €€

ANDERE MARKEN VON DUMANGIN:

M. DUMANGIN FILS BRUT, GRAND CRU, CUVÉE 2000 `89`

Sehr füllig und schön fruchtig, braucht aber noch etwas Zeit.
 2000–2002 €€

DUMONT

Champagne Daniel Dumont
11 rue Gambetta
51500 Rilly-la-Montagne
☎(326) 03.40.67 FAX(326) 03.44.82

DANIEL DUMONT GRANDE RÉSERVE ROSÉ BRUT `81`

Helle Pfirsichfarbe, frisch-duftige Aromen und eingängige Frucht.
🥂 sofort €€ 🍾86.00FF

DANIEL DUMONT GRANDE RÉSERVE BRUT `83`

Unkomplizierter, saftig-fruchtiger Stil, der im Abgang schon eine gewisse Reife zeigt.
🥂 2000–2001 €€ 🍾86.00FF

DANIEL DUMONT 1992 GRANDE RÉSERVE MILLÉSIME `87`

Sehr weiche, süße und saftige Frucht mit exotischem Nachhall.
🥂 2000–2001 €€

DANIEL DUMONT 1990 CUVÉE D'EXCELLENCE, BRUT MILLÉSIME `88`

Die reiche Frucht, die Gewürztöne und offensichtliche Finesse dieses Champagners beeindrucken zutiefst, wohingegen der 1993er nichts Besonderes ist – sichern Sie sich diesen Jahrgang!
🥂 2000–2003 €€ 🍾116.00FF

DUVAL-LEROY

Champagne Fleur de Champagne
69 avenue de Bammental
F-51130 Vertus
(326) 52.10.75 FAX (326) 57.54.01

DUVAL-LEROY FLEUR DE CHAMPAGNE, BRUT

Frischer, leicht verständlicher, geschmeidig-fruchtiger Champagner von leichtem Körper, mit schön sahnigem Abgang.
▌ sofort €€

DUVAL-LEROY FLEUR DE CHAMPAGNE, BLANC DE NOIRS BRUT

Überaus köstlich! Frische, sorbetartige Frucht von leichtester Ausgewogenheit und flaumig-weicher Mousse. Schmeckt zwar eher nach Duval-Leroy als nach Pinot Noir, beweist aber, daß ein Blanc de Noirs kein Schwergewicht sein muß.
▌ sofort €€

DUVAL-LEROY FLEUR DE CHAMPAGNE, ROSÉ DE SAIGNÉE BRUT

Gemessen an der gegenwärtigen Qualität des Hauses eine Enttäuschung, die dennoch zwei Punkte mehr verdient als manch anderer von mir empfohlener Champagner. Verwunderlich ist die Farbe: sehr hell, mit einem bläulichen Schimmer. Kellermeister macht so etwas mißtrauisch, weil es auf einen hohen PH-Wert hinweist und vielleicht Pigmente in der Flasche ausfallen könnten. Die größte Überraschung ist jedoch der malolaktische Ton in der Nase – für diesen Stil ist Duval-Leroy nicht bekannt geworden.
▌ sofort €€

DUVAL-LEROY 1993 FLEUR DE CHAMPAGNE, BLANC DE CHARDONNAY BRUT

In dem typisch leichtgewichtigen, erfrischenden Stil des Hauses, zeigt diese Cuvée sahnige Frucht, mit geschmeidigem Abgang und zartem Nachgeschmack.
▌ 2000–2001 €€€

DUVAL-LEROY 1992 FLEUR DE CHAMPAGNE, MILLÉSIME BRUT

Duftige Aromen verleihen der Frucht dieses herrlich leichten, strukturierten Champagners Frische.
▌ 2000–2002 €€€

DUVAL-LEROY 1992 FLEUR DE CHAMPAGNE, FIN DE SIÈCLE CUVÉE BRUT

Sehr gehaltvoll, mit reichlichem Extrakt – ein seriöser Tropfen mit einer geballten Ladung Geschmack und ausgezeichneter Säure im Hintergrund.
▌ 2000–2005 €€€

DUVAL-LEROY 1990 FLEUR DE CHAMPAGNE, EXTRA BRUT MILLÉSIME 89

Eine Meisterleistung! Ein Extra Brut mit sehr viel Fülle und Finesse.
▌ 2000–2001 €€€

DUVAL-LEROY 1990 FLEUR DE CHAMPAGNE, CUVÉE LEROY-NEIMAN 87

Kaum zu fassen, wie ein so leichtfüßiger Champagner so frisch und jung bleiben kann, daß die Frucht nach fast zehn Jahren immer noch verschlossen ist und noch ein wenig Zeit braucht. Doch sie wird sich öffnen. Leroy-Neiman heißt der Künstler, der das Etikett gestaltet hat.
 2000–2003 €€€

DUVAL-LEROY 1990 FEMME DE CHAMPAGNE

Diese exquisite Cuvée in einzigartig geformter, elegant geprägter Flasche ist der feinste Champagner, den dieser rasche Aufsteiger bislang hervorgebracht hat.
 2000–2001 €€€€

❖ **EDWARDS & CHAFFEY**, *siehe* Seaview

❖ **ELSTREE**, *siehe* Highfield

ESCUDERO

Bodegas Escudero
Rioja, Spanien

BENITO ESCUDERO CAVA ABAD BRUT BODEGAS ESCUDERO 74

Reife Apfelfrucht von wahrer Tiefe und Länge.
▌ sofort €

ESTERLIN

Champagne Esterlin
25 avenue de Champagne
51200 Épernay
☎(326) 59.71.52   FAX(326) 59.77.72

ESTERLIN BRUT

Scharf, nicht beißend. Sauber, erfrischend.
▮ 2000–2001 €€ 🍇63.00FF

ESTERLIN 1995 BRUT BLANC DE BLANCS

Sehr reine Frucht, die hervorragende Intensität und Konturenschärfe zeigt und sich biskuitartig entwickeln wird.
▮ 2000–2005 €€ 🍇74.00FF

ESTERLIN 1992 BRUT

Sehr leicht, frisch und elegant. Diesen erfrischenden, lebhaft-fruchtigen Jahrgang ziehe ich dem 1990er vor, der nicht einmal eine Empfehlung verdient.
▮ 2000–2003 €€

FALLET-DART

Champagne Fallet-Dart
4 rue des Clos du Mont
Drachy 02310 Charly-sur-Marne
☎(323) 82.01.73   FAX(323) 82.21.96

FALLET-DART BRUT ROSÉ

Diese kupfer-rosafarbene Cuvée zeigt sehr junge, esterartige Gärungsaromen, die darauf hinweisen, daß ein weiteres Jahr auf der Hefe ihr gutgetan hätte. Nach mindestens einem Jahr Kellerreife dürfte sie aber einen schönen, fruchtigen Schaumwein abgeben (vielleicht 80 Punkte).
▶ Abwarten €€€

FALLET-DART CUVÉE DE RÉSERVE BRUT

Noch mehr junge, esterartige Gärungstöne. Ein zusätzliches Jahr auf der Hefe würde nicht schaden, doch hat die weiche, reichhaltige, sahnig-sorbetartige Frucht größeres Potential (wahrscheinlich 85 Punkte).
▶ Abwarten €€€

FALLET-DART GRANDE SÉLECTION BRUT

Frisch, gehaltvoll, schmackhaft, doch mehr Punkte gibt's nur für mehr Finesse.
▮ sofort €€€

FALLET-DART 1993 MILLÉSIMÉ BRUT

Karamelldüfte, malolaktischer Stil.
▮ sofort €€€€

FERRET
Penedès, Spanien

FERRET RESERVA BRUT NATURE 1995 CAVAS FERRET

Vollmundig, könnte 12–18 Monate gut reifen, worauf man sich aber nicht verlassen sollte. Stammt aus der Gegend um Font-Rubi in der Region Alt Penedès.
▮ Beim Kauf €

GRAN RESERVA EZEQUIEL FERRET BRUT NATURE 1992 CAVAS FERRET

Gute Geschmackstiefe und Säure, aber eine Dosage hätte ihm gutgetan. Doch ihr für eine Cava hohes Alter merkt man dieser Cuvée nicht an.
▮ Beim Kauf €

FEUILLATTE

Champagne Nicolas Feuillatte
CD 40a Chouilly
51206 Épernay
☎(326) 54.50.60   FAX(326) 55.33.04

NICOLAS FEUILLATTE RÉSERVE PARTICULIÈRE, BRUT PREMIER CRU

Schön in der Nase, doch ist die Frucht so jung, daß sie ein Essen als Begleiter braucht. Urteil im nächsten Jahr.
▶ Abwarten €€

ANDREW GARRETT & NICOLAS FEUILLATTE SIGNÉ, BRUT

Völlig anders als die erste Partie, die derartig vordergründig fruchtig war, daß

der Einfluß des australischen Kellermeisters Andrew Garrett auf den Verschnitt offensichtlich war. Der nach einer insgesamt weniger gewagten, eher traditionellen Champagner-Methode gearbeitete Wein ist von sahnig-biskuitartiger, malolaktischer Art geprägt, also eher untypisch für Garrett.
▌ sofort €€

NICOLAS FEUILLATTE 1993 BLANC DE BLANCS BRUT — 87

Falls eine Cuvée je zeitlich perfekt abgestimmt war, so dieser frische, duftigleichte Blanc de Blancs: Er sollte bis 2000 in Bestform sein!
▌ sofort €€

NICOLAS FEUILLATTE 1993 CUVÉE PALMES D'OR, BRUT — 82

Kräftiger Geschmack, doch wie der 1990er fehlt auch dieser Ausführung die Finesse des 1985er Palmes d'Or.
▌ 2000–2001 €€€

NICOLAS FEUILLATTE 1990 CUVÉE SPÉCIALE, BRUT PREMIER CRU — 82

Noch feste Frucht, die aber mild und sahnig-biskuitartig zu werden verspricht.
 2000–2004 €€

❖ **FIDDLER'S CREEK**, *siehe* Blue Pyrenees Estate

FLUTEAU

Champagne G. Fluteau
5 Rue de la Nation
10250 Gyé-sur-Seine
📞 (325) 38.20.02 FAX (325) 38.24.84

G. FLUTEAU BRUT CARTE BLANCHE — 81

Frischer, eingängiger Stil mit der Pinot-Noir-Frucht von roten Johannisbeeren im Abgang.
▌ sofort €€ 🍾70.00FF

G. FLUTEAU BRUT CARTE RUBIS — 85

Leckere Komposition aus frischer, frecher Frucht, weicher Mousse, winzigen Perlen und hochreifen Säuren im Abgang.
▌ sofort €€€ 🍾75.00FF

G. FLUTEAU 1995 CUVÉE PRESTIGE, BRUT BLANC DE BLANCS — 89

Die Vorprobe dieses Weins zeigte sich aufgeschlossener als die meisten anderen 1995er, die ich verkostet habe. Falls das an einer vorgezogenen Degorgierung liegt, verdient dieser Tropfen noch mehr Punkte, denn die in der Frucht wachsende, biskuitartige Fülle war wunderbar rein, ohne auch nur einen Hauch von oxidierten Tönen. Sollten sich die regulär degorgierten Flaschen noch langsamer entwickeln, dann reift diese Cuvée Prestige zu noch größerer Finesse heran.
▌ 2000–2005 €€€ 🍾88.00FF

FORGET-BRIMONT

Champagne Forget-Brimont
11 route de Louvois
51500 Craon de Ludes
📞 (326) 61.10.45 FAX (326) 61.11.58

FORGET-BRIMONT EXTRA BRUT 1ER CRU — 83

Blumige Aromen, bei lebhafter Frucht, feiner Säure und einem eher sättigenden denn kargen Abgang.
▌ sofort €€

FORGET-BRIMONT BRUT 1ER CRU — 88

Diese Wertung gilt für die neue Lieferung im schmucken blauen Gewand, nicht für das alte weiße Etikett früher zwar oft fülliger, aber langweiliger Weine. Vielleicht ist es Zufall, aber die Weine in Blau brüsten sich mit einer Finesse, die den alten Cuvées fehlt. Diese Partie ist die beste bisher, mit feinen, duftigen Aromen, die bis an den Gaumen reichen, wo die blumige Frucht fraglos Finesse zeigt und sich so leicht trinken läßt!
▌ 2000–2001 €€

FORGET-BRIMONT CUVÉE AN 2000 — 85

Elegante, duftige Frucht mit delikatem Abgang, der sich nach einem weiteren Jahr in der Flasche noch vertiefen dürfte.
▌ 2000–2001 €€€

FORGET-BRIMONT
ROSÉ BRUT
86

Sehr frisch und saftig, mit erdbeerduftiger Pinot-Frucht.
Beim Kauf €€

❖ **FOUSSY**, *siehe* Blanc Foussy

FREIXENET
Penedès, Spanien

FREIXENET MONASTRELL-XAREL.LO BRUT
70

Die Säure ist minimal, und flüchtige Säuren zeigen, daß Freixenet offenbar immer noch Schwierigkeiten beim Verarbeiten dunkler Trauben zu weißem Schaumwein hat. Die Qualität hat sich zwar verbessert, aber so langsam, daß ich mich noch nicht von der 70-Punkte-Marke trennen kann.
Beim Kauf €

FRIEDRICH WILHELM GYMNASIUM
Mosel-Saar-Ruwer, Deutschland

FRIEDRICH WILHELM GYMNASIUM 1996 ABITUR, TRITTENHEIMER ALTÄRCHEN EXTRA TROCKEN
74

Gehaltvoll, reif, lang, geschmacksintensiv.
Beim Kauf €€

GAILLARD-GIROT
Champagne Gaillard-Girot
43 rue Victor Hugo
51530 Mardeuil
(326) 51.64.59 FAX (326) 51.70.59

GAILLARD-GIROT BRUT
80

Fruchtig-biskuitartig (nicht biskuitartig-fruchtig) in der Art, was ein wenig unter dem Aroma von verbranntem Apfelkaramel im Abgang leidet, doch selbst das hat einen gewissen Charme.
Beim Kauf €€ 68.00FF

GAILLARD-GIROT
AN 2000, BRUT
87

Für einen Champagner klassischer Struktur außerordentlich fruchtig, und der Winzer bietet eine Sammlung von sechs Flaschen mit unterschiedlich gestaltetem Etikett für nur 510 FF an.
2000–2001 €€

ACHTUNG, SEKT- UND SCHAUMWEINERZEUGER!
Wer für nachfolgende Ausgaben eigene Weinproben einreichen möchte, setze sich bitte über folgende E-Mail-Adresse mit Tom Stevenson in Verbindung:
millennium.producers@bizonline.co.uk
Achtung: Jede andere an diese Adresse gesandte E-Mail wird ignoriert.
Eine Empfehlung in diesem Champagnerführer ist – abgesehen von den Kosten für den Versand der Proben – gebührenfrei.

GALLIMARD
Champagne Gallimard
18-20 rue du Magny
10340 Les Riceys
(25) 29.32.44 FAX (25) 38.55.20

GALLIMARD PÈRE & FILS
CUVÉE DE RESERVE BRUT
82

Sehr fruchtig, mit einem vollen, von guter Säure ausgeglichenen Gehalt.
2000–2004 €€

GALLIMARD PÈRE & FILS
CUVÉE AN 2000, BRUT
⊖

Außergewöhnlich intensive Frucht, aber auch eine etwas unentwickelte, mineralische Art. Die Mousse schäumt zu lebhaft im Mund. Diese Cuvée benötigt noch mindestens ein Jahr auf der Hefe.
Abwarten €€

❖ **GANIMEDE**, *siehe* Silvestri

GARDET

Champagne Gardet
13 rue Georges Legros
51500 Chigny-les-Roses
☎(326) 03.42.03 ⅲ(326) 03.43.95

GARDET BRUT SPECIAL ⑧⑤

Dieser feine, fruchtige und eingängige Tropfen zeigt keine Spur von der oxidativen Art, die viele Weine von Gardet auszeichnen (und die viele Freunde hat – ich gehöre einfach nicht dazu).
 sofort €€

GARDET 1995 CUVÉE CHARLES GARDET ⑨⓪

Fülle und Reinheit der Frucht, wird sich aber in der Flasche noch ordentlich entwickeln und schließlich eine toastwürzig-biskuitartige Komplexität außergewöhnlicher Finesse aufweisen.
 2000–2005 €€€

ANDREW GARRETT
South Australia, Australien

MCLARENS ON THE LAKE CUVÉE BRUT ⑦②

Typischer Andrew Garrett-Stil, mit weichen, vordergründigen, duftigen Kaltgärungsaromen im Bukett, elegant parfümierter Frucht am Gaumen, einem geschmeidig vollen, sahnigen Abgang und einem Minimum an Säure!
 Beim Kauf €

GATINOIS

Champagne Gatinois
7 rue Marcel Mailly
51160 Aÿ
☎(326) 55.14.26 ⅲ(326) 52.75.99

GATINOIS BRUT GRAND CRU ⊖

In der Nase dominiert oxidativ-esterartige Komplexität, während der Gaumen mit kraftvoller Pinot-Frucht von einiger Klasse aufwartet. Noch ein zusammenhangloser Wein, doch wenn sich die Harmonie erst eingestellt hat, ein feiner Champagner. Wann das sein wird? Ich weiß es nicht.
 Abwarten €€

GATTI
Franciacorta, Italien

GATTI FRANCIACORTA BRUT ⑦⑥

Leichte Amyltöne, doch sollten sie sich bis Veröffentlichung dieses Buches verzogen haben. Gatti ist für mich neu, und dieser Tropfen mit seiner eleganten Frucht und gelungenen Struktur läßt auf zukünftige Begegnungen hoffen.
◆ 2000–2001 €€

❖ **GAUTHIER**, *siehe* Marne et Champagne

GEOFFROY

Champagne René Geoffroy
150 rue du Bois-des-Jots
Cumières 51480 Damery
☎(326) 55.32.31 ⅲ(326) 54.66.50

RENÉ GEOFFROY CUVÉE DE RÉSERVE, BRUT PREMIER CRU ⑧⑤

Ein geschmacksintensiver Champagner mit gut strukturierter Frucht.
 2000–2003 €€ 🍇80.00FF

RENÉ GEOFFROY BRUT ROSÉ ⑧⑧

Frische, lebhafte Cuvée, im Abgang eine Fülle köstlicher roter Früchte.
 2000–2002 €€

RENÉ GEOFFROY 1993 CUVÉE SÉLECTIONNÉE, BRUT PREMIER CRU ⑧⑤

Kraftvoll und wohlschmeckend, mit strafferer Frucht und guter Länge, sollte in ein paar Jahren Biskuitaromen entwickeln.
 2000–2005 €€ 🍇92.00FF

GIESEN
Canterbury, Neuseeland

VOYAGE SPECIAL CUVÉE BRUT — 80

Die erste Charge dieser Cuvée war so außergewöhnlich (85 Punkte), daß ich von der zur Degustation in Neuseeland eingereichten Probe enttäuscht war. Ich ließ mir frische Proben kommen, die zwar nicht die »schöne, strahlende Pinot-Frucht« des umwerfenden Vorgängers aus dem letzten Jahr zeigten, aber doch mit ihrer sehr frischen, herben Frucht 80 Punkte holten. Zudem machte sich ein unentwickelter Bitterton im Extrakt bemerkbar – vielleicht waren die nachgelieferten Flaschen schon die nächste Cuvée.

 2000–2001 €€

GIMONNET

Champagne Pierre Gimonnet & Fils
1 rue de la République
51530 Cuis
(326) 59.78.70   FAX (326) 59.79.84

PIERRE GIMONNET & FILS CUIS 1ER CRU, BRUT BLANC DE BLANCS — 88

Die extrem gehaltvolle Frucht in dieser Kreszenz schmeckt mir eher nach *Grand* als nach *Premier Cru*, doch eins ist sicher: der Champagner wird schön altern.

❢ 2000–2006 €€

PIERRE GIMONNET & FILS 1995 BRUT, GASTRONOME, BLANC DE BLANCS, 1ER CRU — 90

Köstliche Frucht und edle, reife Säuren fügen sich zu dem lebhaften Stil, für den Gimonnet bekannt ist. Die Struktur, fester als beim Club de Viticuleurs, macht die Cuvée mit dem treffenden Namen Gastronome ideal zum Essen, aber in zwei bis drei Jahren wird sie sich auch allein gut trinken lassen. Ein Klassetropfen.

❢ 2000–2015 €€€

PIERRE GIMONNET & FILS 1993 BRUT, FLEURON, BLANC DE BLANCS, 1ER CRU — 87

Reiche, weiche, sahnige Frucht.

❢ 2000–2003 €€€

PIERRE GIMONNET & FILS, CLUB DE VITICULTEURS 1995 BRUT, PREMIER CRU, CHARDONNAY — 90

Diese Premier Cru ist so süffig in der Nase, mit schöner Frucht und hoher, reifer Säure am Gaumen, daß ich mir niemanden vorstellen kann, der ihm so lange widersteht, daß er ihn noch auf dem Höhepunkt seiner Entwicklung erlebt.

 2000–2010 €€€

PIERRE GIMONNET & FILS, CUVÉES DE L'AN 2000 1990 BRUT MILLÉSIMÉ DE COLLECTION *(Magnum)* — 92

Dieser schön gereifte Champagner glänzt mit tiefgründigem, sättigendem Stil, erlesen kraftvoller Frucht und einer makellosen Mousse aus allerfeinsten Perlen.

 2000–2010 €€€

PIERRE GIMONNET & FILS, CUVÉES DE L'AN 2000 1989 BRUT MILLÉSIMÉ DE COLLECTION — 90

Die reife Frucht in dieser sahnig-kraftvollen Cuvée ist so stark konzentriert, daß sie fast ölig wirkt. Kellermeister der Neuen Welt sollten aufmerken: Dieser Wein hatte vor Beginn der Flaschengärung nicht weniger als 11,7 % Alkohol! Für einen Präzisionserzeuger wie Gimonnet ist dieser Stil sicher übertrieben, aber ich kann nur sagen – herrlich übertrieben!

 2000–2002 €€€

GIRO I GIRO

Penedès, Spanien

RESERVA BRUT NATURE 1995 GIRO I GIRO — 70

Frischer, eingängiger, fruchtiger und dem Giro i Giro Selecte Reserva 1993 eindeutig vorzuziehen.

 Beim Kauf €

SALDONI BRUT NATURE 1997 GIRO I GIRO — 72

Jugendlich, esterartig, weich und eingängig, aber mit einem Hauch Eleganz, wie sie den meisten Cavas fehlt.

 Beim Kauf €

GLORIA FERRER
Kalifornien, USA

GLORIA FERRER 1991 ROYAL CUVÉE, CARNEROS

Sehr sauber und frisch, mit reichlich Autolyse im Bukett und nussig-malzigen Aromen im Abgang.
Beim Kauf €€

GLORIA FERRER 1989 ROYAL CUVÉE, CARNEROS

Oxidativ-komplexe Cuvée – sollte den Freunden von Bollingers Special Cuvée munden: eine kalifornische Alternative!
Beim Kauf €€

GOBILLARD

Champagne Paul Gobillard
Château de Pierry
Pierry 51200 Épernay
(326) 54.05.11 FAX (326) 54.46.03

PAUL GOBILLARD CUVÉE RÉGENCE, BRUT

Dieser Tropfen, ganz Frische und Finesse, verlockt mit einer rauchig-pfeffrigen Komplexität in seiner Frucht.
2000–2001 €€€

PAUL GOBILLARD 1990 AN 2000, BRUT

Sehr gehaltvoll und extrem fruchtig; eine übertriebene Ausführung des Stils, der die besten Weine von Gobillard prägt.
2000–2005 €€

GOERG

Champagne Paul Goerg
4 Place du Mont Chenil
51130 Vertus
(326) 52.15.31 FAX (326) 52.23.96

PAUL GOERG BRUT TRADITION, PREMIER CRU

Spitzengewächs zum Spottpreis. Die Qualität dieses sahnig-gehaltvollen, nussig-biskuitartigen Champagners stach in der Blindprobe heraus.
2000–2003 €€ 78.00FF

PAUL GOERG BLANC DE BLANCS BRUT, PREMIER CRU

Gerade noch aufgenommen – kein Vergleich mit der Klasse der letztjährigen Cuvée (89 Punkte).
Beim Kauf €€ 78.00FF

PAUL GOERG 1995 BRUT MILLÉSIMÉ, PREMIER CRU

Ansprechendes, aber auch frühreifes Biskuitaroma. Wer kann, sollte zugreifen! Merkwürdigerweise macht das Etikett diesen echten Jahrgangschampagner zum »Vin Mousseux Sparkling wine«.
Beim Kauf €€ 99.00FF

GONET

Champagne Michel Gonet
196 avenue Jean-Jaurès
51190 Avize
(326) 57.50.56 FAX (326) 57.91.98

MICHEL GONET BLANC DE BLANCS, BRUT GRAND CRU

Dieser Champagner ist mit so leckersorbetduftiger Frucht beladen, daß meine Probiernotiz klingt wie ein Sack voller Süßigkeiten. Trotzdem ist er nur etwas für Erwachsene, die ihn trinken sollten, solange die Frucht noch am Ruder ist.
sofort €€

MICHEL GONET BRUT GRAND CRU BLANC DE BLANCS

Im Unterschied zu der vorherigen Cuvée stammen die Trauben für diesen Wein ausschließlich aus den beiden Grand-Cru-Lagen Oger und Le Mesnil-sur-Oger. Abgefüllt wird sie in die klobige, geprägte Spezial-Club-Flasche, die viele Winzer für ihre Spitzenerzeugnisse verwenden. Sie hat das Potential für 88 Punkte, doch beiden eingereichten Flaschen entströmten abschreckende Schwefelaromen. Urteil vorbehalten.
Abwarten €€

GOSSET

Champagne Gosset
69 rue Jules Blondeau
51160 Aÿ-Champagne
(326) 55.14.18 FAX (326) 51.55.88

GOSSET GRANDE RÉSERVE BRUT

Anfang des Jahres zeigte sich dieser Wein mit klassisch biskuitartiger Reife und exquisiter Finesse in Topform, doch die neue Partie ist auf eine eher fruchtdominante Art zurückgefallen. Qualitativ steht sie der ersten jedoch in nichts nach, und ihr Potential ist sogar größer. Wer sie jetzt trinkt, sollte das zum Essen tun, um das Tannin im Abgang etwas abzumildern.
2001–2010 €€€

GOSSET GRANDE RÉSERVE BRUT *(Magnum)*

Verglichen mit der Standardflasche mutet diese Magnum weit jünger an, mit stark betonter, reifer Säure. Überwältigend!
2003–2012 €€€

GOSSET GRANDE ROSÉ BRUT

Wer diese Cuvée kennt, weiß daß ihr zart-gehaltvoller, duftiger Pinot-Stil in ein, zwei Jahren noch mehr zu bieten haben wird: sahnige Biskuitaromen am Gaumen und im Abgang.
2001–2006 €€€

GOSSET BRUT EXCELLENCE

Dieser frische, eingängige Champagner spielt nicht in der gleichen Liga wie die anderen aus dem Hause Gosset, zeigt sich aber jetzt so gut wie nie zuvor.
Beim Kauf €€

GOSSET 1993 GRANDE MILLÉSIME BRUT

Es erstaunt mich immer wieder, wie ein derart pfeffriger, scharfer Tropfen die füllige, biskuitartige Finesse erreichen kann, für die Gossets Grand Millésime zu recht so berühmt ist. Noch erstaunlicher ist allerdings, wie die Franzosen ihn in diesem Zustand herunterbringen. Es wird noch eine Weile dauern, bis dieser Wein als versandreif erklärt wird, ein wenig länger, bis die Importeure ihn weiterverkaufen, und noch etwas länger, bis die meisten Gosset-Freunde ihn genießen werden. Daher sind die 87 Punkte eher konservativ vergeben.
2003–2010 €€€€

GOSSET 1989 GRAND MILLÉSIMÉ BRUT

Der mancherorts noch verfügbare 1989er hat nun einen Pfefferton angenommen, doch außergewöhnlich hohe Säure, die für genügend Potential sorgt.
2000–2004 €€€€

GOSSET CELEBRIS 1990 BRUT

Die Finesse hat im letzten Jahr so stark zugelegt, daß meine Beurteilung von bereits außergewöhnlichen 91 Punkten bis außerordentliche 95 Punkte hochgeschnellt ist! Ein monumentaler Wein von sagenhafter Finesse, noch immer in prächtig fruchtbestimmter Phase.
2000–2015 €€€€

GOSSET-BRABANT

Champagne Gosset-Brabant
23 bld Maréchal de Lattre de Tassigny
51160 Aÿ-Champagne
(326) 55.17.42 FAX (326) 54.31.33

GOSSET-BRABANT CUVÉE TRADITION BRUT, PREMIER CRU

Dieser geschmackstiefe, gehaltvolle und ausgewogene Tropfen besitzt klassische Frucht und Struktur.
2000–2001 €€

GOSSET-BRABANT CUVÉE DE RÉSERVE, GRAND CRU

Ein köstlicher, frischer, eingängigfruchtiger Champagner.
sofort €€€

GOUTORBE

Champagne Henri Goutorbe
9 rue Jeanson
51160 Aÿ-Champagne
(326) 55.21.70 FAX (326) 54.85.11

Henri Goutorbe Cuvée Traditionnelle Brut

Reicher, kraftvoller Schampus, bekommt die hohe Wertung trotz der dominierenden karamel-malolaktischen Aromen.
▌ 2000–2001 €€ 77.00FF

Goutorbe Cuvée Prestige Brut

Für diesen Preis ein ausgezeichneter Champagner, mit reiner Frucht und ohne Karameltöne. Warum der eine Wein Henri Goutorbe, der andere aber nur Goutorbe heißt, bleibt ein Rätsel.
▌ sofort €€ 86.00FF

GRAMONA
Penedès, Spanien

Gramona III Lustrol Brut Nature 1993 Gramona 75

Gehaltvolle Cava mit Vanilletönen.
▌ Beim Kauf €€

Gramona Imperial Brut 1995 Gramona ⊖

Am Gaumen besser als im Bukett, der ein plastikähnliches Aroma zeigt. Doch solche Töne sind beim Cava nichts Ungewöhnliches und verschwinden manchmal nach einiger Zeit der Flaschenreife, daher behalte ich mir die Einstufung vor.
▌ Beim Kauf €€

Celler Battle Gran Reserva Brut 1992 Gramona 72

Gehaltvoll und schmackhaft, mit vanilleartiger Komplexität.
▌ Beim Kauf €€€

GRATIEN

Champagne Alfred Gratien
30 rue Maurice Cerveaux
51201 Épernay
☏(326) 54.38.20 FAX(41) 51.03.55

Alfred Gratien Brut 85

Klassisch in Gewicht, Struktur, Frucht.
▌ 2000–2003 €€

Alfred Gratien Cuvée Paradis Brut

Gut entwickelte toastwürzige Aromen über Frucht von leichtem Körper.
▌ Beim Kauf €€€

Alfred Gratien 1989 Brut

Ich kann nicht glauben, daß der im letzten Jahr mit 90 Punkten bewertete 1989er ohne Lagerprobleme einen so groben, oxidierten Charakter angenommen haben soll. Wer ihn im letzten Jahr nicht gekauft hat, sollte auf eine neue Lieferung oder den nächsten Jahrgang warten.
🍾 Abwarten €€€

GRATIEN & MEYER
Loire, Frankreich

Gratien & Meyer Cuvée Flamme, Saumur Brut

Der redlich um Fülle bemühte Wein erreicht sie nicht ganz – die geschickte Hand fehlt einfach. Bei Aufdeckung des Etiketts war ich überrascht, daß dies die Cuvée Flamme war, die für gewöhnlich Finesse zeigt. Ohne eindeutige Fehler entdeckt zu haben, öffnete ich sicherheitshalber die Reserveflasche. Ich versuche bei jedem Wein, so fair wie irgend möglich zu sein, doch in diesem Fall waren beide Proben völlig identisch. Für die Cuvée dieses Jahres muß eine nur eben geschaffte Empfehlung als Enttäuschung gelten, da sie im letzten Jahr noch 85 Punkte holte.
▌ Beim Kauf €

Gratien & Meyer 1996 Cuvée de Minuit, Saumur Brut

Absolut zuverlässig. Wären die Loire-Weine doch immer so sauber wie dieser.
▌ Beim Kauf €

❖ **Green Point**, s. Chandon Australien

GRENELLE
Loire, Frankreich

LOUIS DE GRENELLE GRANDE CUVÉE, SAUMUR BRUT

Ein Wein von außergewöhnlich sahniger Fülle, der allerdings mehr Finesse aufwiese, wenn man bei der malolaktischen Gärung eine leichtere Hand bewiesen hätte.
🍷 2000–2001 €

GUILLEMINOT

Champagne Michel Guilleminot
10340 Channes
☎(325) 29.17.31 ℻(325) 29.17.31

MICHEL GUILLEMINOT BRUT

Ein einfacher, fruchtiger Stil, der für eine höhere Punktzahl größere Finesse gebraucht hätte.
🍷 Beim Kauf €€

HAMM

Champagne E. Hamm & Fils
16 rue Nicolas Philipponnat
51160 Aÿ-Champagne
☎(326) 55.44.19 ℻(326) 51.98.68

HAMM RÉSERVE 1ER CRU BRUT

Der oxidative Stil dieses Erzeugers paßt – im Gegensatz zu der Sélection Brut – perfekt zu Gewicht und Stil dieser Cuvée.
🍷 2000–2002 €€ 🍾103.00FF

HAMMEL
Pfalz, Deutschland

HAMMEL KLEINKARLBACHER HERRENBERG 1994 PINOT BLANC DE NOIRS BRUT

Sauber, trocken und von lebhafter Frucht, schöner Länge und feiner Säure. Nichts Besonderes, aber von besserer Qualität als viele vorgeblichen Qualitätsprodukte.
🍷 Beim Kauf €€

HANDLEY
Kalifornien, USA

HANDLEY BRUT 1994 ANDERSON VALLEY

Schön frische, elegant fruchtige Aromen, gefolgt von fester Frucht mit Anklängen an Ananas und Feuerstein.
🍷 2000–2002 €€

HANDLEY BRUT ROSÉ 1996 ANDERSON VALLEY

Erfrischend fruchtiger 1996er, der grünen 95er Cuvée eindeutig vorzuziehen.
🍷 2000–2002 €€

HEIDSIECK

Champagne Charles Heidsieck
4 Blvd. Henry Vasnier
51100 Reims
☎(326) 84.43.50 ℻(326) 84.43.99

CHARLES HEIDSIECK BRUT RÉSERVE, MIS EN CAVE 1995

Absolut klassisch! Ein reichhaltiger, kraftvoller Geschmack, gehoben von einer luftigen Mousse aus winzigsten Perlen, mit geschmeidiger Vanille-Finesse im Nachgeschmack. Für einen Grundwein von 1994 ganz erstaunlich, demonstriert, wie wirkungsvoll Daniel Thibaults 40% gut gereifte Reserveweine sein können.
🍷 2000–2004 €€€

CHARLES HEIDSIECK BRUT RÉSERVE, MIS EN CAVE 1993

Sehr frisch und herb, mit lebhafter, prickelnder Frucht, aber innerhalb von 18 Monaten entwickelt diese Cuvée ihre klassisch weiche vanilleduftige Finesse.
🍷 2000–2006 €€€

CHARLES HEIDSIECK BRUT RÉSERVE, MIS EN CAVE 1992

Einige Flaschen werden bereits schlaff, daher das Warnzeichen, andere sind reif, mit toastwürzigen Kaffeedüften, biskuitartig-milder Frucht und einem großen, von schöner Säure belebten Abgang (diese bekämen 86 Punkte).
🍷 Beim Kauf €€€

CHARLES HEIDSIECK RÉSERVE CHARLIE BRUT, MIS EN CAVE 1990 90

Diese Cuvée, Teil der im Juni 1999 freigegebenen Serie L'Oenothèque 2000, zeigt reichhaltige, sahnig-biskuitartige malolaktische Aromen, gefolgt von sehr kraftvoller, extrem reifer Frucht am Gaumen.
❚ 2000–2004 €€€

CHARLES HEIDSIECK RÉSERVE PRIVÉE BRUT, MIS EN CAVE 1990 87

Feine toastwürzige Aromen, am Gaumen gestützt von fester Frucht. Sollte 2000 ausreifen. Im Lichte der anderen jahrgangslosen Heidsieck-Cuvées seit Anfang der 80er Jahre war dieser aus 1989er Wein ein deutlicher Wendepunkt, von dem an die Qualität sich dramatisch verbesserte. Die auf dem 1990er basierende Cuvée war freilich noch eine Klasse für sich – daher gibt es hoffentlich eine Réserve Privée Mis en Cave 1991.
❚ 2000–2001 €€€

CHARLES HEIDSIECK 1990 BRUT MILLÉSIMÉ

In gutem Zustand verdient dieser ungeheuer reichhaltige und sahnige Champagner 93 Punkte, doch sind mir einige zweifelhafte Flaschen untergekommen, darunter auch die beiden für dieses Buch verkosteten Proben. Beide waren unsauber, daher muß ich mein Urteil bis zum nächsten Jahr aufschieben.
🍾 Abwarten €€€

ACHTUNG, SEKT- UND SCHAUMWEINERZEUGER!

Wer für nachfolgende Ausgaben eigene Weinproben einreichen möchte, setze sich bitte über folgende E-Mail-Adresse mit Tom Stevenson in Verbindung:
millennium.producers@bizonline.co.uk
Achtung: Jede andere an diese Adresse gesandte E-Mail wird ignoriert.

Eine Empfehlung in diesem Champagnerführer ist – abgesehen von den Kosten für den Versand der Proben – gebührenfrei.

CHARLES HEIDSIECK 1985 CHAMPAGNE CHARLIE BRUT

Diese Cuvée, Teil der im Juni 1999 freigegebenen Serie L'Oenothèque 2000, hat eine malzduftige Nase. Das ist zwar ein legitimes, von der Autolyse stammendes Hefearoma, sollte aber nie dominieren, denn es verfälscht die wahre Komplexität und Finesse des Weins.
🍾 Abwarten €€€

CHARLES HEIDSIECK 1985 CUVÉE CHAMPAGNE CHARLIE, BRUT 89

Wunderschön toastwürzig-reifer Champagner mit massenweise feiner Säure.
❚ 2000–2005 €€€

CHARLES HEIDSIECK 1985 BLANC DE MILLÉNAIRES, BRUT 92

Nachdem dieser kraftvoll strukturierte Blanc de Blancs mehrere Jahre keine Spur von Toastaroma zeigte, findet man nun reichlich Toastwürze. Bei einem so reichen Geschmack und einem so intensiven Abgang erwarte ich allerdings, daß er noch mehr Komplexität entwickelt und dazu großartige Finesse.
❚ 2000–2005 €€€

CHAMPAGNE CHARLIE 1982 BRUT (Magnum)

Diese Degorgierung wirkt ziemlich oxidiert und zeigt nicht die Klasse der Magnums, die im August 1998 bei der Auktion für meine *Christie's World Encyclopedia of Champagne & Sparkling Wine* degorgiert wurde. Es ist aber anzunehmen, daß beide Partien nach 17 Jahren ein ähnliches Potential besitzen. In diesem Fall dürfte dieser Wein eines Tages ein sahnig-butteriges Aroma mit einem Hauch Gewürzen und saftiger, biskuitartiger Frucht entwickeln. Bleiben Sie dran!
🍾 Abwarten €€€

CHARLES HEIDSIECK 1981 VINTAGE BRUT (Magnum)

Ein weiterer Wein, den ich nicht wiedererkenne, seit ich ihn für oben beschriebene Auktion ausgewählt habe. Im Gegensatz zu der Partie vom August 1998 hat er eine malzige Nase, und die Frucht, obwohl fein und mild mit sahnig-vanilleduftiger, toastwürziger Art, ist nicht zu vergleichen mit meinen Notizen zu den anderen Magnums von 1981: der »vollmundigen Frucht, energisch zusammengehalten von reichlich Säure, die für eine langsame Entfaltung von Toastwürze von außergewöhnlicher Finesse sorgt«. Urteil vorbehalten.

 Abwarten €€€€

HEIDSIECK MONOPOLE

Champagne Heidsieck & Co Monopole
17 avenue de Champagne
51205 Épernay Cedex
(326) 59.50.50 FAX (326) 51.87.07

HEIDSIECK & CO MONOPOLE BLUE TOP BRUT — 82

Man entferne die blaue Kapsel, und was findet man? Richtig, eine Goldkapsel! Aber dies ist nicht die einzige Überraschung. Wer einen Brut erwartet, wird von der Süße überrascht sein, die eher einem Extra-Sec gleichkommt. Doch die Cuvée hat reichlich reife Frucht, und als Extra-Sec hätte sie eher um 85 Punkte als 82 verdient. Zudem ist ihr Stil völlig anders als bei der vorherigen Lieferung, die einfach frisch und amylartig war, wenn auch von eindeutigem Brut-Charakter.

 Beim Kauf €€

HEIDSIECK & CO MONOPOLE 1994 BRUT — 80

Frisch und zartfruchtig, mit würzigem Nachgeschmack.

 2000–2002 €€€

HEIDSIECK & CO MONOPOLE 1989 DIAMANT BLEU — 88

Mit reichlicher Reifezeit nach dem Degorgieren hat dieser weiche, gehaltvolle Champagner eine unterschwellige toastig-vanilleduftige Komplexität entwickelt, die auf einen viel höheren Grad an Finesse schließen läßt als bei der Freigabe.

Beim Kauf 2000–2001 €€€

HEIMSCHE
Pfalz, Deutschland

HEIMSCHE PRIVATSEKTKELLEREI 1984 SEKT WEISS BRUT — 73

Weiche, sahnige Aprikosenfrucht.
Beim Kauf €€€

HENRIET-BAZIN

Champagne D. Henriet-Bazin
9 rue Dom Pérignon
51380 Villers-Marmery
(326) 97.96.81 FAX (326) 97.97.30

D. HENRIET-BAZIN AN 2000, BRUT GRAND CRU — 80

Kräftig, mit der Süße reifer Frucht am mittleren Gaumen, für eine höhere Wertung bräuchte der Wein größere Finesse.
sofort €€

D. HENRIET-BAZIN 1991 BRUT GRAND CRU — 80

Recht oxidativ in der Nase, aber reichlich eingängige, kräftig-süße Frucht am Gaumen.
Beim Kauf €€

HENRIOT

Champagne Henriot
3 Place des Droits de l'Homme
51100 Reims
(326) 89.53.00 FAX (326) 89.53.10

HENRIOT BLANC DE BLANCS BRUT — 86

Sehr reicher, fruchtiger Champagner, wird rasch Toastwürze entwickeln.
2000–2002 €€€

HENRIOT BRUT SOUVERAIN — 84

Eminent trinkbar im jungen, fruchtigen Zustand, wird diese Cuvée meist zwei Jahre nach der Freigabe biskuitartig.
2000–2001 €€€

HENRIOT 1990 BRUT MILLÉSIMÉ — 88

Ein ungewöhnlicher Champagner mit dominierenden, aprikosenduftigen Chardonnay-Aromen im Bukett und einem Hauch pfeffriger Frucht am Gaumen. Ein 1990er mit offensichtlich sehr gutem

Potential, der jedoch noch Zeit braucht.
2002–2012 €€€ 194.00FF

Henriot 1990 Rosé Millésimé Brut

Dieser biskuitartige Champagner reift rasch, doch die Frucht ist schön, von leichter Balance, und hat den Höhepunkt noch nicht überschritten.
sofort €€€ 214.00FF

Henriot 1989 Brut Millésimé

Riesige Kraft, mit eindrucksvoll saftiger Frucht.
2000–2002 €€€ 194.00FF

Henriot 1989 Cuvée des Enchanteleurs, Brut

Diese Cuvée, die nicht vor 2000 erhältlich ist, besitzt große Finesse – von den feinen biskuitartigen Aromen über die kraftvolle, klassisch schlanke Frucht bis zur exquisiten Mousse und dem großartigen Abgang. Ein Wein von eminenter Klasse.
2000–2009 €€€€

Henriot 1988 Rosé Millésimé Brut

Anders als der 1990er ist dieser toastwürzig-kräftig statt biskuitartig-schlank, mit mehr Frucht und Säuregehalt.
sofort €€€ 214.00FF

Henriot 1988 Cuvée des Enchanteleurs, Brut

Die Klasse dieses Weins tritt zutage, sobald die Frucht den Gaumen erreicht, doch benötigen Bukett und Abgang noch recht viel Zeit, um zueinander zu finden.
2001–2006 €€€€ 330.00FF

Henriot 1985 Cuvée des Enchanteleurs, Brut

Riesiger Extraktgehalt, aber nicht von der Klasse des 1988ers.
2000–2005 €€€€ 330.00FF

Peter Herres
Mosel-Saar-Ruwer, Deutschland

Peter Herres Alt Trier Riesling Sekt Cuvée 2000 Extra Trocken

Sauber und frisch, von guter Riesling-Art und durchaus reifer Frucht. Der bislang beste Wein dieses Erzeugers.
Beim Kauf €

Highfield
Marlborough, Neuseeland

Elstree Cuvée 1995 Marlborough

Die straffe Frucht und Struktur lassen auf sehr gutes Reifepotential schließen.
2000–2003 €€

Hirschhof Walter & Tobias Zimmer
Rheinhessen, Deutschland

Hirschhof Walter & Tobias Zimmer 1995 Spätburgunder Rosé Sekt-Rheinhessen Extra Trocken

Sehr heller Rosé, mit abgerundeter Pinot-Frucht am Gaumen und langem Abgang.
Beim Kauf €

Hollick
South Australia, Australien

Hollick 1994 Sparkling Merlot

Gehaltvoll, süß und eichenwürzig.
sofort €€

Hunter's
Marlborough, Neuseeland

Hunter's 1996 Miru Miru, Marlborough

Frischer und fruchtiger als die anderen Hunterschen Schaumweine, schon beim Kauf erfreulich zu trinken. Entwickelt er sich ähnlich wie der erste Miru Miru (1995), dann wird er in etwa einem halben Jahr einen sehr viel seriöseren

Stil an den Tag legen.
▮ sofort €€

HUNTER'S 1995 MARLBOROUGH BRUT

In der gefälligen Phase. Der Wein wird vor der Biskuitreife noch fester werden.
▮ sofort €€

IRON HORSE
Kalifornien, USA

IRON HORSE 1996 WEDDING CUVÉE — 78

Sehr weich, mit hübschem Talkum-Ton sowie jungen Gärungsaromen, sollte also länger auf der Hefe bleiben. Entweder selbst lagern oder 2000 oder 2001 erwerben, falls dann noch erhältlich.
▮ sofort €€

IRON HORSE 1994 CLASSIC VINTAGE BRUT — 89

Von dunklerer Farbe als die älteren Jahrgänge, mit vollständiger, befriedigender, hefeduftig-komplexer Frucht am Gaumen.
▮ 2000–2001 €€

IRON HORSE 1994 RUSSIAN CUVÉE — 80

Weiche, fette, saftig-üppige Frucht, die noch süßer ist als beim Rosé, obwohl ebenfalls im Brut. Dies ist der 1994er Classic Vintage, ein Klassewein, der statt 7 g Zucker pro Liter 15 g enthält. Daher hat er das Potential für eine ähnliche Wertung (89 Punkte). Je mehr Zucker aber ein Schaumwein hat, um so länger dauert es, bis er sein mildes Reifearoma entwickelt, daher werden wir erst ungefähr im Jahr 2004 mehr wissen.
▮ 2000–2004 €€

IRON HORSE 1993 VRAIS AMIS — 85

Die Chardonnay-Dosage verstärkt bei dieser weichen, fruchtigen Cuvée den Sortencharakter dieser Traube und gibt ihr einen zitronenduftigen Einschlag, doch wird sich der Pinot innerhalb von zwei Jahren wohl durchsetzen.
▮ 2000–2001 €€

IRON HORSE 1993 BRUT ROSÉ

Rein technisch ein Brut, zeigt dieser Tropfen sehr üppige Pinot-Aromen und schmeckt absolut nicht trocken. Und das ist hervorragend, denn übermäßig seriös trat dieser Wein noch nie auf. Früher sah er aber ebenso frivol aus, wie er mundete: in wunderbar leuchtendem, erdbeerfarbenem Rosa kam er daher. Nun mutet er geradezu normal an, und auch wenn der 1996er aufgrund einer Produktionsänderung (*Saignée*-Methode statt Verschnitt) dunkler sein wird – ihr habt schließlich genug andere seriöse Weine, Leute – gebt uns den Clown wieder!
▮ sofort €€

IRON HORSE 1991 BLANC DE BLANCS BRUT

Schön und frisch, mit eleganter Ananasfrucht und ausgezeichneter Säure.
▮ 2000–2004 €€

IRON HORSE 1991 L.D. BRUT — 89

Dieser Wein verwandelt sich im Glas. Mein erster Eindruck war der von fester Struktur, doch diese wich mit großem Pinsel gemalter Pinot-Frucht, die sich bis zu einem sahnig-kräftigen Abgang aufbaut.
▮ 2000–2006 €€€

IRON HORSE 1990 BLANC DE BLANCS BRUT L.D.

Dieser Wein mit klassischen, sahnig-biskuitartigen, dann cremig-paranußduftigen Aromen und brillant ausbalancierter Frucht ist absolut verblüffend.
▮ 2000–2002 €€€

❖ JACOBS CREEK, *siehe* Orlando

JACQUART

Champagne Jacquart
6 rue de Mars
51066 Reims
☎(326) 07.20.20 FAX(326) 57.78.14

JACQUART BRUT MOSAÏQUE

Die aktuelle Cuvée ist zu lebhaft, um sie jetzt so recht zu genießen, doch verbessert sie sich immer nach 12 Monaten Lagerzeit.
 2000–2002 €€

JACQUART 1992 BLANC DE BLANCS

Groß und kräftig, mit starker, eleganter Sahnefrucht im Abgang.
🍾 2000–2004 €€€

JACQUART 1992 BRUT MOSAÏQUE 86

Ultrafruchtig im Bukett und am Gaumen. Neuer, fruchtdominierter Stil.
🍾 2000–2004 €€€

JACQUART 1988 LA CUVÉE NOMINÉE BRUT 87

Wer über Genossenschafts-Champagner die Nase rümpft, sollte diesen gehaltvollen, biskuitartigen Tropfen kosten, der klassische Struktur und Qualität hat.
🍾 2000–2002 €€€

JACQUESSON

Champagne Jacquesson & Fils
68 rue du Colonel Fabien
51200 Dizy
📞 (326) 55.68.11 📠 (326) 51.06.25

JACQUESSON & FILS PERFECTION BRUT 87

Tiefe, volle Frucht von klassischer Struktur, Frische und Länge.
🍾 2000–2002 €€€

JACQUESSON & FILS PERFECTION BRUT ROSÉ 88

Weich, gehaltvoll, ausdrucksstark, wird im Alter noch mehr Finesse entwickeln.
🍾 2000–2003 €€€

JACQUESSON & FILS MÉMOIRE DU XX ÈME SIÈCLE, BRUT

Der Grundwein für die Dosage enthält 22 Jahrgänge, die bis auf 1915 zurückgehen (die anderen sind 1928, 1942, 1952, 1953, 1961, 1964, 1969–1971, 1973, 1975, 1976, 1978, 1979, 1981–1983, 1985, 1988–1990). Ich befürchtete, daß einige dieser alten Weine einen oxidierten Charakter bewirken, doch als das Etikett enthüllt wurde, war ich überrascht, daß dies derselbe Champagner war, der so amylartige Aromen und jugendliche Frucht am Gaumen gezeigt hatte. Diese Aromen werden verfliegen, und die jugendliche Frucht ist sehr reif, wie man es vom 1995er und 1996er, den beiden Bestandteilen des Grundweins, erwartet, doch muß ich mir ein Urteil vorbehalten.
🍾 Abwarten €€€€

JACQUESSON & FILS 1993 BLANC DE BLANCS, BRUT GRAND CRU 87

Schon jetzt biskuitartig, aber sehr fein, und mit einer exquisit strukturierten Mousse aus winzigen Perlen.
🍾 2000–2008 €€€

JACQUESSON & FILS 1990 SIGNATURE BRUT 91

Saftig-fruchtig mit frischem, duftigem Bukett, durchzogen von flaumigen Fruchtnuancen, die eben erst einen kaffee-toastwürzigen Nachgeschmack entwickeln.
🍾 2000–2007 €€€€

JACQUESSON & FILS 1990 SIGNATURE ROSÉ BRUT

Kraftvoll und von gutem Geschmack, hat sich aber seit dem letzten Jahr verschlossen. Dieser Wein hat eine ungewöhnliche Geschichte: im letzten Jahr berichtete ich von einer seltsam oxidativen Phase ein Jahr zuvor, nach der er sich aber wieder als einer der köstlichsten, zart-saftigsten Champagner überhaupt präsentierte. Seine jetzige Verschlossenheit ist verständlicher, denn bei einigen großen Champagnern liegt diese Phase vor dem Aufblühen in einen Wein von noch grösserer Finesse. Behalten Sie Ihre Flaschen!
🍾 Abwarten €€€€ 💰360.00FF

JACQUESSON & FILS 1985 DÉGORGEMENT TARDIVE BRUT 90

Ich hoffe, daß dieser 90-Punkte Wein meine Leser überzeugen wird, daß ein vorbehaltenes Urteil (wie bei diesem Wein im letzten Jahr) keinen Verriß bedeutet. Wirkliche Fehlschläge sind nur die Weine, die gar nicht erst aufgenommen werden. Diejenigen, die ich aufnehme, aber nicht bewerte, rechtfertigen durch bestimmte Hinweise einen Aufschub der Bewertung. Dies ist einer der ersten Weine, der mein System bestätigt. Intensiver Geschmack, dessen toastwürzige Milde sich gerade entwickelt, im Abgang aufblühende Finesse, die sich weiter zu einem »Pfauenschwanz« entwickeln wird (bei dem sich im Nachgeschmack wunderschöne Nuancen ausbreiten).
🍾 2000–2005 €€€€ 💰500.00FF

ACHTUNG, SEKT- UND SCHAUMWEINERZEUGER!

Wer für nachfolgende Ausgaben eigene Weinproben einreichen möchte, setze sich bitte über folgende E-Mail-Adresse mit Tom Stevenson in Verbindung:

millennium.producers@bizonline.co.uk

Achtung: Jede andere an diese Adresse gesandte E-Mail wird ignoriert.

Eine Empfehlung in diesem Champagnerführer ist – abgesehen von den Kosten für den Versand der Proben – gebührenfrei.

JEPSON
Kalifornien, USA

JEPSON BRUT

Schön reichhaltige, sahnige Ananas- und Orangenfrucht.
sofort €€

JEPSON 1994 BLANC DE BLANCS

Sauber, cremig mit elegant strafferer, sahniger, konturenscharfer Tropenfrucht.
sofort €€

JEPSON 1989 L.D. BRUT

Eine echte Merkwürdigkeit. Ausgedehnter Hefekontakt gibt der eigentlich festen Frucht einen pfeffrig-selleriewürzigen Einschlag. Wer ihn nicht trinken mag – warum nicht aufwärmen, mit Sahne garnieren und als Suppe servieren?
Abwarten €€

JOSSELIN

Champagne Jean Josselin
14 rue de Vannes
10250 Gyé-sur-Seine
(325) 38.21.48 FAX (325)38.25.00

JEAN JOSSELIN BRUT BLANC DE BLANCS

Sehr fruchtig, aber fast zu spritzig und zudem beeinträchtigt durch eine leichte, unvorteilhaft bittere Note im Abgang.
sofort €€ 81.00FF

JEAN JOSSELIN BRUT CARTE NOIRE, BLANC DE NOIRS

Extrem fruchtiger Stil mit recht würziger Frucht.
sofort €€ 71.00FF

JEAN JOSSELIN BRUT TRADITION

Massenweise reichhaltige, reife Frucht.
sofort €€ 75.00FF

JUVÉ & CAMPS
Penedès, Spanien

MILESIMÉ BRUT GRAN RESERVA 1994 JUVÉ & CAMPS

Sehr weich und in einer an Roederer erinnernden Verpackung präsentiert.
Beim Kauf €€

KASSNER-SIMON
Pfalz, Deutschland

KASSNER-SIMON 1996 RIESLING BRUT

Ein guter Schuß echte Kraft und Reife für diesen Preis.
Beim Kauf €€

KINGSTON ESTATE
South Australia, Australien

KINGSTON ESTATE PINOT NOIR CHARDONNAY BRUT 72

Feste, malzige Frucht mit guter Säure.
Beim Kauf €

KLOSS & FOERSTER
Rheingau, Deutschland

KLOSS & FOERSTER 1993 ASSMANNSHÄUSER STEIL SPÄTBURGUNDER BRUT

Eher hellrot als rosé, mit straffer Frucht von roten Johannisbeeren und kirschduftigem Pinot Noir.
▌ Beim Kauf €€

KÖWERICH
Mosel-Saar-Ruwer, Deutschland

KÖWERICH MOSEL RIESLING BRUT

Dieser Tropfen hat es gerade geschafft, während andere – dreimal so teure – nicht aufgenommen wurden. Flaschengärung.
▌ Beim Kauf €

KRISTONE
Kalifornien, USA

KRISTONE 1995 BLANC DE NOIRS

Dieser von »Mad Harry« Osborne kreierte Schaumwein besitzt mehr Finesse als der 1993er, sein Vorgänger (1994 wurde kein Kristone bereitet). Dazu kommt eine schlankere, klassischere Struktur, mit toast-eichenholzwürzigen Nuancen.
🍾 2000–2002 €€€

KRISTONE 1995 BRUT ROSÉ

Die süffige Kirsch- und Erdbeerfrucht in diesem Wein hat die Qualität eines Champagners mit echt kalifornischem Stil.
▌ sofort €€€

KRISTONE 1993 BLANC DE NOIRS

Fette, ausladende Pinot-Noir-Frucht, ausgesprochen gehaltvoll mit sehr guter Säure.
🍾 2000–2001 €€€

KRISTONE 1993 BLANC DE BLANCS

Dieser Wein ist zwar toastwürzig, seine Aromen sind aber feiner als bei den beiden vorangegangenen Jahrgängen. Die Frucht zeigt zitronig-pfeffrige Art, der Pfeffer sticht im Abgang etwas heraus.
🍾 2000–2001 €€€

KRUG

Champagne Krug
5 rue Coquebert
51100 Reims
📞(326) 84.44.20 FAX(326) 84.44.49

KRUG ROSÉ BRUT

Der zu einem früheren Zeitpunkt degorgierte Bestand, der mich im letzten Jahr zum Vorbehalt meines Urteils veranlaßte, ist offenbar abverkauft. Diese Cuvée ist wieder hervorragend in Form. Fein und subtil mit exquisit frischem Sommerfruchtbukett, einem wunderschön leichten, aber verblüffend langen Geschmack, der im Abgang mehr Kirschtöne zeigt. Ein schmackhafter Wein von großer Finesse, der zwei oder drei Jahre mit Würde altern wird. Einer der wenigen Krug-Champagner, die man frisch und jung trinken sollte.
▌ 2000–2001 €€€€

KRUG GRAND CUVÉE, BRUT

Die aktuelle Ausführung ist eindeutig eine der exotischeren sahnig-eichenwürzigen Varianten der Grande Cuvée. Gelegentlich schwingt sich dieser sublime Wein fast zu einer Karikatur seiner selbst auf, und Krug-Freunde lieben dies!
▌ 2000–2007 €€€€

KRUG 1989 BRUT

Groß und gehaltvoll mit süffiger, sahnig-walnußduftiger Frucht von sublimer Sinnlichkeit und Komplexität. Hat sich gegenüber dem letzten Jahr um einen Punkt verbessert, der 1988er ist noch besser (96 Punkte), und der 1990er, den ich noch nicht probiert habe, soll diese beiden außergewöhnlichen Jahrgänge noch überflügeln.
▌ 2000–2019 €€€€

KRUG 1989 CLOS DE MESNIL, BRUT

Bei einer Händlerdegustation korkte die erste Probe. Die zweite Probe war wunderbar. Allerdings wird ihre alpenfrische, flaumige Zitronentortenfrucht allmählich höchst seriös und, ehrlich gesagt, ist der richtige Zeitpunkt einfach noch nicht gekommen. Der Wein ist zwar trinkreif, aber wenn man ihn schon nicht 1998 geöffnet hat, als er sich so lebendig

gebärdete, sollte man ihn noch fünf bis zehn Jahre liegen lassen.
🍷 2000–2009 €€€€

KÜHLING-GILLOT
Rheinhessen, Deutschland

KÜHLING-GILLOT 1997 CUVÉE 2000 ROLAND GILLOT BRUT

Nektarinen.
🍷 Beim Kauf €€

KÜHLING-GILLOT 1996 ROLAND GILLOT BRUT (70)

Guter, geschmacksintensiver Riesling.
🍷 Beim Kauf €€

KRUGER-RUMPF
Nahe, Deutschland

KRUGER-RUMPF 1996 LISA-MARIA SEKT EXTRA BRUT (75)

Amylartige Faßaromen, gefolgt von lebhafter, sauberer Frucht mit einem Chardonnay-Geschmack, der scheinbar von der Faßgärung herrührt, obwohl auf dem Etikett kein Hinweis auf *barriques* gegeben wird (wie es normalerweise der Fall wäre). Es wäre interessant, diesen Wein weitere 12 Monate zu lagern.
🍷 sofort €€

FRANZ KÜNSTLER
Rheingau, Deutschland

FRANZ KÜNSTLER 1997 HOCHHEIMER HÖLLE RIESLING BRUT (72)

Ein Schuß echter Geschmackstiefe und fette, vollmundige Art, kein typischer Riesling. Flaschengärung.
🍷 Beim Kauf €€

FRANZ KÜNSTLER 1997 HOCHHEIMER HÖLLE RIESLING BRUT (70)

Wiewohl weniger ausdrucksstark als die andere Cuvée, ist diese Tankgärung doch besser als manche Flaschengärung, die zum doppelten Preis verkauft wird.
🍷 Beim Kauf €€

❖ **LA CACHE**, *siehe* Cache

❖ **LAFITTE**, Charles, *siehe* Vranken

LAGACHE

Champagne Lagache
12 rue de la Marquetterie
51530 Pierry
📞 (326) 54.03.12 📠 (326) 55.47.60

LAGACHE GRAND RÉSERVE, PREMIER CRU, BLANC DE BLANCS

Reichhaltig und süß mit konzentrierter Frucht im Abgang.
🍷 2000–2002 €€

LAGACHE-LECOURT

Champagne Lagache-Lecourt
29 rue Maréchal-Juin
51350 Chavot près Épernay
📞 (326) 54.86.79 📠 (326) 58.66.15

LAGACHE-LECOURT BRUT SÉLECTION

Sehr frische, lebhafte Frucht in typischem Meunier-Stil.
🍷 sofort €€ 🍾 71.00FF

LANGLOIS
Loire, Frankreich

LANGLOIS CRÉMANT DE LOIRE, BRUT

Sonst von straffem, eindringlichem Geschmack und weichem Schaum, hat die aktuelle Cuvée neben weicher, voller Frucht eine feste Mousse. Dies liegt wohl eher an unterschiedlich langem Hefekontakt als an einem anderen Jahrgang (des wichtigsten Grundweins).
🍷 sofort €€

QUADRILLE DE LANGLOIS-CHÂTEAU CUVÉE POUR L'AN 2000, BRUT CRÉMANT DE LOIRE — 75

Nach einer sehr enttäuschenden ersten Freigabe ist diese Cuvée des Quadrille eine erhebliche Verbesserung. Voll, reichhaltig und komplex, dabei nicht ohne Finesse, vor allem im langen, sauberen, konturenscharfen Abgang. Nach meinem Lexikon ist eine »Quadrille« ein Volkstanz für vier Paare, aber vielleicht besteht an der Loire Frauenmangel, denn laut Rückenetikett ist es ein Tanz für vier Männer und vier Pferde! Das Leitmotiv der Cuvée ist jedenfalls die Zahl Vier: Der Wein ist aus vier Rebsorten von vier verschiedenen Lagen und ist vier Jahre gereift.
sofort €€

LANSON
Champagne Lanson
12 Boulevard Lundy
51100 Reims
(326) 78.50.50 FAX (326) 78.50.99

LANSON BLACK LABEL, BRUT — 88

Ich weiß nicht, ob der Lanson Black Label je so gut war wie dieser. Ausgezeichnetes Potential hatte er schon immer, brauchte aber nach dem Degorgieren auch stets einige Jahre Reife, um dieses Potential zu verwirklichen, und nur wenige haben ihm eine wirkliche Chance gegeben. Die aktuelle Cuvée bietet sowohl das eine wie das andere: sie ist jetzt frisch, würzig und köstlich zu trinken, aber der sich entwickelnde sanfte Biskuitton im Abgang verspricht noch größere Komplexität. Ihre besten Eigenschaften sind ihre Länge an sich, unzweifelhafte Finesse und tadellose Ausgewogenheit.
2000–2004 €€ 134.59FF

LANSON BLACK LABEL, BRUT (Magnum) — 89

Verglichen mit der Standardflasche desselben Tropfens hat dieser eine noch feinere Mousse sowie tiefere, sich langsamer aufbauende Fülle.
2000–2010 €€

LANSON BLACK LABEL, BRUT (Jeroboam) — 85

Bei dieser Jeroboam ist nicht nur die Frucht viel vordergründiger als bei Standard- wie Magnumflasche des Lanson Black Label, sie zeigt auch keine vergleichbare Finesse. Aufgrund der kostspieligen Flasche gerät der Preis in die höhere Preiskategorie. Der Champagner ist zwar gut, hat jedoch weder Qualität noch Preis-Leistungs-Verhältnis der anderen beiden Flaschengrößen.
2002–2008 €€€

LANSON BRUT ROSÉ — 84

Der säurebetonte Wein ist gut zum Essen, wird aber frühestens in einem Jahr für sich allein gut trinkbar sein.
2000–2003 €€€ 161.51FF

LANSON IVORY LABEL, DEMI-SEC — 88

Der beste jahrgangslose Demi-Sec, den ich bislang verkostet habe; er wird in fünf Jahren noch erheblich dazugewinnen.
2000–2005 €€ 134.59FF

LANSON 1993 GOLD LABEL, BRUT MILLÉSIMÉ — 88

Wunderschöne, biskuitartig-reichhaltige Frucht, ausgezeichnete Säure. Kein Spitzen-Lanson, doch für 1993 sehr gut.
sofort €€€

LANSON 1990 BRUT MILLÉSIMÉ — 90

Biskuitartig-reichhaltig, mit schöner, feiner Säure, braucht aber einfach noch Zeit.
2000–2010 €€€

LANSON 1989 NOBLE CUVÉE DE LANSON, BRUT — 86

Die oxidative Nase zeigt weder Klasse noch Finesse der 1988er Noble Cuvée, doch ist die Frucht für das Jahr fest. Die Mousse benötigt weitere Flaschenreife. Wer noch wartet, wird dafür belohnt.
2001–2006 €€€€ 426.20FF

LANSON 1988 BRUT MILLÉSIMÉ (Magnum) — 91

Schön mild und toastwürzig mit schöner Säure im Abgang – wie es allen Freunden von Lansons Jahrgangsweinen gefällt.
2000–2010 €€€€

LANSON 1988 NOBLE CUVÉE DE LANSON, BRUT

Vollere Frucht als bei Lansons normalem 1988er, doch ist letzterer ein solcher Klassiker, daß er diesen vorzüglichen Champagner vermutlich überdauern wird.
▌ 2000–2008 €€€€

LANSON 1979 BRUT MILLÉSIMÉ *(Magnum)*

Klassischer, toastwürziger Lanson in hervorragender Verfassung.
▌ 2000–2009 €€€€

LANSON 1976 BRUT MILLÉSIMÉ *(Magnum)*

Groß, gehaltvoll und toastwürzig, mit gewaltiger, reifer Frucht und reichlich Extrakt. Hat in Magnums einen wunderbaren, ausladenden Nachgeschmack entwickelt, mit dem er sich vor Lansons 1979er drängelt, der den 1976er noch vor ein paar Jahren hinter sich ließ.
▌ 2000–2015 €€€€

LANSON 1971 BRUT MILLÉSIMÉ

Fabelhafte, toastwürzig-kaffeeduftige Fülle.
▌ 2000–2011 €€€€

LANSON 1961 BRUT MILLÉSIMÉ

Überwältigendes Schauspiel von Kraft und Finesse.
▌ 2000–2011 €€€€

LARMANDIER

Champagne Guy Larmandier
30 rue du Général Koenig
51130 Vertus
☎(326) 52.12.41 FAX(326) 52.19.38

GUY LARMANDIER CRAMANT GRAND CRU BRUT BLANC DE BLANCS

Blumig-amylartige Aromen deuten an, daß dieser Wein noch einige Reifezeit braucht, während schöne, zitronenduftige Säure Eleganz verspricht, wenn dieser Wein in zwei bis drei Jahren toastwürzig wird.
🍾 2000–2003 €€

LARMANDIER-BERNIER

Champagne Larmandier-Bernier
43 rue du 28 août
51130 Vertus
☎(326) 52.13.24 FAX(326) 52.21.00

LARMANDIER-BERNIER BLANC DE BLANCS BRUT, PREMIER CRU

Dieser Champagner ist so erfrischend und eingängig, daß er wahrscheinlich einer der wenigen ist, die den Durst löschen!
▌ Beim Kauf €€ 🍾93.00FF

LARMANDIER-BERNIER 1995 BLANC DE BLANCS EXTRA BRUT, GRAND CRU

Diese Cuvée ist mit ihren Säcken voller Frucht einer der zugänglichsten Extrabrut-Champagner auf dem Markt.
▌ 2000–2002 €€€ 🍾108.00FF

LARMANDIER-BERNIER 1995 VIEILLES VIGNES DE CRAMANT

Der sehr jungen, äußerst lebhaften Frucht sollte man mindestens zwei bis drei Jahre weitere Reifezeit gönnen. Leider läßt sie sich schon zu gut trinken, so daß vielleicht nichts mehr übrig ist, wenn sie ihr Potential verwirklicht hat.
▌ 2000–2005 €€€

LAUNOIS PÈRE & FILS

Champagne Launois Pere & Fils
3 avenue de la République
51190 Le Mesnil-sur-Oger
☎(326) 75.50.15 FAX(326) 57.97.82

LAUNOIS PÈRE & FILS BLANC DE BLANCS, CUVÉE RÉSERVE BRUT GRAND CRU

Außerordentlich jung und esterartig für eine angebliche »Cuvée Réserve« – ein Begriff, der, wenn auch rechtlich ohne Belang, auf ein gewisses Alter schließen läßt. Die esterartige Art sagt mir, daß der Wein noch mindestens 12 Monate Hefekontakt benötigt. Er hat jedoch derartiges Potential, daß ich mir das Urteil bis zum nächsten Jahr vorbehalte.
🍾 Abwarten €€

LAUNOIS PÈRE & FILS 1995 BRUT GRAND CRU, BLANC DE BLANCS

Die Frucht ist am mittleren Gaumen gehaltvoll, doch entwickelt sich das Bukett schnell, dafür ist der Abgang langsamer und daher kurz. Das ungleiche Trio könnte zu Harmonie finden, doch muß ich mir eine Bewertung noch vorbehalten.

Abwarten €€€

ANDERE LAUNOIS MARKEN:

VEUVE CLÉMENCE BLANC DE BLANCS, GRAND CRU

Dieser Launois-Champagner wird von sahnig-buttrigen Aromen dominiert, die seine Finesse beeinträchtigen und übereifrige malolaktische Gärung vermuten lassen. Kein Klassiker, verdient aber für seine reichhaltige Frucht eine Empfehlung.

2000–2001 €€

LAUREL RIDGE
Oregon, USA

LAUREL RIDGE WINERY 1994 VINTAGE BRUT

Üppige Frucht und ausgezeichnete Säure, doch ist die Mousse zu fest, und die Perlen könnten feiner sein. Gleichwohl kann sich diese Cuvée nach einer gewissen Zeit verbessern, wenn besser integrierte Kohlensäure kleinere Perlen erzeugt.

2000–2001 €€

LAURENT-PERRIER
Champagne Laurent-Perrier
Domaine de Tours-sur-Marne
51150 Tours-sur-Marne
(326) 58.91.22 FAX (326) 58.77.29

LAURENT-PERRIER BRUT L.P.

Die Partie von Anfang 1999 war in Ordnung, aber nichts Besonderes. Mitte des Jahres machte sie jedoch einen merklichen Sprung und ist nun der frischeste, fruchtigste und eleganteste jahrgangslose Champagner, den Laurent-Perrier je hervorgebracht hat.

Beim Kauf €€

LAURENT-PERRIER CUVÉE ROSÉ BRUT

Rosé nach der *Saignée*-Methode, braucht sonst meist zwei Jahre Flaschenreife, um seine pfeffrige Art zu zähmen. Bei dieser Partie blieb der Pfefferton aus, die Frucht ist bereits schön und rund.

2000–2001 €€€

LAURENT-PERRIER GRAND SIÈCLE »LA CUVÉE«, BRUT

Schlicht und einfach sublim. (Im letzten Jahr habe ich dazu alles gesagt.)

2000–2010 €€€€

LAURENT-PERRIER 1990 BRUT VINTAGE

Dieser erstaunlich gehaltvolle Wein wandelt sich gerade von einer wahren Fruchtbombe zu einer tieferen, milderen und komplexeren Entwicklungsphase.

2000–2005 €€€

LAURENT-PERRIER 1988 GRAND SIÈCLE ALEXANDRA ROSÉ BRUT

Dieser Champagner hat straffe Frucht und, aufgrund zu geringer Dosage (manche Flaschen schmecken, als hätten sie gar keine Dosage erhalten), einen zu harten Abgang. Selbst überragende Kellermeister wie Laurent-Perriers Alain Terrier können Fehler begehen, und Terrier geizte nicht nur mit der Dosage, sondern gab den Wein auch noch vor der Zeit frei. Laurent-Perrier täte gut daran, die Cuvée noch einige Jahre auf der Hefe zu lassen. Bis dahin muß ich mir das Urteil über den 1988er vorbehalten.

Abwarten €€€€

ANDERE MARKEN VON LAURENT-PERRIER

J. LEMOINE BRUT

Die beste in Restaurants erhältliche Cuvée, die ich dieses Jahr verkostet habe – leicht aber ohne Fehl, mit sehr frischer Frucht und erstaunlicher Finesse.

Beim Kauf €€

❖ **LE BRUN**, Cellier, *siehe* Brun

❖ **LE BRUN DE NEUVILLE**, *siehe* Brun de Neuville

❖ LE BRUN FAMILY ESTATE, *siehe* Brun

LEGROS

Champagne Roger Legros
32 rue Haute de Pévy
51140 Prouilly
☎(326) 48.52.97 📠(326) 48.23.60

ROGER LEGROS EXTRA-BRUT

Ein reiferer, biskuitartiger Stil, der trotz niedriger Dosage nicht zu *brut* ausfällt.
🍷 sofort €€

ROGER LEGROS BRUT

Gute, sehr frische, junge Frucht, die aber eine Spur mehr Finesse benötigt, um die 85-Punkte-Schranke zu durchbrechen.
🍷 sofort €€

ROGER LEGROS CUVÉE GRANDE RÉSERVE

Sehr gehaltvoll und fruchtig.
🍷 2000–2001 €€

LEMAIRE

Champagne R.C. Lemaire
19 rue Pasteur
51200 Damery
☎(326) 58.41.31 📠(326) 58.39.28

R.C. LEMAIRE BRUT-ROSÉ

Gehaltvoll, vollmundig und elegant, mit pikanter Frucht und geschmeidiger Finesse am mittleren Gaumen.
🍷 2000–2001 €€

❖ LE MESNIL, *siehe* Mesnil

LENOBLE

Champagne A.R. Lenoble
34 rue Paul-Douce
51480 Damery
☎(326) 58.42.60 📠(326) 58.65.57

A.R. LENOBLE BRUT RÉSERVE

Sehr kraftvolle Frucht, gestützt von sehr hoher, reifer Säure, die einem Champagner von dieser Intensität eine äußerst elegante Balance verleiht.
🍷 2000–2002 €€ 🍾96.00FF

A.R. LENOBLE BLANC DE BLANCS BRUT, GRAND CRU

Schlichter, eingängiger Champagner in fruchtigem Stil.
🍷 Beim Kauf €€ 🍾105.00FF

A.R. LENOBLE 2000 BRUT, BLANC DE BLANCS GRAND CRU

Volle, sahnige Chardonnay-Frucht, die ihre Frische noch ein gutes Jahr bewahrt.
🍷 2000–2001 €€€€ 🍾170.00FF

ACHTUNG, SEKT- UND
SCHAUMWEINERZEUGER!
Wer für nachfolgende Ausgaben Proben einreichen möchte, setze sich bitte über folgende E-Mail-Adresse mit Tom Stevenson in Verbindung:

millennium.producers@bizonline.co.uk

Achtung: Jede andere an diese Adresse gesandte E-Mail wird ignoriert.

Eine Empfehlung in diesem Champagnerführer ist – abgesehen von den Kosten für den Versand der Proben – gebührenfrei.

LERGENMÜLLER

Pfalz, Deutschland

LERGENMÜLLER 1990 PINOT BRUT GRANDE CUVÉE

Stechendes Erdbeer-Pinot-Aroma und ebensolche Frucht. Wird viele abschrecken, andere entzücken. Ein korrekter Brut, mit voller, konturenscharfer Frucht.
🍷 Beim Kauf €€

LEVASSEUR

Claude Levasseur
Loire, Frankreich

CLAUDE LEVASSEUR MONTLOUIS BRUT

Zeigt einige erfreuliche Fülle am Gaumen.
🍾 Beim Kauf €

| **CLAUDE LEVASSEUR** | |
| **CRÉMANT DE LOIRE** | |

Fast ein Unikum, auf nicht unbedingt unangenehme Art, von recht tiefgelber Farbe und lakritzeduftiger Frucht. Beide Proben waren genau gleich.
🍾 Beim Kauf €

LLANERCH
Hensol, Vale of Glamorgan, Wales

| **LLANERCH VINEYARD 1996** | |
| **CARIAD GWRID BLUSH** | |

Die blumig-amylartigen Aromen sollten bald verfliegen und eingängige Frucht auf einer weichen Mousse zurücklassen.
🍾 sofort €€

LLOPART
Penedès, Spanien

CAVA LLOPART GRAN RESERVA	
BRUT IMPERIAL 1994	
LLOPART CAVA	

Gute Stärke und Säure, wenn auch ein wenig zu rustikal für eine höhere Punktzahl.
🍾 Beim Kauf €€

| **CAVA LLOPART RESERVA BRUT** | |
| **NATURE 1995 LLOPART CAVA** | |

Durch Terpene verdorben, doch gehaltvoller und fester als die Gran Reserva.
🍾 Beim Kauf €

❖ **LOUIS DE GRENELLE**, *siehe* Grenelle

MAILLY

Champagne Mailly
28 rue de la Liberation
51500 Mailly-Champagne
📞(326) 49.41.10 📠(326) 49.42.27

MAILLY, DEUX MILLE JOURS 1992	
POUR L'AN DEUX MILLE,	
GRAND CRU BRUT	

Klassischer Champagner mit sich bedächtig entfaltender Frucht, die für ihr Alter außergewöhnlich jung ist.
🍾 2000–2002 €€€

DEUX MILLE JOURS POUR	
L'AN DEUX MILLE 1992	
CHAMPAGNE MAILLY	

Dieser kräftige und schmackhafte Champagner ist außerordentlich ausgewogen; einerseits gewichtig und potentiell komplex, andererseits elegant im Abgang. Degorgiert am 11. Januar 1999.
🍾 2000–2005 €€ 🍾197.00FF

MANDOIS

Champagne Henri Mandois
66 rue du Gal-de-Gaulle
51200 Pierry
📞(326) 54.03.18 📠(326) 51.53.66

| **HENRI MANDOIS** | |
| **CUVÉE DE RÉSERVE BRUT** | |

Frisch, jung und sehr fruchtig.
🍾 sofort €€

| **HENRI MANDOIS 1993** | |
| **BLANC DE BLANCS, BRUT** | |

Lächerlich leicht zu trinken.
🍾 2000–2001 €€€

| **HENRI MANDOIS 1993 CUVÉE** | |
| **VICTOR MANDOIS BRUT** | |

Dieser Wein sollte mit Anmut altern, so rein und elegant ist die Frucht, so weich und fein die Mousse. Mandois hat sich selbst übertroffen und einen Champagner hervorgebracht, der sich über die Klassifikation der eigenen Lagen erhebt.
🍾 2000–2003 €€€

MANSARD

Champagne Mansard
14 rue Chaude Ruelle
51200 Epernay
📞(326) 54.18.55

Mansard Demi-Sec

Sehr fruchtig, aber nicht so lieblich wie andere Demi-Sec-Cuvées; hätte als Sec eine höhere Wertung bekommen.
▼ 2000–2003 €€

Mansard Brut 82

Vollmundigere Frucht als der Premier Cru Brut, dem ich diese Cuvée vorziehe und der qualitativ eigentlich höher stehen sollte (was im letzten Jahr mit 86 Punkten auch der Fall war). Dieser Wein hat sich jedoch als beständiger erwiesen und daher die gleiche Wertung erzielt.
▼ sofort €€

Mansard 1992 Grand Cru, Blanc de Blancs Brut 86

Frische, eingängige Frucht mit langem, lebhaftem Abgang.
▼ 2000–2002 €€

MARGAINE

Champagne A. Margaine
3 avenue de Champagne
51380 Villers-Marmery
☎(326) 97.92.13 FAX(326) 97.97.45

A. Margaine Brut 1er Cru 80

Die frische, den Mund wässrig machende, pikante Frucht am Gaumen wäre 85 Punkte wert, doch wird der Wein durch sein Aroma von nassem Stroh, das jede Finesse begräbt, leider abgewertet.
▼ Beim Kauf €€

A. Margaine Brut Rosé

Überbordend mit saftigem Geschmack von Sommerbeeren, mit hoher, reifer Säure im Abgang.
▼ 2000–2001 €€

A. Margaine 1989 Spéciale Club Blanc de Blancs Brut 85

Seit dem letzten Jahr hat sich ein sanfter, oxidativer Biskuitton entwickelt, der diesen vollmundigen Champagner im traditionellen Stil für den Verbrauch im Jahr 2000 prädestiniert.
▼ 2000–2002 €€€

MARNE ET CHAMPAGNE

Champagne Marc Antoine
22 rue Maurice-Cerveaux
51205 Épernay
☎(326) 78.50.50 FAX(326) 54.55.77

Gauthier Brut Grande Réserve 85

Ein Champagner von ernstzunehmender Qualität, der in etwa einem Jahr Toastwürze entwickeln wird; er hat dafür das Gewicht und die Fruchtfülle.
▼ 2000–2002 €€ 🍾118.89FF

Gauthier Brut Rosé Grande Réserve 86

Zitrusduftiges Bukett, das von verführerisch weicher Frucht und einer tadellosen, nadelkopffeinen Mousse ergänzt wird.
▼ sofort €€ 🍾134.59FF

Gauthier 1990 Brut Millésimé

Ein vor kurzem degorgierter Wein aus der nicht etikettierten Probeflasche – eine Überfülle großer, kraftvoller, intensiv schmeckender Frucht, die noch Entwicklungszeit benötigt.
▬ 2001–2006 €€€ 🍾146.93FF

MARIALVA

Marquês de Marialva
Bairrada, Portugal

Marquês de Marialva 1996 Bairrada Bruto, Super Reserva

Apfelduftige Frucht mit genügend Säure, sie lebhaft und frisch zu erhalten.
▼ Beim Kauf €

Marquês de Marialva 1995 Bairrada Bruto, Reserva Rosé, Meio Seco

Erdbeer-pfirsichfarben mit süßer Erdbeerfrucht. Einfach, aber ansprechend.
▼ Beim Kauf €

❖ **Marquês de Marialva**, *siehe* Marialva

❖ **Masia Vallformosa**, *siehe* Vallformosa

MASSANA NOYA

Eudald Massana Noya
Penedès, Spanien

EUDALD MASSANA NOYA 1997 CAVA BRUT — 70

Über einen Mangel an Frucht kann man sich bei dieser vordergründig fruchtigen Cuvée nicht beschweren, doch fehlt es ihr für eine höhere Wertung an Finesse.
🥂 Beim Kauf €

EUDALD MASSANA NOYA 1996 CAVA RESERVA BRUT NATURE — 71

Sehr geschmacksintensiv, mit marmeladiger Frucht im Nachgeschmack, doch auch dieser Cuvée ermangelt es an Finesse.
🥂 Beim Kauf €

MASSIN

Champagne Rémy Massin & Fils
Grande Rue
10110 Ville-sur-Arce
📞(325) 38.74.09 📠(325) 38.77.67

RÉMY MASSIN & FILS BRUT TRADITION, BLANC DE NOIRS — 85

Sehr aufgeschlossene, vordergründige, süffige Frucht.
🥂 sofort €€

RÉMY MASSIN & FILS BRUT RÉSERVE — 85

Wiewohl nicht ohne Frucht, liegt bei dieser Cuvée der Schwerpunkt eher auf der körperreichen Art.
🥂 2000–2001 €€

RÉMY MASSIN & FILS BRUT PRESTIGE — 86

Zart gehaltvoller, recht eleganter Charakter mit lieblich-sahnigem Abgang.
🥂 2000–2001 €€

RÉMY MASSIN ET FILS BRUT AN 2000 — 87

Reichhaltige, kraftvolle Frucht mit reichlich Extrakt für die Zukunft.
🥂 2000–2004 €€ 🍾88.50FF

MATHIEU

Champagne Serge Mathieu
Les Riceys
10340 Avirey-Lingey
📞(25) 29.32.58 📠(25) 29.11.57

SERGE MATHIEU ROSÉ BRUT — 85

Herrliche Melange aus Pinot-Frucht von Erdbeeren und Himbeeren.
🥂 sofort €€ 🍾71.00FF

SERGE MATHIEU BRUT SELECT, TÊTE DE CUVÉE — 89

Exquisit reichhaltige Frucht, wird sich aber mit zunehmender biskuitartiger Komplexität noch verbessern.
🥂 2000–2002 €€ 🍾82.00FF

SERGE MATHIEU BRUT 2000 — 88

Die Finesse springt einem geradezu aus dem Glas entgegen, am Gaumen stapelt sich die Frucht, und doch zeigt dieser Wein rasch, wie jung er noch ist. Zu jung. Viel zu jung.
🍾 2001–2006 €€

SERGE MATHIEU CUVÉE TRADITION, BLANC DE NOIRS BRUT — 88

Lebhafte, scharfe Puddingfrucht von Sommerbeeren in der Flasche.
🥂 2000–2001 €€ 🍾62.00FF

SERGE MATHIEU CUVÉE PRESTIGE BRUT — 88

Die aktuelle Cuvée ist unglaublich reichhaltig. Sie könnte nach zwei bis drei Jahren über den Höhepunkt hinweg sein, ebensogut aber auch explosives Potential besitzen. Vielen Champagnern, die sich zum doppelten Preis verkaufen lassen, ist sie haushoch überlegen.
🥂 2000–2004 €€ 🍾67.00FF

SERGE MATHIEU 1993 BRUT — 85

Selbst nach dem Verkosten des 1995ers und 1994ers scheint dieser Wein noch zu jung. Doch ist er offenbar zum optimalen Zeitpunkt degorgiert worden und braucht nur noch zwei Jahre Reifezeit, um an Frucht, und ein wenig länger, um biskuitartige Komplexität zu gewinnen.
🍾 2001–2005 €€ 🍾76.00FF

MATUA VALLEY
Waimauku, Neuseeland

MATUA M NINETEEN NINETY SIX BRUT

Zwischen dem 1998 freigegebenen 1992er und dieser Cuvée gab es eine Lücke. Die Frucht ist genau so frisch und lebendig wie beim Vorläufer, wenn auch eher sorbetartig als flaumig. Einer der feinsten Schaumweine Neuseelands.
⚑ 2000–2003 €€

SHINGLE PEAK MÉTHODE TRADITIONNELLE, MARLBOROUGH

Der von Matua Valley auf dem Gut in Marlborough produzierte Shingle Peak zeigt lieblich-reifen, deutlich eichenwürzigen Stil.
⚑ Beim Kauf €

❖ MCLARENS ON THE LAKE, *siehe* Andrew Garrett

MÉDOT
Champagne Médot & Cie
19 Route de Dormans
51390 Pargny-les-Reims
☎ (326) 49.20.09 FAX (326) 49.24.93

MÉDOT & CIE BRUT ROSÉ

Sehr frisch, duftig und fruchtig, doch der harte Abgang braucht noch Zeit, um abzuschmelzen.
⚑ 2000–2001 €€ 🍾 98.00FF

MÉDOT & CIE BLANC DE BLANCS BRUT

Klassische sahnig-biskuitartige Fülle.
⚑ 2000–2001 €€ 🍾 98.00FF

MÉDOT & CIE 1991 BRUT MILLÉSIME

Blumige Finesse in der Nase bei straffer Frucht am Gaumen, doch sollte der Abgang noch weicher werden.
⚑ 2000–2001 €€ 🍾 94.00FF

MELTON
South Australia, Australien

CHARLES MELTON BAROSSA VALLEY SPARKLING RED

Abgesehen von den zur Auswahl stehenden Rebsorten gibt es im Grund nur zwei Erscheinungsformen australischer roter Schaumweine: eine mit Eichenholzton, die andere ohne. Dieser Tropfen gehört zur letzten Gruppe, und seine ungezähmte Frucht ist so gut, wie sie nur sein kann.
⚑ sofort €€€

MERCIER
Champagne Mercier
68/70 avenue de Champagne
51200 Épernay
☎ (326) 51.22.00 FAX (326) 54.84.23

MERCIER BRUT

Die Apfelkompottfrucht in dieser Cuvée wäre ohne ihren hohen Säuregehalt recht fett. Doch so wird der Wein nicht übers Ziel hinausschießen, sobald er die Toastwürze entwickelt, die sich schon jetzt im Abgang bemerkbar macht.
⚑ sofort €€ 🍾 95.00FF

MERCIER BRUT ROSÉ

Schön sonnenuntergangsgold in der Farbe, mit herrlichen Andeutungen von Orange und Rosen in der Frucht.
⚑ 2000–2001 €€ 🍾 100.00FF

MERCIER 1993 VENDANGE BRUT

Die intensive, zitronenduftige Frucht dieses Weins ist bereits toastwürzig.
⚑ 2000–2003 €€ 🍾 116.00FF

MESNIL
Champagne Le Mesnil
Union des Propriétaires Récoltant
51390 Le Mesnil-sur-Oger
☎ (326) 57.53.23

LE MESNIL 1995 BRUT, RÉSERVE SÉLECTION, BLANC DE BLANCS

Angesichts ihrer weichen Frucht läßt sich diese Cuvée schon gut trinken. Freunde von großem Blanc de Blancs können sich zu gegebener Zeit auf einen walnußduftigen Biskuitton freuen.
🍾 2000–2005 €€€

LE MESNIL 1990 BRUT, RÉSERVE SÉLECTION, BLANC DE BLANCS

Reichhaltiger, und jugendlicher Champagner mit ausgezeichneter Finesse. Es ist bemerkenswert, daß ich bei zwei Blindproben im Abstand von mehreren Tagen die Frucht beider Jahrgänge des Le Mesnil als verführerisch beschrieb. Dieses Rebgut hat schon einen deutlich genußbetonten Charakter, vor allem, wenn der Wein jung ist – und für Le Mesnil können 10 Jahre sehr jung sein.
🍾 2000–2005 €€€

MILLS REEF
Bay of Plenty, Neuseeland

MILLS REEF CHARISMA, HAWKES BAY

Für meinen Geschmack viel zu sehr von Kokos- und Eichenholztönen bestimmt.
🍾 Beim Kauf €

MILLS REEF 1994 TRADITIONAL METHOD VINTAGE, HAWKES BAY

Diese biskuitartige Cuvée ist offensichtlich klassischer als Mills Reefs kokosnußdominierte Charisma, leidet aber unter einer Tendenz zur Oxidation.
🍾 Beim Kauf €€

❖ MIRU MIRU, *siehe* Hunter's

MOËT & CHANDON

Champagne Moët & Chandon
20 avenue de Champagne
51200 Epernay
📞 (326) 51.20.00   📠 (326) 51.20.37

MOËT & CHANDON BRUT IMPÉRIAL

Ich kann selbst nicht glauben, daß ich diesem Wein 88 Punkte gab, doch da es eine Blindprobe war, muß ich wohl dazu stehen. Ich bin kein Gegner von Moët – wer auch nur eine Zeile meiner bisherigen Kritiken des Brut Impérial gelesen hat, weiß, wie sehr mich die Beständigkeit des Produkts beeindruckt. Der Wein mag zu Anfang fade erscheinen (schließlich soll er der riesigen Zahl von Stammkunden gefallen), zeigt aber stets den gleichen Stil bei gleichbleibender Qualität, und nach 12 Monaten zusätzlicher Flaschenreife wird dieser Wein unweigerlich toastwürzig. Nein, was mich an der aktuellen Cuvée verblüfft, ist die Tatsache, daß sie von Anfang an mit so herrlich offensiver und ultrafruchtiger Fülle daherkommt.
🍾 sofort €€€

MOËT & CHANDON BRUT IMPÉRIAL ROSÉ

Wunderbar frisch, mit weicher, zarter Frucht von einiger Finesse.
🍾 sofort €€€

MOËT & CHANDON ESPRIT DU SIÈCLE

Beworben als der »rarste, einzigartigste Champagner, der je produziert wurde«, muß dieser Wein wohl ultimativer Ausdruck eines Mehrfach-Jahrgangs sein. Moët hat dafür Flaschen aus den Jahrgängen 1900, 1914, 1921, 1934, 1943, 1952, 1962, 1976, 1983, 1985 und 1995 geöffnet und neu vergoren, um daraus diesen Verschnitt herzustellen. Es ist jedoch nicht das erste Mal, daß ein dreifach fermentierter Champagner produziert wird, denn Salon machte mit seinen Jahrgängen 1971 und 1973 dasselbe, um eine neue Flaschenform einzuführen. Wie der Salon damals, ist auch Moëts Esprit du Siècle illegal, weil der für die Zweit- und Drittgärung zugesetzte Zucker das von der EU vorgeschriebene Maximum von 27 Gramm pro Liter übersteigt. Von diesem »schwarzen« Gebräu wurden nur 323 Magnumflaschen abgefüllt, und davon werden nur 30 zum stattlichen Preis von 20.000 € auf den Markt kommen. Die meisten Magnums bleiben verschiedenen Feierlichkeiten vorbehalten, die im Vorfeld des 300. Geburtstags des Unternehmens 2043 stattfinden sollen. Doch selbst wenn alle 30 Flaschen verkauft werden, würden die 600.000 € gerade

die Produktionskosten decken.
▶ Abwarten €€€€

MOËT & CHANDON 1993 BRUT IMPÉRIAL — 89

Geschmacksintensiver Wein von klassischer Struktur. Ein Beispiel dafür, wie Moët einigen kleinen, qualitätsbewußten Häusern beibringt, aus einem minderwertigen Jahrgang das Beste herauszuholen.
❘ 2000–2008 €€€

MOËT & CHANDON 1993 BRUT IMPÉRIAL ROSÉ — 86

Dieser hell lachsfarbene Rosé schmeckte um zwei bis drei Jahre jünger als der 1992er, den ich im letzten Jahr verkostete, und zeigt im Abgang schöne veilchenduftige Finesse. Ich wünschte, daß Moët diese Cuvée viel früher herausbringt.
❘ Beim Kauf €€€

MOËT & CHANDON 1992 BRUT IMPÉRIAL — 85

Fest und toastwürzig. Braucht noch ein paar Jahre, um heranzureifen. Bis dahin am besten zum Essen genießen: zu kalter Foie gras oder warmen Kalbsgerichten.
❘ 2000–2003 €€€

CUVÉE DOM PÉRIGNON 1990 BRUT, MOËT ET CHANDON — 95
(Magnum)

In diesem Jahr bin ich auf 0,75-Liter-Flaschen eines sehr toastwürzigen 1990er DP gestoßen, die außerordentlich grün und unreif schmecken. Die Magnums dagegen waren wunderschön, von sagenhaft reiner Frucht und tadelloser Mousse. Wer den 1990er DP bis Mitte 1998 in der Standardflasche gekauft hat, dürfte kein Problem mit ihm haben. Ein DP darf nicht grün und unreif sein, schon gar nicht ein 1990er, der aus einem der reifsten Jahrgänge überhaupt stammt. Wer betroffen ist, sollte die Flasche zurückgeben und sich ersetzen lassen. Das Unternehmen kennt dieses Problem.
▶ 2000–2025 €€€€

CUVÉE DOM PÉRIGNON 1973 BRUT, MOËT ET CHANDON — 92

Große, toastwürzige Aromen, gefolgt von reichhaltiger, aprikosenduftiger Chardonnay-Frucht. Der Jahrgangswein wird bei weiterer Flaschenreife Kaffeearomen entwickeln, die seine Finesse und Komplexität betonen werden. Die Aprikosenfrucht nimmt sahnig-walnußduftige Fülle an, sobald der Chardonnay aus Le Mesnil seinen Einfluß geltend macht.
❘ 2000–2007 €€€€

CUVÉE DOM PÉRIGNON 1964 BRUT, MOËT ET CHANDON — 93

Sehr reichhaltiger, reifer DP aus einem der größten Champagner-Jahrgänge.
❘ 2000–2020 €€€€

CUVÉE DOM PÉRIGNON BRUT 1992 MOËT ET CHANDON — 89

Die Aromen zeigen eine wunderbare, zart toastwürzige Finesse, die der Frucht aber offenbar fehlt. Am Gaumen präsentiert sie sich mit Noten von grünem Apfel und Stachelbeeren und im Abgang deuten sich Probleme an, doch ist dies nur eine vorübergehende Phase. Wer sich auf meine Aussagen nicht verlassen mag, kann sich durch den folgenden Test selbst überzeugen: Verschließen Sie die Flasche mit einem Champagner-Korken und lassen Sie sie 24 Stunden im Kühlschrank stehen. Der Rest des Weines kann danach ohne jede grünen oder schwierigen Töne und sogar mit reichlich Finesse getrunken werden. Man simuliert so eine Art Schnelldurchlauf des Reifeprozesses, der natürlich in ein oder zwei Jahren viel feinere Ergebnisse zeitigen wird.
▶ 2001–2011 €€€€

CUVÉE DOM PÉRIGNON ROSÉ 1986 MOËT ET CHANDON — 88

Dies ist die dritte Version dieser Prestige-Cuvée von Moët & Chandon aus einem weniger guten Jahr. Im Gegensatz zum 1980er (92 Punkte) und dem 1978er (91 Punkte) schafft sie den Durchbruch nicht. Der sehr gute, vollmundige Rosé hat nicht die Finesse, die man von einem Dom Pérignon erwartet.
▶ 2001–2008 €€€€

MOLI COLOMA
Penedès, Spanien

SUMMARROCA BRUT 1997 MOLI COLOMA — 72

Dieser Tropfen verfügt innerhalb der Summarroca-Serie über die beste Ausgewogenheit und die größte Finesse.
🍷 Beim Kauf €

MONCONTOUR

*Château Moncontour
Loire, Frankreich*

CHÂTEAU MONCONTOUR TÊTE DE CUVÉE, VOUVRAY BRUT

Elegant volle, zitronenduftige Frucht.
🍷 sofort €

CHÂTEAU MONCONTOUR 1996 CUVÉE PRÉDILECTION, VOUVRAY BRUT

Diese Cuvée beweist, daß man aus reinsortigem Chenin Blanc einen körperreichen Schaumwein von beträchtlicher Tiefe keltern kann. Das scheint an der Loire eine Ausnahme zu sein.
🍷 2000–2001 €

ACHTUNG, SEKT- UND SCHAUMWEINERZEUGER!
Wer für nachfolgende Ausgaben eigene Weinproben einreichen möchte, setze sich bitte über folgende E-Mail-Adresse mit Tom Stevenson in Verbindung:
millennium.producers@bizonline.co.uk
Achtung: Jede andere an diese Adresse gesandte E-Mail wird ignoriert.

Eine Empfehlung in diesem Champagnerführer ist – abgesehen von den Kosten für den Versand der Proben – gebührenfrei.

MONCUIT

Champagne Pierre Moncuit
11 rue Persault-Maheu
51190 Le Mesnil-sur-Oger
📞(326) 57.52.65 📠(326) 57.97.89

PIERRE MONCUIT BRUT, HUGUES DE COULMET, BLANC DE BLANCS

Ein eingängiger, ausgesprochen frischer Champagner von überraschender Finesse.
🍷 2000–2002 €€€

PIERRE MONCUIT 1992 BRUT MILLÉSIME, BLANC DE BLANCS, GRAND CRU

Diese Variante verspricht zwar weniger Komplexität als die Cuvée de Réserve, zeigt aber so reichhaltige Frucht und Finesse, daß sie fast zu hoch bewertet wird.
🍷 2000–2001 €€€

PIERRE MONCUIT 1990 BRUT MILLÉSIME, BLANC DE BLANCS, GRAND CRU

Fruchtiger Champagner von großer Klasse und Finesse. Frisch, mit einigen Tropenfrüchten und sahnig-biskuitartiger komplexer Flaschenreife, die sich am weichen Gaumen bereits bemerkbar macht.
🍷 2000–2010 €€€

PIERRE MONCUIT 1988 BRUT MILLÉSIME, BLANC DE BLANCS, GRAND CRU

Wunderbar sahnige Frucht von legendärer Finesse, deren zart biskuitartige Komplexität sich langsam aufbaut.
🍷 2000–2008 €€€

PIERRE MONCUIT, CUVÉE DE RÉSERVE BRUT, BLANC DE BLANCS, GRAND CRU

Ein viel ernsthafterer Stil als die »Hugues de Coulmet«, mit schwererer Frucht und reichlich Finesse.
🍷 2000–2003 €€€

MONMARTHE

Champagne Monmarthe
38 rue Victor Hugo
51500 Ludes
📞(326) 61.10.99 📠(326) 61.12.67

MONMARTHE GRANDE RÉSERVE, BRUT PREMIER CRU

Diesen einfachen, fruchtigen Schaumwein ziehe ich dem Carte Blanche vor.
🍷 Beim Kauf €€

MONMARTHE ROSÉ, BRUT PREMIER CRU

Säckeweise Frucht, aber wenig Finesse;

wird außerdem toffeeartig – austrinken.
🍷 Beim Kauf €€

MONMARTHE 1991 BRUT MILLÉSIME PREMIER CRU

Sahniggehaltvolle Frucht, die biskuitartig zu werden verspricht, für eine höhere Wertung aber nicht genügend Finesse hat.
🍷 2000–2002 €€

MONTANA
Marlborough, Neuseeland

LINDAUER SPECIAL RÉSERVE, MARLBOROUGH/HAWKES BAY

Lebhaft, frisch und belebend, braucht aber zusätzliche Flaschenreife, um sein wahres Potential zu zeigen.
🍾 2000–2002 €

DEUTZ MARLBOROUGH CUVÉE

Straff im Bukett, klassische Frucht und Struktur. Noch besser als die letzte Cuvée.
🍷 sofort €€

DEUTZ MARLBOROUGH 1994 BLANC DE BLANCS

Nicht so spannend wie der 1991er (82 Punkte). Der Malzton in diesem Jahrgang deutet auf zu langen Hefekontakt hin, doch ist 1994 für diese Cuvée relativ jung. Bei so widersprüchlichem Befund muß ich mich für den Wein entscheiden, da es sich wohl um eine vorübergehende Phase handelt. Urteil vorbehalten.
🍾 Abwarten €€

MONT-FERRANT
Gerona, Spanien

MONT-FERRANT BLANES NATURE EXTRA BRUT 1994 MONT-FERRANT

Dieser Nature, den ich dem Brut Reserva RD (einem Mißbrauch von Bollingers Markenbezeichnung!) vorziehe, hat gute Tiefe und Säure, mit ausreichend Frucht, um den Stil zu tragen.
🍷 Beim Kauf €

MONTGUERET
*Château de Montgueret
Loire, Frankreich*

CHÂTEAU DE MONTGUERET BRUT SAUMUR

Unverwechselbarer Loire-Wein, und noch dazu höchst erfreulich, zwei selten vereinte Eigenschaften.
🍷 sofort €

MONT MARÇAL
Penedès, Spanien

MONT MARÇAL BRUT 2000 MANUEL SANCHO E HIJAS

Gehaltvoll mit malzigem Abgang.
🍷 Beim Kauf €

MOORLYNCH
Bridgwater, Somerset, England

MOORLYNCH VINEYARD 1994 SPECIAL RÉSERVE BRUT

Schaumwein von einiger Substanz. Sollte in 6–12 Monaten toastwürzig werden.
🍷 2000–2001 €€

MOUNTADAM
South Australia, Australien

MOUNTADAM 1992 PINOT NOIR CHARDONNAY BRUT, EDEN VALLEY

Dies ist ein Rosé, auch wenn es nicht auf der Flasche steht, und er wird ausschließlich Weinfreunden empfohlen, die karamelduftige, malolaktische Aromen auf von Kokosnuß geprägter Frucht mögen.
🍷 Beim Kauf €€

MOUNTAIN DOME
Washington, USA

Mountain Dome Brut, Washington State

Dr. Michael Manz bezieht seine Trauben aus verschiedenen Bereichen des riesigen Anbaugebietes Columbia Valley. Die auf dem 1995er basierende Cuvée, die ich im letzten Jahr probierte, war sehr eichenholzlastig (77 Punkte), während die auf 1996 basierende viel geschmeidiger und feiner geriet (78 Punkte), aber demnächst von ihrem auf 1997 basierenden Nachfolger abgelöst wird, der an dieser Stelle bewertet wird. Bei der Verkostung noch nicht freigegebener Cuvées fällt auf, daß das Weingut 1997 einen Wandel von Qualität und Finesse seiner Weine (mit und ohne Jahrgang) erlebte.

sofort €€

Mountain Dome Brut Rosé, Washington State

Seine süffige Fülle an roten Beeren macht diesen Wein so schön trinkbar. Allerdings bin ich in Seattle auf sehr oxidative Versionen derselben Cuvée gestoßen, daher sollte man auf korrekte Lagerung achten.

sofort €€

Mountain Dome 1997 Brut, Washington State 83

Bei diesem Jahrgang wurde der zuvor dominierende Eichenholzton etwas zurückgedrängt. Jetzt kommt die Frucht zur Geltung, was sich deutlich in größerer Finesse und potentieller Komplexität des Weins niederschlägt.

sofort €€

MOUTARD

Champagne Moutard
Buxeuil
10110 Bar-sur-Seine
(25) 38.50.73 (25) 38.57.72

Moutard Brut 85

Lebhafter Aperitif-Stil mit sorbetartiger Frucht und ausgezeichneter Säure. Ich ziehe ihn dem Brut Réserve vor.

2000–2001 €€ 68.00FF

Moutard Brut Réserve 83

Dieser und der einfache Brut unterscheiden sich wie Tag und Nacht – dieser ist malolaktisch geprägt und zeigt milderen, cremig-reichhaltigen Geschmack.

Beim Kauf €€ 70.00FF

Moutard Cuvée Prestige Brut 87

Beeindruckende Cuvée mit weicher, milder, sahnig-biskuitartiger Frucht von einiger Finesse. Die 90-Punkte-Schranke durchbricht sie nur deshalb nicht, weil ihr Abgang gemessen am Entwicklungsstadium ein wenig zu kurz geraten ist.

sofort €€ 93.00FF

Moutard 1985 Vieux Millésimes Brut 82

Es zeigen sich zwar nur wenige Hinweise auf milde, biskuitartige oder toastwürzige Flaschenaromen, doch die lebhafte Fruchtigkeit dieser Cuvée ist jetzt auf dem Höhepunkt. Austrinken.

Beim Kauf €€€ 125.00FF

MOUTARDIER

Champagne Jean Moutardier
51210 Le Breuil
(326) 59.21.09 (326) 59.21.25

Jean Moutardier Sélection Brut

Beeindruckend gehaltvolle Frucht vor dem Hintergrund von klassischer Struktur. Die Qualität dieser Cuvée übertrifft die 83 % der Gemeinde Le Breuil bei weitem.

2000–2001 €€

Jean Moutardier La Centenaire Brut

Der Tropfen aus diesem Jahr kann mit dem letztjährigen nicht mithalten, trotz Aprikosen- und Vanillesoßentönen im Abgang.

Beim Kauf €€

Jean Moutardier Carte d'Or Brut

Einfacher als die Carte d'Or im letzten Jahr, was zum Teil durch die sehr großzügige Meunier-Frucht wettgemacht wird.

Beim Kauf €€

JEAN MOUTARDIER
ROSÉ BRUT

Reichlich Frucht, aber etwas zu rustikal.
❕ sofort €€

JEAN MOUTARDIER
AN 2000 BRUT

Gehaltvoller Champagner von vollmundiger Frucht und ausgezeichneter Säure mit zurückhaltender Vanille-Reife.
❕ 2000–2001 €€

JEAN MOUTARDIER 1991
MILLÉSIME BRUT

Sahnig-biskuitartige malolaktische Aromen mit einem Hauch von Karamel und straffer Säure, die den Abgang säubert.
❕ sofort €€

MÜLLER-RUPRECHT
Pfalz, Deutschland

MÜLLER-RUPRECHT 1993
SPÄTBURGUNDER BRUT

Sehr frische, weiche, großzügige Frucht, mit weichem, duftigem Abgang.
❕ Beim Kauf €€

MUMM
Champagne Mumm Cordon Rouge
29 rue du Champ-de-Mars
51053 Reims
📞 (326) 49.59.69 FAX (326) 40.46.13

G.H. MUMM & CIE, CORDON
ROUGE BRUT, GREENWICH
MERIDIAN 2000

Es entbehrt nicht einer gewissen Ironie, daß Mumm Champagner von wahrer Grand-Marque-Qualität präsentiert, seit das Syndicat de Grandes Marques 1997 aufgelöst wurde. Eigentlich begann diese Entwicklung bereits, als der jetzige Chef-Kellermeister Dominique Demarville eingestellt wurde, um das in den Jahren zuvor angerichtete Chaos zu beseitigen. Dominique ist für die Position als Verantwortlicher für die drittgrößte Champagnermarke außerordentlich jung, doch diese auf dem Jahr 1996 basierende megavoluminöse Cuvée zeigt, daß er frischen Wind in den Betrieb gebracht hat. Sehr frisch und elegant, mit leichter, flaumiger Frucht, sind dies der Stil und die Qualität, die Mumm einst zu einer echten Grande Marque gemacht haben.
❕ Beim Kauf €€

MUMM DE CRAMANT BRUT
CHARDONNAY, GRAND CRU

Wunderbar frisch und belebend, kehrt diese Cuvée zu der glänzenden Form zurück, die sie unter der Bezeichnung Crémant de Cramant einst hatte. Kein Champagner zum Lagern – nur kaufen, wenn sie auch getrunken werden soll.
❕ Beim Kauf €€€

G.H. MUMM & CIE
CORDON ROSÉ BRUT

Lebhafter, fruchtiger Tropfen, Verschnitt aus Weinen von 1996, 1995 und 1994.
❕ sofort €€

G.H. MUMM & CIE 1995
CORDON ROUGE BRUT

Dies ist das Jahr, in dem Mumm nach einer ziemlich unerfreulichen Phase zu neuem Leben erwachte. Der Wein ist eine klassische Kombination von Kraft und Anmut, mit sagenhaft frischer, flaumiger Frucht und sehr langem, elegantem Abgang. Doch ist der 1996er noch besser, ich warte auf seine Freigabe.
❕ 2000–2010 €€€

G.H. MUMM & CIE, CORDON
ROUGE CUVÉE LIMITÉE 1990
BRUT MILLÉSIME, GREENWICH
MERIDIAN 2000

Dieser Jahrgang stammt noch aus Mumms dunklen Tagen, doch Dominique Demarville muß lange im Erbe des Ex-Chefs seines Ex-Chefs gesucht haben, bis er etwas fand, was heute noch 87 Punkte wert ist. Dieser Wein hat mit der ersten Charge des Cordon Rouge 1990, der den Höhepunkt schon vor einigen Jahren überschritten hatte, nichts gemein. Von der Flaschenform und dem Rebsatz (55% Pinot Noir, 45% Chardonnay) läßt sich leicht schließen, daß dies eigentlich der 1990er Grand Cordon hatte werden sollen. Er stammt aber aus einer Zeit, als man es bei Mumm mit der malolaktischen

Gärung übertrieb, was im Extremfall einen abstoßenden Sauerkrautgeschmack zur Folge hatte. So wird auch dieser Wein von den malolaktischen Aromen dominiert, jedoch nicht in extremer Weise, denn seine Düfte sind sauber und von Karamel statt Sauerkraut geprägt. Zudem versprechen sie, sich in einen sahnigen Biskuitton zu wandeln, der die volle 1990er Frucht in ein paar Jahren recht sinnlich machen dürfte.

➞ 2001–2005 €€€

MUMM NAPA
Kalifornien, USA.

MUMM CUVÉE NAPA BRUT PRESTIGE — 83

Frisch, sauber und eingängig, ohne den Grünton, der die Frucht dieser Charge vor ein paar Jahren beeinträchtigte. Auf Exportmärkten ist diese Cuvée nicht als Brut Prestige, sondern als einfache Cuvée Napa bekannt.

 Beim Kauf €

MUMM CUVÉE NAPA BRUT PRESTIGE *(Magnum)* — 85

Mumms einfache jahrgangslose Cuvée schmeckt in der Magnumflasche schöner, weicher, runder und großzügiger. Eine längere Reifezeit wird die Finesse betonen.

 2000–2002 €

MUMM CUVÉE NAPA BLANC DE BLANCS BRUT — 86

Sehr frische, lebhafte Frucht von erfrischender Ausgewogenheit und einem Hauch Würze (angeblich von den 30–40% Pinot gris im Verschnitt), die im Abgang sahnig ausgeglichen wird.

 Beim Kauf €€

MUMM CUVÉE NAPA BLANC DE NOIRS BRUT — 75

Sehr frisch, mit den Aromen kühler Gärtemperaturen. Gemessen am Durchschnitt der Schaumweine aus der Neuen Welt schneidet sie sehr gut ab.

 sofort €€

MUMM CUVÉE NAPA SPARKLING PINOT NOIR — 88

Greg Fowlers törichter roter Prickler wird jedes Jahr törichter.

 Beim Kauf €€

MUMM CUVÉE NAPA 21ST CENTURY CUVÉE — 88

Manche Bestandteile dieses Verschnitts ähneln denen im DVX, und sie haben die straffe Frucht gemein. Vielleicht ist diese Cuvée aber auch einfach nur viel jünger (sie beruht auf 1997). In jedem Fall braucht sie mehr Zeit auf der Hefe. Ihr Reifepotential entspricht dem der DVX.

➞ 2001–2003 €€

MUMM CUVÉE NAPA 1994 VINTAGE RÉSERVE — 87

Dieser reichhaltige, kraftvolle Jahrgang zeigt eine wunderbar vollmundige, sahnige Frucht.

 2000–2004 €€

MUMM CUVÉE NAPA 1994 DVX — 88

Die DVX steht höher als die 1994er Vintage Réserve und hat auch einen eigenwilligeren Ausdruck. Einem Hauch Kakaobohne im Bukett folgt frische Frucht, die so straff und intensiv ist, daß es zwar ein herrlicher Genuß, aber doch ein Fehler wäre, sie schon jetzt zu trinken.

➞ 2000–2006 €€

NAUROY
Champagne de Nauroy
Avenue de Champagne
51100 Reims
☎(326) 36.61.60 📠(326) 36.66.62

DE NAUROY BRUT — 80

Säckeweise Frucht, doch die milde, cremig-biskuitartige Komplexität fehlt, das Markenzeichen von de Nauroy. Nicht einmal deren Potential zeichnet sich ab.

 sofort €€

DE NAUROY BRUT ROSÉ — 86

Weich, geschmeidig und gehaltvoll, mit sahnig werdender Frucht, die zudem einen Biskuitton annehmen dürfte. Mit mehr Finesse im Bukett hätte es diese Cuvée auf mindestens 88 Punkte gebracht.

 2000–2001 €€

DE NAUROY 1990 BRUT MILLÉSIME

Im Vergleich zu den Vorproben, die ich vor der Übernahme von De Nauroy durch BCC mehrfach degustiert habe, erkenne ich diesen Brut kaum wieder.
➤ Abwarten €€€

NORDHEIM
Weingärtnergenossenschaft Nordheim
Württemberg, Deutschland

WEINGÄRTNERGENOSSENSCHAFT NORDHEIM 1995 PINOT NOIR EXTRA BRUT

Eher hellrot als roséfarben, mit Aromen von Kirschen und roten Johannisbeeren. Im Gegensatz zur letztjährigen Probe dieser Cuvée (82 Punkte) benötigt der Wein nun eine Dosage, deshalb der krasse Bewertungsunterschied.
▎ Beim Kauf €€

NORDHEIM/MAIN
Winzergenossenschaft Nordheim/Main
Württemberg, Deutschland

WINZERGENOSSENSCHAFT NORDHEIM/MAIN 1996 NORDHEIMER VÖGELEIN EXTRA TROCKEN

Sehr weich und duftig.
▎ Beim Kauf €€

NYETIMBER
West Chiltington, England

NYETIMBER 1993 CHARDONNAY, PREMIÈRE CUVÉE BRUT

Hat immer noch die leicht krautige Art, die ihn von der Klasse des vorhergehenden Jahrgangs unterscheidet.
▎ sofort €€

NYETIMBER 1993 BRUT

Dieser klassische Schaumwein von fesselnder Eleganz und Finesse trinkt sich schon jetzt gut, wird aber weiter würdevoll reifen.
▎ 2000–2004 €€

NYETIMBER 1992 CHARDONNAY, PREMIÈRE CUVÉE BRUT

Dieser erste englische Wein, der Weltklasseniveau erreicht hat, entwickelt nach 2–3 Jahren Kellerreife eine wunderbar milde Toastwürze von überraschender Komplexität und Finesse.
▎ 2000–2002 €€

ODE PANOS
Mantinia, Griechenland

ODE PANOS BRUT, SPIOPOULOS

Auch die jüngste Partie dieser *Cuvée Close* aus einem biologisch wirtschaftenden Familienbetrieb ist sauber, elegant und sahnig, bleibt also der einzige griechische Schaumwein, den man trinken kann.
▎ Beim Kauf €

ORLANDO
South Australia, Australien

JACOBS CREEK CHARDONNAY PINOT NOIR

Dieser Wein hat sich zwar verbessert, doch fehlt ihm die nötige Säure, um beim Reifen Finesse zu entwickeln.
▎ Beim Kauf €

OUDART
Champagne Etienne Oudart
8 rue de la Cloterie
51530 Brugny
☎(326) 59.98.01 🖷(326) 59.92.27

ETIENNE OUDART BRUT EXTRA

Bessere Frucht und weniger oxidiert als Oudarts einfacher jahrgangsloser Brut.
▎ sofort €€

ETIENNE OUDART 1990 CUVÉE JULIANA

Diese Cuvée hat einen oxidativen Ton, der sich aber viel langsamer verstärkt und daher mehr Finesse hat. Der gehaltvollste und seriöseste unter den Champagnern von Oudart.
🍾 2000–2001 €€

PACIFIC ECHO
Kalifornien, USA

PACIFIC ECHO BRUT, MENDOCINO COUNTY

Dies ist der neue Name für die einst als Scharffenberger bekannten Weine. Die Marketing-Abteilung hat ihn aus über 2000 Namen ausgewählt – man fragt sich, wie die abgelehnten Vorschläge geklungen haben müssen! Der aktuelle, auf 1996 basierende Brut tritt äußerst frisch auf, mit lebhafter und sehr korrekter, leichter Frucht, die nach zwei Jahren zusätzlicher Reife einen milden, manchmal malzigen Biskuitton annimmt.
🍾 2000–2001 €€

PACIFIC ECHO CRÉMANT

Der hellrote Farbstich dieses lieblichen Weins ist nicht normal, trat aber in der aktuellen, auf 1997 beruhenden Cuvée von selbst auf, und der Kellermeister Tex Sawyer hat nicht vor, etwas dagegen zu unternehmen. Frisch und zartfruchtig.
🍾 2000–2002 €€

PACIFIC ECHO 1997 BRUT ROSÉ

Sehr frisch und eingängig – nach kalifornischen Maßstäben ausgezeichnet, aber dem 1996er nicht ganz gewachsen.
🍾 2000–2002 €€

PACIFIC ECHO 1996 BLANC DE BLANCS

Die Vielseitigkeit der flaumigen Frucht in diesem lebhaft strukturierten Blanc de Blancs entdeckte ich, als der Kellermeister ihn mit Krabben auf einer Endivien-Julienne mit Zitronengras-Kokos-Sauce servierte. Übertönte die Sauce diesen leichten Wein? Im Gegenteil, im Zusammenspiel mit dem exotischen, reichhaltig-sahnigen Geschmack verbesserte sich der Schaumwein sogar.
🍾 2000–2002 €€

PACIFIC ECHO 1996 BRUT ROSÉ

Schöne, frische, zarte Frucht, gestützt von ausgezeichneter Säure, fester Struktur und geschmeidiger, feiner Perlage.
🍾 2000–2002 €€

PACIFIC ECHO 1995 BRUT PRIVATE RÉSERVE

Der nächste Jahrgang der Private Réserve ist randvoll von akazienduftigen Autolyse-Tönen, mit für einen relativ leichten Körper sehr gehaltvoller Frucht. Daher braucht der Wein noch Flaschenreife, um sich wirklich cremig abzurunden.
🍾 2000–2003 €€

PACIFIC ECHO 1992 BRUT PRIVATE RÉSERVE

Frisch und lebhaft, mit biskuitartiger Frucht, aber abgeschnitten von einem kargen Abgang, der die potentielle Wertung dieses Weins um ein paar Punkte herabsetzt.
🍾 sofort €€

ACHTUNG, SEKT- UND SCHAUMWEINERZEUGER!

Wer für nachfolgende Ausgaben eigene Weinproben einreichen möchte, setze sich bitte über folgende E-Mail-Adresse mit Tom Stevenson in Verbindung:

millennium.producers@bizonline.co.uk

Achtung: Jede andere an diese Adresse gesandte E-Mail wird ignoriert.

Eine Empfehlung in diesem Champagnerführer ist – abgesehen von den Kosten für den Versand der Proben – gebührenfrei.

PAILLARD

Champagne Bruno Paillard
avenue du Champagne
51100 Reims
☎ (326) 36.20.22   📠 (326) 36.57.72

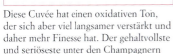

BRUNO PAILLARD BRUT ROSÉ PREMIÈRE CUVÉE 89

Ein schöner Wein mit einem Kern von edler Pinot-Frucht, gestützt von untadeligem Schaum aus winzigsten Perlen, läßt seine Finesse auf der Zunge tanzen.
▎sofort €€€

BRUNO PAILLARD CHARDONNAY RÉSERVE PRIVÉE, BRUT 87

Sahnige malolaktische Aromen, gefolgt von eleganter Frucht auf hohem Niveau.
▎2000–2001 €€€

BRUNO PAILLARD BRUT PREMIÈRE CUVÉE 88

Ein Champagner ganz im Paillard-Stil, der Eleganz, Finesse und Reinheit den Vorzug gibt gegenüber Körper und Charakter. Nicht, daß es ihm an vollmundiger Frucht mangelt, doch manifestiert sie sich weniger in Tiefe, als in Länge.
▎sofort €€€

BRUNO PAILLARD 1989 BRUT MILLÉSIME 85

Untypischer 1989er mit Aromen von Limettenblüten und limetten-zitronenduftiger Frucht am Gaumen. Erinnert mich an Neuseeland, aber ich habe noch keinen Jahrgangsschaumwein von Paillard probiert, der nicht klassisch ausgefallen wäre. Eins steht jedoch fest: dies ist ein sehr junger 1989er, und man darf gespannt sein, wie er sich entwickelt.
▎2005 €€€

DOMAINE DE LA PALEINE
Loire, Frankreich

DOMAINE DE LA PALEINE SAUMUR BRUT 71

Geradeheraus, sauber und frisch, mit einem Hauch Finesse im Aromaspektrum.
▎Beim Kauf €

PALLISER ESTATE
Martinborough, Neuseeland

PALLISER ESTATE 1996 MÉTHODE CHAMPENOISE, MARTINBOROUGH 75

Fruchtintensität mit einer gewissen vordergründigen Komplexität, falls das nicht ein Widerspruch in sich ist.
▎sofort €€

PANNIER

Champagne Pannier
23 rue Roger Catillon
02400 Château-Thierry
☎(23) 69.13.10 FAX(23) 69.18.18

PANNIER BRUT ROSÉ 85

Ein echt pinkfarbener Rosé mit reichlicher Frucht und langem Abgang.
▎sofort €€

PANNIER SÉLECTION BRUT 80

Wäre in jüngerem Zustand mit weniger malolaktischen Aromen besser, wurde gerade noch aufgenommen.
▎Beim Kauf €€

PANNIER CUVÉE LOUIS EUGÈNE ROSÉ, BRUT 86

Die sanfte Fruchtfülle in der Nase ist zwar verführerisch, doch braucht der Wein am Gaumen noch Zeit, sich ähnlich aufzuschließen – einer der wenigen Rosés, die man reifen lassen muß.
▬ 2001–2003 €€€

EGÉRIE DE PANNIER 1990 BRUT 86

Dieser zum Soforttrinken vorgesehene Brut ist der bisher beste Jahrgang aus diesem Hause und erreichte im letzten Jahr 90 Punkte, durchläuft aber gerade eine schwierige Phase. Falls sich mein anfängliches Urteil bestätigt, sollte er nach dieser Phase wieder bei 90 Punkten ankommen. Für Panik besteht jedenfalls kein Anlaß; man kann diesen Wein beruhigt ein paar Jahre in einem dunklen, kühlen Raum liegen lassen.
▎2000–2005 €€€

PARXET
Penedès, Spanien

Gran Reserva MM Millenium Brut 1996 Parxet

Gehaltvoll, schmackhaft und erfreulich, mit süffigem Abgang. Diese Flasche trägt einen Mantel aus versilbertem Plastik.
❦ Beim Kauf €€

78 Aniversario Brut Nature 1995 Parxet

Ein Schaumwein von Kraft und Länge und so viel Substanz, daß er vor reicher, hefeduftiger Frucht fast kernig schmeckt.
❦ Beim Kauf €€€

❖ **Pelorus**, *siehe* Cloudy Bay.

PERELADA
Ampurdán-Costa Brava, Spanien

Castillo de Perelada Brut Reserva

Reichhaltiger und voller als der Gran Claustro, und mit für eine ordentliche Dosage ausreichender Säure.
❦ sofort €

Castillo de Perelada 1996 Gran Claustro Brut Nature

Sauber und präzise gemacht.
❦ Beim Kauf €€

PERRELLE
Central Otago, Neuseeland

Perrelle Grand Cuvée Brut, Lake Hayes

Siehe oben.
➤ Abwarten €€

Perrelle 1996 Blanc de Blancs, Lake Hayes

Als die ersten Cuvées aus diesem südlichsten Schaumweingebiet der Welt bei meiner zentralen Neuseeland-Probe nicht eintrafen, dachten die Besitzer (Chard Farm mit seinem australischen Berater Owen Bird) wahrscheinlich noch, die Weine seien viel zu jung. Nachdem ich den Wein später probiert habe, kann ich dem nur beipflichten. Manchmal ist ihre Qualität noch in den unfertigsten Proben zu erkennen, oft ist eine Prognose aber auch unmöglich. In letzterem Falle schreibe ich an dieser Stelle für gewöhnlich gar nichts, sondern warte einfach auf aussagekräftigere Proben. Doch zumindest das Augenmerk der Leser möchte ich auf diese neuen Weine richten.
➤ Abwarten €€

PERRIER
Champagne Joseph Perrier
69 avenue de Paris
51016 Châlons-en-Champagne
☎(326) 68.29.51 ⓕⓐⓧ(326) 70.57.16

Joseph Perrier 1990 Cuvée Royale Brut

Extrem gehaltvoll und konzentriert, noch in der fruchtbetonten Phase.
❦ 2000–2005 €€€

Joseph Perrier 1989 Cuvée Joséphine, Brut

Mit der reichen Frucht dieses reifen Jahrgangs vollgepackt, im Abgang bauen sich komplexe biskuitartige Aromen auf.
❦ 2000–2009 €€€

Joseph Perrier 1985 Cuvée Joséphine, Brut *(Magnum)*

Einige Partien dieser 1985er Cuvée Joséphine in Standardflaschen waren zu oxidativ, aber die Magnum bringt die langsam wachsende Komplexität dieses riesenhaften, kraftvollen Weins perfekt zur Geltung.
❦ 2000–2015 €€€

PERRIER-JOUËT
Champagne Perrier-Jouët
26/28 avenue de Champagne
51200 Épernay
☎(326) 55.20.53 ⓕⓐⓧ(326) 54.54.55

Perrier-Jouët Grand Brut
Elegante, saubere Fülle.
❦ sofort €€ ☙122.00FF

PERRIER-JOUËT BLASON DE FRANCE ROSÉ BRUT

Die malolaktischen Karamelaromen sind in dieser Cuvée viel zu dominant, aber ich konnte sie noch aufnehmen. Hoffentlich geht PJ nicht durch eine ähnlich dunkle Phase, wie das Schwesterunternehmen Mumm sie soeben überwunden hat.
▎ Beim Kauf €€€ ✥159.00FF

PERRIER-JOUËT 1992 GRAND BRUT ⓼⓼

Die blumig-zitrusduftigen Aromen und in lebhafter Säure eingebettete, weiche Frucht haben sich zu einer ausgewogenen Fülle verbunden, die den Wein jetzt zu einem herrlichen Trinkgenuß macht.
▎ 2000–2002 €€€ ✥145.00FF

PERRIER-JOUËT 1990 BELLE EPOQUE, BRUT ⓽⓪

Manche Abfüllungen stecken voll von reinfruchtiger Finesse mit feinen toastwürzigen Aromen und verdienen 94 Punkte, doch die für dieses Buch angestellte Probe ist reifer in der Nase, mit sahnig-biskuitartigen statt toastwürzigen Flaschenaromen, und erhält (nur!) 90 Punkte.
▎ 2000–2008 €€€ ✥340.00FF

PERRIER-JOUËT 1989 BELLE EPOQUE, BRUT ROSÉ

Die malolaktischen Karamelaromen dominieren zu sehr und beeinträchtigen die Finesse dieses Weins, dessen Pinot-Frucht leicht ins Bäuerliche abkippen kann, wenn der Cramant-Chardonnay nicht bald zum Vorschein kommt. Mir sind auch schon ein bis zwei noch abstossendere Jahrgänge des Belle Epoque Rosé begegnet (der 1978er etwa), die sich dann aber außerordentlich gut entwickelt haben (der 1978er kam auf 90 Punkte) – Urteil also für mindestens ein Jahr vorbehalten.
▬▶ Abwarten €€€€ ✥374.00FF

PETALUMA
South Australia, Australien

CROSER 1995 BRUT ⓼⓹

Verlockender Vanillehauch, feste Struktur und schöne Säure.
▎ sofort €€

PHILIPPONNAT

Champagne Philipponnat
13 rue du Pont
51160 Mareuil-sur-Aÿ
☎(326) 52.60.43 ℻(326) 52.61.49

PHILIPPONNAT LE REFLET, BRUT ⓼⓻

Ein köstlicher, trinkreifer Verschnitt aus intensiver Frucht und Frische. Verbessert sich nicht und sollte am besten getrunken werden, solange er noch jung, frisch und lebhaft ist.
▎ Beim Kauf €€€ ✥169.00FF

PHILIPPONNAT 1990 GRAND BLANC BRUT ⓽⓪

Elegante, toastwürzige Aromen, gefolgt von frischer, jugendlicher Frucht.
▎ 2000–2003 €€€€ ✥239.00FF

PHILIPPONNAT 1989 CLOS DES GOISSES, BRUT ⓽⓹

Kraftpaket aus mit exotischen Aromen parfümierter Frucht (vor allem Ananas und ein wenig Mango) mit klassischer Säure und Struktur, die typisch sind für Clos des Goisses. Jetzt schon großartig, wird dieser Tropfen noch besser werden.
▎ 2000–2009 €€€€ ✥550.00FF

PIPER-HEIDSIECK

Champagne Piper-Heidsieck
51 Boulevard Henri Vasnier
51100 Reims
☎(326) 84.41.94 ℻(326) 84.43.49

PIPER-HEIDSIECK BRUT ⓼⓸

Dieser frische, eingängige Champagner ist von der sonnengereiften Frucht des Aube geprägt.
▎ Beim Kauf €€

PIPER-HEIDSIECK DEMI-SEC ⓼⓺

Reichhaltig, reif, mit konturierter Frucht und sauberer, biskuitartiger Komplexität.
▎ 2000–2002 €€

PIPER-HEIDSIECK BRUT ROSÉ ⓼⓶

Frischer, eingängiger Stil, bei mehr Finesse verdiente er eine höhere Punktzahl.
▎ Beim Kauf €€

PIPER-HEIDSIECK BRUT

Sehr frischer, fruchtbetonter Stil, der für den leichten Genuß bestimmt ist.
🍾 2000–2001 €€

PIPER-HEIDSIECK 1990 BRUT MILLÉSIMÉ

Voller, sahnig-biskuitartiger Champagner.
🍾 sofort €€€

PIPER-SONOMA
Kalifornien, USA

PIPER-SONOMA BLANC DE NOIRS

Saubere, freche Frucht in sehr weichem, sanften Stil, aber auch feine Aromen und eine klassische Schaumweinstruktur führen dazu, daß dieser unaufdringliche kalifornische Schaumwein extrem unterschätzt wird. Er basiert auf Rebgut des Jahres 1996, Kellermeister ist der meisterhafte Schaumweinberater Raphael Brisbois.
🍾 2000–2001 €

PIPER-SONOMA BRUT

Raphael Brisbois hat zu Piper-Sonoma eine pragmatische Einstellung – er gibt zu, daß der Brut ein Massenprodukt mit kaum 12 Monaten Hefekontakt ist. Doch sein begabtes Händchen wird in der reichhaltigen Frucht des auf 1996 basierenden Tropfens wieder sichtbar.
🍾 2000–2001 €

PIPER-SONOMA BRUT

Eine Vorprobe der auf 1997 basierenden Cuvée war wie erwartet sehr frisch, leicht und lebhaft. Zum jetzigen Zeitpunkt kann ich ihr nur 77 Punkte geben, also weniger als in früheren Jahren. Vielleicht hat der präzise Brisbois sie auch darauf programmiert, daß sie sich erst zur Auslieferung öffnet – ich bin darauf gefaßt, das Potential dieses Weins erheblich unterschätzt zu haben.
🍾 2000–2002 €

PIRIE
Tasmania, Australien

VINTAGE PIRIE 1995 TASMANIA

Australiens großartigster Schaumwein kam Anfang 1999 heraus. Der von Andrew Pirie in seinem Gut Pipers Brook in Tasmanien bereitete Tropfen übertrifft in seiner Qualität, Finesse und potentiellen Komplexität alles, was die Südhalbkugel bislang hervorgebracht hat. Ihn als die beste Annäherung an einen Champagner zu beschreiben, die es in Australien gibt, wäre nicht nur unzutreffend, sondern geradezu beleidigend – für Pirie, denn in diesem Wein drückt sich sein Herkunftsgebiet deutlich aus. Richtig wäre, seine Qualität mit der eines Champagners zu vergleichen. Ich würde sie sogar zwischen einem Jahrgangschampagner und einer Deluxe-Cuvée ansiedeln (und das ist nicht leichtfertig dahingesagt). Die Mousse, ein endloser Strom winzigster Perlen, ist makellos, während die Aromen nach den Maßstäben aller großen Schaumweine klassisch sind und einen frischen Brotton von großer Finesse aufweisen. Die Struktur ist wunderbar zurückhaltend, mit zitronen- und ananasduftiger Frucht von überwältigender Qualität und einem vollen, zutiefst befriedigenden Geschmack, der gleichzeitig ungeheuer elegant und stilvoll wirkt. Und dann ist da noch die sanfte, vanilleduftige Finesse, die sich am Gaumen aufbaut und, wie ich vermute, innerhalb von zwei bis drei Jahren weitere feine biskuitartigtoastwürzige Nuancen entwickeln wird.
🍾 2000–2003 €€

POL ROGER

Champagne White Foil
1 rue Henri Lelarge
51206 Épernay
📞(326) 59.58.00 📠(326) 55.25.70

POL ROGER BRUT *(Magnum)*

Die Magnum entwickelt sich langsamer als die Standardflasche. Die Frucht tritt noch deutlich hervor und sollte in ein bis zwei Jahren schön toastwürzig werden.
🍾 2001–2005 €€€

POL ROGER BRUT

Fein und frisch, mit reichlich duftiger Meunier-Frucht und jeder Menge Säure.

Zwei bis drei Jahre nach der Freigabe wird der Pinot Noir griffig und vertieft sich der Geschmack.
▌ 2000–2003 €€€

POL ROGER 1993 BRUT — 89

Diese fruchtig-elegante Cuvée zeigt eine Präzision, die den meisten anderen 1993ern fehlt. Pol Roger gab zwar 1992 einen Jahrgangschampagner frei, brachte ihn aber – wie die 1989er und 1983er – nicht in den allgemeinen, sondern nur in den nationalen Vertrieb, während die meisten Exportländer auf den deutlich überlegenen 1993er Jahrgangschampagner warten mußten. Der Wein hat gute mittelfristige Aussichten mit seiner zarten sahnigen Fülle, die sich zu biskuitartiger Komplexität entfalten wird.
▌ 2000–2013 €€€

POL ROGER 1990 VINTAGE BRUT — 95

Dieser Wein kam im letzten Jahr zu kurz (»nur« 92 Punkte!), doch befindet sich die aktuelle Partie in so eingängiger, fruchtbetonter Phase, daß man leicht vergessen kann, es mit einem von Pol Rogers größten Jahrgängen zu tun zu haben. Die haben bereits eine schöne, sahnig-biskuitartige Fülle entwickelt, werden sich aber ebenso lang und ebenso anmutig entfalten.
▌ 2000–2020 €€€

POL ROGER 1988 SIR WINSTON CHURCHILL CUVÉE, BRUT — 95

Hier ist die Frucht so exquisit, daß der Wein lange ausgetrunken sein wird, bevor sie auch nur einen Bruchteil ihres wahrlich komplexen Potentials entwickelt hat.
➤ 2003–2030 €€€€

POMMERY

Champagne Pommery
5 Place du Général Gouraud
51053 Reims
☏(326) 61.62.63 FAX(326) 61.62.99

POMMERY ZUM MILLENNIUM

Auch andere Häuser brachten einige ihrer älteren Jahrgänge neu heraus, aber so weit wie das Haus Pommery, das mit fast 40 »Golden Oldies« bis ins Jahr 1904 zurückgreift, ist wohl kein Konkurrent gegangen. Wer sich fragt, ob ein 95jähriger Champagner überhaupt trinkbar ist, sei versichert, daß der 1892er Pol Roger einer der drei größten Champagner ist, die ich je verkostet habe. Und bei Pommery werden Champagner, anders als bei Pol Roger vom ersten Tag an unter idealen Bedingungen gelagert. Zudem ist Pommery eines der drei oder vier Häuser, die über das beste Arsenal an alten, perfekt erhaltenen Flaschen verfügen. In den 15 Monaten vor dem Erscheinen dieses Buches bin ich bei Pommery bis in die 50er Jahre zurückgegangen, und die Jahrgänge 1952, 1955 und 1959 sind durchweg sensationell. Vor dem Hintergrund, daß viele dieser Weine an Großhändler gehen, die auch noch einen Betrag aufschlagen, sind diese 1950er geradezu als Schnäppchen zu betrachten. Der 1980er, wiewohl einer der besten Champagner seines Jahrgangs, bleibt hinter dem 1979er weit zurück, und der Preisunterschied erklärt sich nur, weil Prince Alain de Polignac, der Kellermeister und ehemalige Besitzer des Gutes, den 1980er selbst so hoch einschätzt. Also: Holen Sie sich die 1979er Magnums, solange es noch welche gibt!

Die ersten 26 im folgenden aufgeführten Jahrgänge (1904–1978) wurden zum Zeitpunkt ihrer ersten Freigabe degorgiert (also rund fünf Jahre nach dem jeweiligen Jahrgang). Alle anderen wurden vor kurzer Zeit degorgiert, mit wenig oder keiner Dosage, brauchen aber weitere Reifezeit, um die typischen milden Aromen eines reifen Champagners zu entwickeln. Daher empfehle ich dringend, sich nach der Dosage zu erkundigen. Weine ohne diesen Zusatz werden kaum anmutig reifen, auch wenn man Ihnen das Gegenteil versichert.

Jahrgang	Preis (FF)
1904	22.500
1906	22.500
1921	16.200
1929	13.500
1934	10.200
1937	8.400
1941	7.500
1942	6.900
1943	6.900
1945	6.000
1947	7.200

1949	4.200
1952	3.600
1953	2.700
1955	2.700
1959	2.580
1961	2.850
1962	2.250
1964	2.100
1966	2.400
1968	1.800
1969	2.100
1973	1.260
1975	1.200
1976	1.050
1978	1.050
Magnum 79	900
Magnum 80	1.500
Magnum 81	1.350
Magnum 82	1.530
Magnum 83	1.140
Magnum 85	1.920
Louise 80	900
Magnum Louise 80	2.040
Magnum Louise 81	2.040
Magnum Louise 82	2.400
Magnum Louise 85	3.150

ACHTUNG, SEKT- UND SCHAUMWEINERZEUGER!

Wer für nachfolgende Ausgaben eigene Weinproben einreichen möchte, setze sich bitte über folgende E-Mail-Adresse mit Tom Stevenson in Verbindung:
millennium.producers@bizonline.co.uk
Achtung: Jede andere an diese Adresse gesandte E-Mail wird ignoriert.
Eine Empfehlung in diesem Champagnerführer ist – abgesehen von den Kosten für den Versand der Proben – gebührenfrei.

POMMERY BRUT ROYAL 85

Frisch, leicht und elegant, deutlich besser als im letzten Jahr.
▌ sofort €€€

POMMERY BRUT ROYAL APANAGE 87

Zwar nicht so aufregend wie die erste Partie dieser Ausgabe, aber ein sehr guter jahrgangsloser Champagner. Körperreicher und geschmacksintensiver als ein »normaler« Pommery, mit jugendlich-gehaltvoller Frucht. Restaurants sollten ihn offen ausschenken, und wenn man beweisen will, wie gut mancher Champagner zum Essen paßt – warum nicht ein Gericht mit diesem Champagner zum Pauschalpreis kombinieren?
▌ 2000–2002 €€€

POMMERY SUMMERTIME, BLANC DE BLANCS BRUT 84

Chablis-ähnliche Fruchtfrische.
▌ Beim Kauf €€€

POMMERY WINTERTIME, BLANC DE NOIRS BRUT 87

Die fette, saftige Frucht ist Pinot in Reinkultur, der frische, leichte Stil ein typischer Pommery. Glänzender Verschnitt.
▌ sofort €€€

POMMERY 1992 GRAND CRU BRUT 88

Die Frucht ist wunderbar präsentiert, der Pommery wird generell unterschätzt, vor allem in weniger guten Jahren.
▌ 2000–2007 €€€

POMMERY 1991 GRAND CRU BRUT 88

Einer dieser ureigenen Pommery-Jahrgangschampagner, die vor Frucht schier überlaufen und anmutig, mit zunehmender Finesse altern werden.
▌ 2000–2011 €€€

POMMERY 1990 LOUISE, BRUT ⊖

Manche Flaschen zeigten in jüngster Zeit eine biskuitartige Intensität, die zu stark oxidiert war. Die für diese Proben eingereichten Flaschen zeigten einen Anflug von Grün im Bukett, nicht aber am Gaumen und im Abgang. Zu verschiedenen Zeiten degorgiert? Oder waren meine Proben noch dazu mit unterschiedlichen Dosagen versehen worden (vielleicht mit einem Schuß jungem, grünen Chardonnay, um der Oxidierung entgegenzuwirken)? Ohne diese grünen bzw. oxidierten Töne würde dieser Wein 90 oder mehr Punkte erzielen, doch ich warte mit meinem Urteil.
▬ Abwarten €€€

POMMERY 1988 LOUISE, BRUT 89

Hat gegenüber dem letzten Jahr einen Punkt hinzugewonnen, auch wenn er

noch ein Jahr braucht, um seine wahre Größe zu zeigen. Die Kombination von kraftvollem Geschmack, leichtem Körper und geringer Dosage ist typisch Pommery.
🍾 2001–2011 €€€€

POUL-JUSTINE

Champagne Poul-Justine
6 rue Gambetta
51160 Avenay-Val-d'Or
☎(326) 52.32.58 FAX(326) 52.65.92

POUL-JUSTINE CARTE BLANCHE, BRUT PREMIER CRU — 80

Nur nach dem mittleren Gaumen beurteilt, könnte er 88 Punkte erreichen, doch es mangelt ihm vorne (Nase) an Finesse und hinten (Abgang) an Länge.
🍷 2000–2001 €€ 74.00FF

POUL-JUSTINE BLANC DE BLANCS, BRUT CHARDONNAY — 84

Die eingängige, sorbetartige Frucht dieses Blanc de Blancs wird von einem leicht grünen Abgang beeinträchtigt, sonst hätte er eine höhere Wertung erzielt.
🍷 sofort €€ 77.00FF

POUL-JUSTINE 1993 MILLÉSIME BRUT — 82

Dieser Wein hat viel Frucht und wird Toastwürze entwickeln, bräuchte für mehr Punkte aber größere Finesse.
🍷 2000–2001 €€ 87.00FF

PRIMO ESTATE
South Australia, Australien

PRIMO JOSEPH SPARKLING RED — 90

Die zurückhaltende, kultivierte Frucht von Zedern und Eichenholz hat wahrhaft große Qualität, Komplexität und, auf ihre eigene Art, Finesse.
🍷 sofort €€

❖ **QUARTET**, *siehe* Roederer Estate

RAVENTÓS
Raventós i Blanc, Penedès, Spanien

L'HEREU DE RAVENTÓS I BLANC CAVA BRUT — 72

Zitronenduftige, fruchtige Cava mit recht guter Fülle am mittleren Gaumen.
🍷 Beim Kauf €

RAVENTÓS ROSELL
Joan Raventós Rosell, Penedès, Spanien

JOAN RAVENTÓS ROSELL BRUT NATURE JOAN RAVENTÓS ROSELL — 78

Haufenweise Frucht. Die aktuelle, auf dem Jahr 1995 basierende Cuvée ist von beeindruckender Tiefe und Länge.
🍷 Beim Kauf €

❖ **REICHSRAT V. BUHL**, *siehe* Buhl

RENAUDIN

Champagne R. Renaudin
Domaine des Conardins
51530 Moussy
☎(326) 54.03.41 FAX(326) 54.31.12

R. RENAUDIN 1995 BRUT RÉSERVE SPÉCIALE, MM 2000 — 85

Leicht, verschlossen und noch sehr jung – verspricht, ein eleganter, fruchtiger Wein von einiger Finesse zu werden.
🍾 2000–2005 €€

R. RENAUDIN 1993 GRANDE RÉSERVE BRUT — 83

Beginnt, einen Biskuitton zu entwickeln.
🍷 2000–2001 €€

R. RENAUDIN BLANC DE BLANCS 1996 BRUT RÉSERVE SPÉCIALE, MM 2000 — 86

Eine ultrafruchtige Vorprobe ließ auf eine sahnig-biskuitartige Zukunft schließen, doch schon ein Jahr vor der Freigabe war die Frucht ein derartiger Genuß, daß zu bezweifeln ist, ob viele Genießer auf das milde Alter dieses Weines warten werden. Offenbar soll er im September 1999 ohne Jahrgangsangabe freigegeben werden, denn wollte man ihn als 1996er Jahrgangschampagner auszeichnen, dürfte er nach

den Vorschriften nicht vor Januar 2000 herauskommen.
2000–2006 €€€

REX HILL
Oregon, USA

REX HILL MÉTHODE CHAMPENOISE BRUT

Eine sehr glatte Perlage aus winzigsten Perlen trägt zum schönen, seidigen Charakter der gehaltvollen Frucht bei. Überrascht mußte ich entdecken, wie reif diese jahrgangslose Cuvée (von 1993) ist. Das ist nur ein Zeichen dafür, daß man bei Rex Hill die Schaumweinproduktion ernstnehmen sollte.
sofort €€

MAX FERD. RICHTER
Mosel-Saar-Ruwer, Deutschland

MAX FERD. RICHTER 1997 MÜHLHEIMER SONNENLAY BRUT

Schön ausgewogen, von erfreulich fetter, gehaltvoller Art, guter Struktur und Säure. Abgerundeter und befriedigender Wein ohne einen Hauch von minderwertigen Trauben. Er bräuchte lediglich etwas mehr Finesse, um oberhalb von 80 Punkten mitspielen zu können.
Beim Kauf €€

RIDGEVIEW
Ditchling Common, Sussex, England

RIDGEVIEW 1996 SOUTH RIDGE, CUVÉE MERRET

Die mir eingereichte Probe war offenbar eine Vorabversion dieses erst einen Monat vor Erscheinen dieses Buches freigegebenen Weins, doch ist seine Qualität so offensichtlich und vielversprechend, daß ich ihm ohne Zögern eine so hohe Note gebe. Er hat nicht nur klassische Qualität von außergewöhnlicher Finesse, sondern läßt sich auch jetzt schon köstlich trinken. Bleibt diese Qualität ebenso beständig wie bei Nyetimber, bekommt

Großbritannien zwei Schaumweine von Weltklasse. Das dürfte Stuart und Sandy Moss wachsam halten und andere ermutigen, ebenfalls Schaumweintrauben zu ziehen.
2000–2002 €€

RIDGEVIEW 1996 SOUTH RIDGE

Die Vorabprobe dieser Cuvée war von den Aromen eines kürzlich degorgierten Weins dominiert, verspricht aber, Biskuittöne zu entwickeln und verfügt über reichlich Säure für zusätzliche Flaschenreife. Die Qualität des Korkens und des eloxierten Drahtkorbs verraten ein Auge fürs Detail, das den Besitzern Christine und Mike Roberts wohl eine gute Zukunft bescheren wird.
2000–2002 €€

RILLING
Württemberg, Deutschland

RILLING SEKT 1996 SPÄTBURGUNDER WÜRTTEMBERG EXTRA TROCKEN

Kraftvolle Pinot-Aromen, die sich am Gaumen in Kirschenfrucht verwandeln.
Beim Kauf €€

ROEDERER
Champagne Louis Roederer
21 Boulevard Lundy
51053 Reims
(326) 40.42.11 FAX (326) 47.66.51

LOUIS ROEDERER BRUT PREMIER

Gehaltvoll und biskuitartig mit komplexer, sahnig-biskuitartiger Frucht. Große Finesse. Herausragende Komplexität.
2000–2003 €€€

LOUIS ROEDERER BRUT PREMIER *(Magnum)*

Zeigt nicht die milde Reife und kraftvolle, sahnig-biskuitartige Komplexität der

Standardcuvée, sondern ist ein viel frischerer, äußerst lebhafter und jünger wirkender Champagner, der aber mindestens ebensoviel Potential besitzt.
▬ 2000–2006 €€€

LOUIS ROEDERER RICH SEC

Nach dem Statut *Viti-Vinicole de la Champagne* bedeutet »rich« halbtrocken. Der für einen Sec maximal zugelassene Restzucker entspricht aber dem Minimum für Demi-Sec, daher nehme ich an, daß der Wein 35 Gramm pro Liter aufweist. Zur Zeit wird die Nase von malolaktischen Tönen dominiert, von Frucht und vanilleduftiger Süße, doch wird sich das Bukett in fünf Jahren kraftvoll-biskuitartig entwickelt haben, während die Fruchtsüße sagenhaft zu werden verspricht.
▬ 2005–2010 €€€€

LOUIS ROEDERER 1993 BRUT VINTAGE

Lebhaft und fruchtig, mit einer feinen, schwungvollen Frische, die sich zu biskuitartiger Finesse entfalten wird.
❘ 2000–2008 €€€€

LOUIS ROEDERER 1993 BRUT ROSÉ

Dieser hellgoldene Rosé zeigt kaum einen Hauch eines Blanc de Noirs, doch das ist eben der Roederer-Stil, und Beständigkeit ist sein Markenzeichen. Das zeigt auch diese reich-biskuitartige Cuvée mit Tendenz zum sahnigen Biskuitton.
❘ 2000–2003 €€€€

LOUIS ROEDERER 1993 BLANC DE BLANCS BRUT

Trotz Duftnoten von grünem Apfel und Chablis macht die Frucht insgesamt einen weichen, sauberen Eindruck – mir schwant, hier hat ein raffinierter Verschnitt stattgefunden. In diesem Zustand 88 Punkte wert, könnte sich der Wein zu noch größeren Leistungen aufschwingen.
❘ 2000–2003 €€€€

LOUIS ROEDERER 1993 CRISTAL BRUT

Bei der Blindprobe kam ich nicht auf die Idee, einen Cristal vor mir zu haben, denn dieser Wein ragt zum Zeitpunkt der Freigabe selten heraus. Dieser Jahrgang aber war sensationell. Eine unglaubliche Kombination von konzentrierter Frucht und Finesse mit einem schier endlosen Abgang von großem Reifepotential und noch größerer Finesse. Umwerfend.
❘ 2000–2020 €€€€

LOUIS ROEDERER 1993 BRUT VINTAGE (Magnum)

Auch wenn die Magnum genau den gleichen Wein enthält wie die Standardflasche und sich lediglich langsamer entwickelt – irgendwie hat die Frucht doch etwas Exquisites, das den 1993er Magnum auf eine andere Stufe hebt.
❘ 2000–2015 €€€€

LOUIS ROEDERER 1990 BRUT VINTAGE

Dieser bei Fachhändlern noch verfügbare Jahrgang beginnt gerade erst zu zeigen, wie wunderbar cremig-biskuitartig er sich entwickeln wird.
▬ 2000–2005 €€€€

ROEDERER ESTATE
Kalifornien, USA

ROEDERER ESTATE BRUT, ANDERSON VALLEY

Diese 1996er Cuvée ist bereits vollmundig, mild und schön zu trinken. Dies liegt vor allem an der Verstärkung der malolaktischen Gärung, auch wenn der Wein keine aufdringlichen Malo-Aromen zeigt. Doch sie wird ebenso lange reifen wie ihre Vorgänger und zeigt dasselbe sahnig-biskuitartige Potential.
❘ 2000–2004 €€

ROEDERER ESTATE BRUT, ANDERSON VALLEY *(Jeroboam)*

Einige spät degorgierte, auf 1993 beruhende Jeroboam-Abfüllungen wurden zum bereits freigegeben. Derzeit beruht die jahrgangslose Cuvée in Standardflaschen auf dem Jahrgang 1996, der Nachfolger soll nach Erscheinen des Buches freigegeben werden. Die Jeroboams liegen also drei bis vier Jahre länger auf der Hefe, was ihnen eine schöne, sahnige Art gibt, mit Vanille- und Toastaromen, vermischt mit Aprikose.
❘ 2000–2005 €€

**ROEDERER ESTATE
BRUT ROSÉ, ANDERSON
VALLEY** — 87

Außer der aus 1992er Rebgut gekelterten Cuvée in der Magnumflasche ist dieser Rosé aus 96er Weinen bislang die beste: viel sahnig-schwungvolle Frucht.
❦ 2000–2005 €€

**ROEDERER ESTATE
BRUT ROSÉ,
ANDERSON VALLEY** — 87
(Magnum)

Die Magnum auf 1994er-Basis ist noch sehr verschlossen und vollmundig, mit Tönen von rotem Stillwein, die aber abzuschmelzen beginnen und in ein paar Jahren recht toastwürzig werden dürften. Die 1992er Magnum ist – bei weit süffigerer Frucht – frischer und weicher. Läßt sich schon gut trinken, sollte aber in wenigen Jahren noch besser sein.
 2002–2007 €€

**L'ERMITAGE BRUT 1994
ROEDERER ESTATE, ANDERSON
VALLEY** *(Magnum)* — 89

Diese noch freizugebende Magnum präsentiert in dieser Phase chablis-ähnliche Frucht, ist aber sehr kraftvoll und braucht mehr Zeit auf der Hefe (bekommt sie), aber auch mehr Flaschenreife (das hängt von Ihnen ab), bis sie herrlich mild und toastwürzig wird.
 2001–2008 €€

**L'ERMITAGE BRUT 1993
ROEDERER ESTATE,
ANDERSON VALLEY** — 91

Dieser Jahrgang wird demnächst freigegeben, und zeigt sich der L'Ermitage im allgemeinen auch ausladender als der jahrgangslose Stil, so strahlt dieser Jahrgang bei schon jetzt überraschend fetter Art doch immer noch Finesse aus.
❦ 2000–2008 €€

**L'ERMITAGE BRUT 1992
ROEDERER ESTATE,
ANDERSON VALLEY** — 90

Der aktuelle Jahrgang ist schlicht ein Klassiker, mit allem sahnigen Biskuit, den sich ein Roederer-Fan wünschen kann.
❦ 2000–2008 €€

ROYER

Champagne Royer Père
120 Grande Rue
10110 Landreville
☎(325) 38.52.16 ℻(325) 29.92.26

**ROYER PÈRE ET FILS CUVÉE
2000 BRUT PRESTIGE** — 85

Sehr frisch und fruchtig, mit herbwürzigem Abgang.
❦ 2000–2002 €€ 90.00FF

RUINART

Champagne Ruinart
4 rue des Crayères
51100 Reims
☎(326) 85.40.29 ℻(326) 82.88.43

R DE RUINART BRUT — 88

Typisch gehaltvolle, körperreiche Art, die schon in gut einem Jahr toastwürzig wird.
❦ 2000–2001 €€€ 147.00FF

R DE RUINART BRUT ROSÉ — 87

Mächtig-fruchtiger Stil mit reichlichem Pinot-Charakter. Diese Partie dürfte sich in eine Art Miniversion des Dom Ruinart Rosé entwickeln.
❦ 2000–2003 €€€ 186.50FF

R DE RUINART 1993 BRUT — 85

Die für Anfang 2000 angekündigte Cuvée wird mindestens weitere 12 Monate Reifezeit brauchen, um ihre Frucht abzurunden, und weitere 2–3 Jahre, um die für Ruinart typische Toastwürze zu entfalten.
 2001–2005 €€€ 180.30FF

R DE RUINART 1992 BRUT — 87

Punktzahl wie letztes Jahr, obwohl er viel fruchtiger ist und seinen grünlichen Chablis-Charakter abgestreift hat.
❦ 2000–2002 €€€ 177.50FF

**DOM RUINART 1990 BLANC
DE BLANCS BRUT** — 91

Unglaublich fruchtig und trotzdem von klassischer Struktur. Dieser Wein wird mindestens zwei Jahre fruchtbetont bleiben, bevor er die toastwürzige Dimension entwickelt, für die er so berühmt ist.
❦ 2000–2015 €€€€ 381.50FF

DOM RUINART 1986 BRUT ROSÉ

Zeigt nicht die letztjährige Reinheit von roten Beeren, sondern von Malz durchzogenes Erdbeeraroma im Bukett – offenbar ein anderes Degorgier-Datum. Die Frucht am Gaumen zeigt dieselbe Fülle.
2000–2005 €€€€ 423.50FF

L'EXCLUSIVE RUINART BRUT *(Magnum)*

Wer keine Zigarren raucht, wird die erlesene, massive Kiste aus afrikanischer Walnuß, in der dieses Millenniumsopfer dargeboten wird, nicht zu schätzen wissen – in Wirklichkeit ist sie nämlich ein abschließbarer Humidor. Die Magnum selbst befindet sich in einem von Christofle entworfenen versilberten Käfig, wirkt allerdings eher wie eine Cuvée von Jeanmaire als ein Ruinart-Erzeugnis. Und der Wein? Ach ja, der Wein. Nun, reiner Chardonnay, komponiert aus Ruinarts letzten 13 Jahrgängen, aber jung und frisch wie er ist, kann er aus den älteren Jahren nicht viel enthalten. Extrem eleganter Champagner mit delikaten Zitrondüften, und die Frucht am Gaumen ist noch im duftigen Stadium.
2003–2013 €€€€ 6,600FF

ACHTUNG, SEKT- UND SCHAUMWEINERZEUGER!

Wer für nachfolgende Ausgaben eigene Weinproben einreichen möchte, setze sich bitte über folgende E-Mail-Adresse mit Tom Stevenson in Verbindung:

millennium.producers@bizonline.co.uk

Achtung: Jede andere an diese Adresse gesandte E-Mail wird ignoriert.

Eine Empfehlung in diesem Champagnerführer ist – abgesehen von den Kosten für den Versand der Proben – gebührenfrei.

SAINTE CATHÉRINE

Château Sainte Cathérine
Bordeaux, Frankreich

CHÂTEAU SAINTE CATHÉRINE 1993 CRÉMANT DE BORDEAUX ROSÉ BRUT

Der einzige ernstzunehmende Erzeuger von Crémant de Bordeaux, der mir eine Probe geschickt hat. Er tat gut daran, denn ich war vom Château Sainte Cathérine wenig beeindruckt, bis mir dieser frische und elegant-fruchtige Rosé begegnete. Da ich an jenem Abend allein zu Hause war, trank ich ihn ganz aus. Das will viel heißen, denn schließlich hätte ich notfalls einen ganzen Keller voller Alternativen gehabt.
sofort €

STE MICHELLE

Domaine Ste Michelle
Washington, USA

DOMAINE STE MICHELLE BLANC DE BLANCS BRUT, WASHINGTON STATE

Endlich bringt dieser Winzer, der Ende der 70er Jahre so vielversprechend war, wieder Schaumweine von Qualität hervor. Keine Überflieger, aber elegante, sahnige Frucht und feine Perlage.
sofort €€

DOMAINE STE MICHELLE CUVÉE BRUT, WASHINGTON STATE

Fette, schwungvolle Frucht mit ausgezeichneter Säure.
sofort €€

ST. LAURENTIUS

Mosel-Saar-Ruwer, Deutschland

ST. LAURENTIUS SEKT 1997 CUVÉE PINOT BRUT

Erlesen duftende Frucht, sehr zart und weich am Gaumen, mit Nachklängen von Nektarine, Aprikose und Pfirsich.
Beim Kauf €€

ST. LAURENTIUS SEKT 1997 RIESLING BRUT

Schöne Riesling-Art, wenn auch die Frucht eine Spur reifer sein könnte.
🍷 Beim Kauf €€

SALON
Champagne Sandora
Le Mesnil-sur-Oger
51190 Avize
📞 (326) 57.51.65 📠 (326) 57.79.29

SALON 1988 BLANC DE BLANCS BRUT

Große, biskuitartig-reiche Aromen haben sich seit dem letzten Jahr entwickelt. Am Gaumen hat die Frucht an reiferer, nussig-sahniger Komplexität gewonnen, während sie im Abgang so verschlossen bleibt wie eh und je. Dürfte sich Anfang 2000 allmählich gut trinken lassen, also drei Jahre früher als vorhergesagt, verspricht aber, ebenso lange zu halten.
🍷 2000–2028 €€€€ 🍾450.00FF

❖ **SCHARFFENBERGER**, s. Pacific Echo

❖ **SCHLOSS SCHÖNBORN**, s. Schönborn

SCHÖNBORN
*Domänenweingut Schloß Schönborn
Rheingau, Deutschland*

DOMÄNENWEINGUT SCHLOSS SCHÖNBORN 1994 ERBACHER MARCOBRUNN BRUT

Hat mehr Gehalt und Gewicht als viele seiner kostspieligeren Artverwandten.
🍷 Beim Kauf €€

❖ **SCHLOSS SOMMERHAUSEN**, siehe Sommerhausen

SCHRAMSBERG
Kalifornien, USA

SCHRAMSBERG 1995 BLANC DE NOIRS BRUT

Der Wein ist gehaltvoll und füllig, mit recht schwungvoller Frucht, die jedoch mehr Säure vertragen könnte.
🍷 sofort €€

SCHRAMSBERG 1988 BLANC DE NOIRS

Pinot-Frucht mit Terpenen und toast-würzigem Kaffeeduft. Falls diese Cuvée die Terpene abstreifen kann, ist sie 80 Punkte wert.
🍾 Abwarten €€

J. SCHRAM 1993 SCHRAMSBERG

Die Vorprobe war sehr verschlossen, was aber teilweise am Fehlen einer kommerziellen Dosage liegt, die diese Cuvée deutlich nötig hat. Wie frühere Jahrgangsweine von Schram profitiert auch dieser von zwei Jahren Flaschenreife.
🍾 2001–2003 €€€

J. SCHRAM 1992 SCHRAMSBERG

Dieser Wein zeigt die Fülle, die man von einem Schramsberg erwartet, dafür aber mehr Säure als alle anderen zusammengenommen.
🍾 2000–2001 €€€

ACHTUNG, SEKT- UND SCHAUMWEINERZEUGER!
Wer für nachfolgende Ausgaben eigene Weinproben einreichen möchte, setze sich bitte über folgende E-Mail-Adresse mit Tom Stevenson in Verbindung:
millennium.producers@bizonline.co.uk
Achtung: Jede andere an diese Adresse gesandte E-Mail wird ignoriert.
Eine Empfehlung in diesem Champagnerführer ist – abgesehen von den Kosten für den Versand der Proben – gebührenfrei.

SCHUMANN-NÄGLER
Rheingau, Deutschland

SCHUMANN-NÄGLER 1997 GEISENHEIMER MÖNCHSPFAD BRUT

Frische, flaumige Frucht, mit schön ausgewogener Säure, die einen vollmundigen, herbwürzigen Abgang nach sich zieht.
❘ Beim Kauf €€

SEAVIEW
South Australia, Australien

SEAVIEW BRUT

Dem Seppelt Great Western Brut war dieser Wein immer überlegen, und an Beständigkeit gleichwertig. Sein Stil ist frischer und flaumiger und, wenn der Bestand reif ist, wie er es im Vereinigten Königreich Anfang bis Mitte 1999 war, dann demonstriert der Seaview Brut, daß er mit einem zusätzlichen Jahr Flaschenreife gut klarkommt.
❘ Beim Kauf €

SEAVIEW BRUT ROSÉ

Zwar frisch, fruchtig und duftig, aber nicht vergleichbar mit der sahnig-erdbeerduftigen Cuvée des letzten Jahres.
❘ Beim Kauf €

SEAVIEW 1995 CHARDONNAY PINOT NOIR BRUT

Hat eine schöne Toastwürze, verliert aber Punkte wegen zu zuckriger Frucht.
❘ Beim Kauf €

EDWARDS & CHAFFEY 1995 PINOT NOIR CHARDONNAY BRUT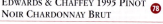

Sahnig-biskuitartig mit süßer Frucht.
❘ Beim Kauf €€

SEGURA VIUDAS
Penedès, Spanien

BRUT RESERVA 1996 SEGURA VIUDAS

Immer noch eine der besten Cavas, wohl weil die Säure eine etwas größere Dosage zuläßt und der Wein biskuitartig werden kann.
❘ Beim Kauf €

VINTAGE BRUT NATURE 1994 SEGURA VIUDAS

Besser als die meisten anderen Cavas. Sogar besser als die meisten in diesem Buch empfohlenen Cavas. Doch so gut wie die Brut Reserva ist sie nicht, wohl wegen der geringeren Dosage und Reichhaltigkeit, die auch weniger Reifepotential und Finesse nach sich ziehen.
❘ Beim Kauf €

SELOSSE
Champagne Jacques Selosse
22 rue Ernest Vallée
51190 Avize
📞 (326) 57.53.56 📠 (326) 57.78.22

JACQUES SELOSSE BLANC DE BLANCS, BRUT GRAND CRU

In großen Eichen-*tonneaux* vinifiziert, zeigt dieser Tropfen die blumig-esterartige eichenwürzige Rauhheit, die so viele Weine dieses Hauses auszeichnet.
▬ 2002–2005 €€€ 🍾146.00FF

JACQUES SELOSSE CUVÉE EXQUISE, SEC ⛔

Die esterig-eichenwürzigen Aromen sind typisch für Selosse, doch war diese Cuvée im letzten Jahr noch gut integriert, während die vorliegende Partie mehr Eichenholz und weniger Süße zeigt. Längere Reife tut Selosse-Weinen immer gut, liebliche Varianten benötigen nach dem Degorgieren mehr Flaschenreife. Also bleibt ein Urteil vorbehalten.
▬ Abwarten €€€ 🍾146.00FF

JACQUES SELOSSE ORIGINE BLANC DE BLANCS, BRUT GRAND CRU

Nur eichenwürzig, nicht esterartig. Reichlich Extrakt mit weiterem Reifepotential.
❘ 2000–2003 €€€ 🍾285.00FF

JACQUES SELOSSE EXTRA BRUT, GRAND CRU BLANC DE BLANCS

Diese Cuvée wird im großen Eichenfaß vinifiziert und hat wie stets junge, blumig-eichenwürzige und esterartige Chardonnay-Aromen, die auf weiteren Reifebedarf vor wie nach dem Degorgieren hinweisen. Diesem Wein würde auch eine Dosage gut stehen, denn ihr Fehlen macht die Vorteile der Reife nach dem Degorgieren durch einen Verlust an Finesse zunichte.

📯 2000–2001 €€€ 🍾164.00FF

JACQUES SELOSSE 1990 BLANC DE BLANCS, BRUT GRAND CRU

Sehr eichenbetont, aber ohne Ester-Aroma. Offensichtlich erstklassiger Grundwein, der bei zurückhaltenderem Holzton mehr Finesse gehabt und sein *terroir* besser zum Ausdruck gebracht hätte.

🍷 2000–2005 €€€€

SEPPELT
Victoria, Australien

SEPPELT GREAT WESTERN BRUT ⊖

Diese Cuvée hatte nie Spitzenqualität, doch stets ein gutes Preis-Leistungsverhältnis, und ihr frischer, zitrusduftig-schwungvoller Stil war von unschlagbarer Beständigkeit. Die 1999 gelieferten Partien fielen jedoch weniger schwungvoll als amylisch aus, daher muß ich abwarten, bis ich diesem Wein seine gewohnt bescheidenen 70 Punkte verleihen kann.

📯 Abwarten €

SEPPELT 1994 SPARKLING SHIRAZ

Die süße Frucht in diesem tiefroten Schaumwein hat seit dem letzten Jahr eine Spur Minzeduft entwickelt.

🍷 Beim Kauf €

SEPPELT 1987 SHOW SPARKLING SHIRAZ

Dieser alkoholstarke Ribena bräuchte die Aufschrift: Nur für australische Gaumen geeignet! Australiens Sparkling Shiraz ist zwar international schon fast ein Kultwein, doch wer würde solche Warnungen fröhlich ignorieren?

🍷 sofort €€

❖ **SHADOW CREEK**, *siehe* Chandon Kalifornien

❖ **SHINGLE PEAK**, *siehe* Matua Valley

SILVESTRI
Lazio, Italien

GANIMEDE SILVESTRI

Muskateller-Aromen, gefolgt von köstlich frischer, süßer Erdbeerfrucht.

🍷 Beim Kauf €€

ANDRÉ SIMON

Winerite
Gelderd Road
Leeds LS12 6HJ
☎(113) 283 7676 FAX(113) 283 7694

ANDRÉ SIMON BRUT ROSÉ

André-Simon ist zwar im Besitz eines britischen Handelshauses, doch wird der von Marne et Champagne (NM-243) erzeugte Schaumwein in verschiedene internationale Märkte exportiert. Der rosé-weiche Stil bietet köstlich frische Frucht, gestützt von weichem, extrem feinem Schaum.

🍷 sofort €€

ANDRÉ SIMON 1990 VINTAGE BRUT

Diese gehört nicht dem Erzeuger, sondern dem Händler. Sie wird auch exportiert und erscheint daher unter ihrem eigenen Namen im Hauptteil. Die starken Aromen in diesem Champagner dürften Toastwürze entwickeln, doch fehlt ihm die Finesse manch anderer Abfüllungen von Marne et Champagne, etwa des 1990er Gauthier.

🍷 2000–2002 €€

SOMMERHAUSEN
Franken, Deutschland

SCHLOSS SOMMERHAUSEN 1995 SOMMERHÄUSER STEINBACH RIESLING BRUT

Dieser Sekt schickt sein vollmundiges Gewicht an den Gaumen, benötigt für eine höhere Wertung aber mehr Finesse.

🍷 Beim Kauf €€

SOUSA

Champagne de Sousa & Fils
12 place Léon-Bourgoise
51190 Avize
☎(326) 57.53.29 FAX(326) 52.30.64

DE SOUSA CUVÉE DU MILLÉNAIRE 1995 CHARDONNAY BRUT GRAND CRU — 87

Zitrusaromen, gefolgt von fest strukturierter Frucht und einiger echter Finesse im Abgang. Dieser Wein verspricht seinen fruchtbetonten Stil für einige weitere Jahre durchzuhalten, wird aber letztlich toastwürzig werden.
❦ 2000–2004 €€€

SOUTHCORP
South Australia, Australien

KILLAWARRA BRUT ROSÉ — 72

Aromen von Anis und Kreuzkümmel mischen sich hier mit eingängiger Frucht, unterstützt von frischer Fruchtsäure.
❦ Beim Kauf €

SOUTIRAN

Champagne Patrick Soutiran
3 rue des Crayères
51150 Ambonnay
☎(326) 57.08.18 FAX(326) 57.81.87

PATRICK SOUTIRAN BLANC DE NOIRS, BRUT GRAND CRU — 85

Im Bukett zu jung, aber die Pinot-Noir-Frucht von roten Johannisbeeren im Abgang prophezeit schöne Entwicklung.
 2000–2002 €€ ⚱79.00FF

PATRICK SOUTIRAN BRUT ROSÉ, GRAND CRU — 85

Schmackhafte Pinot-Frucht zum sofortigen Genuß.
❦ Beim Kauf €€ ⚱89.00FF

E. STEIN
Nahe, Deutschland

E. STEIN 1995 RIESLING SEKT, NAHE EXTRA TROCKEN — 70

Weicher, sauberer Riesling, nichts Besonderes, aber besser als einige Sekte, die zum vierfachen Preis verkauft werden.
❦ Beim Kauf €

❖ **SUMMARROCA**, *siehe* Moli Coloma

TAITTINGER

Champagne Taltarni Chardonnay Pinot Noir
9 Place Saint-Nicaise
51061 Reims
☎(326) 85.45.35

TAITTINGER BRUT RÉSERVE — 86

Sehr frisch, lebhaft und elegant, mit von festem Schaum aus winzigen Perlen unterlegter Brotfrucht. Entwickelt im Glas überraschende Fülle.
❦ 2000–2002 €€

TAITTINGER PRESTIGE ROSÉ — 82

Voll, fest und ausdrucksstark, leicht im Körper und von eleganter Struktur.
❦ 2000–2001 €€

TAITTINGER 1989 COMTES DE CHAMPAGNE, BRUT — 92

Ungeheuer reichhaltig und reif, mit süffiger, cremig-reichhaltiger Frucht und feiner Säuregrundlage.
❦ 2000–2009 €€€€

COMTES DE CHAMPAGNE 1993 BLANC DE BLANCS BRUT, TAITTINGER — 91

Duftige Chardonnay-Aromen, gefolgt von schöner, ausladender Frucht und einem Eindruck großer Finesse. 1993 ist zwar kein großer Jahrgang, doch der 1993er Comtes de Champagne ist ein wahrhaft großer Champagner, der noch eine ganze Weile fruchtbetont bleiben wird, bevor er einen Hauch komplexer Reifearomen entwickelt.
❦ 2000–2008 €€€€

COMTES DE CHAMPAGNE 1993 BRUT ROSÉ, TAITTINGER — 90

Ein Wein von Klasse, der sich süffig trinken läßt, mit einer Menge weicher

Frucht von roten Beeren. Duftig und delikat, und doch ungeheuer lang. Keine langfristige Angelegenheit, doch wer es schafft, diesen Wein zwei Jahre lang nicht anzurühren, wird dafür reich belohnt.
▬ 2000–2005 €€€

TALTARNI
Victoria, Australien

| CLOVER HILL 1996 TASMANIA BRUT | |

Sehr duftig, mit frischer, herber Frucht.
❚ 2000–2001 €€

TATACHILLA
South Australia, Australien

| TATACHILLA PINOT NOIR BRUT, McLAREN VALE | |

Mit ihrer guten Säure und – gemessen am Preis – reichlichem Extrakt, könnte dieser Cuvée ein wenig Reife ganz guttun.
❚ 2000–2001 €

| TATACHILLA SPARKLING MALBEC PADTHAWAY | |

Tatachillas seltsamen und kräftigen, höchst duftigen schäumenden Malbec sollte sich niemand entgehen lassen, dem je einer von Australiens schäumenden Roten gemundet hat.
❚ sofort €

TEFFT CELLARS
Washington, USA

| TEFFT CELLARS 1997 PINOT MEUNIER CHAMPAGNE, YAKIMA VALLEY | |

Diesen frischen, unkomplizierten, eingängigen Schaumwein habe ich rein zufällig entdeckt. Da ich von Mountain Dome in Spokane, Washington, nach Argyle in Dundee, Oregon reisen mußte, fragte ich den Direktor des Washington Wine Institute, ob es zufällig auf halbem Wege, etwa zwischen Sunnyside und Granger im Yakima Valley, ein Weingut mit Bed and Breakfast gäbe. Ich erfuhr, daß man bei Tefft Cellars in Outlook, genau in der Mitte zwischen Sunnyside und Granger, Zimmer vermietet und Schaumweine herstellt. Ein verblüffender Zufall, doch Tefft Cellars ist kaum mehr als ein Weinberg mit einer Schweinefarm, und so erklärte Joel denn auch bescheiden: »Unser Schaumwein ist eigentlich hauptsächlich für uns selbst bestimmt, und wir verkaufen ihn nur, um die Kosten wieder reinzubekommen. Komplexität streben wir gar nicht an, nur etwas leicht zu Trinkendes, deshalb nehmen wir den Wein von der Hefe, so früh es geht. Wir geben ihm nicht länger als neun Monate, und Dosage ist uns zu aufwendig.« Ich bin zwar kein Anhänger von Champagner ohne Dosage, aber wenn so etwas überhaupt funktioniert, dann nur mit bescheidenen Weinen, die einfach frisch, lebhaft und fruchtig sind. Weinen wie diesem eben. Hier haben wir einen reinsortigen Meunier, der allein außerhalb des Marnetals selten genug ist. Doch dieser Tropfen mit seinem frischen Erdbeer-Aroma, der zurückhaltenden Frucht am Gaumen, die von zarten Birnen- und Apfeldüften durchzogen ist, zeigt, daß diese Sorte in Washington ganz anständig ausfällt. Zumindest in Outlook, neben der Schweinefarm …
❚ Beim Kauf €€

TELMONT
Champagne J. de Telmont
1 avenue de Champagne
51480 Damery
📞(326) 58.40.33 FAX(326) 58.63.93

| J. DE TELMONT BRUT GRANDE RÉSERVE | |

Dieser Wein wurde so früh auf den Markt gebracht, daß die amylischen Aromen von der ersten Gärung noch zu aufdringlich sind. Zudem schoß der Schaum noch aus der Flasche, als schon ein Glas eingeschenkt war; offenbar ist der Großteil der Kohlensäure noch frei. Auf der Haben-Seite sind allerdings reichlich Frucht und eine weiche, großzügige Art zu verzeichnen. Zum Zeitpunkt der Probe hätte er nicht mehr als 80 Punkte verdient. Wer in den Genuß der 85-Punkte-

Qualität kommen will, muß diese Cuvée 12 Monate lagern.
➤ 2000–2001 €€

❖ **TERRACE ROAD**, *siehe* Brun, Cellier Le

TESTULAT

Champagne V. Testulat
23 rue Léger Bertin
51201 Épernay
📞(326) 54.10.65 📠(326) 54.61.18

V. TESTULAT BRUT CARTE D'OR, BLANC DE NOIRS

Sehr reichhaltige, saftige Frucht.
❕ sofort €€

V. TESTULAT BRUT BLANC DE BLANCS

Frisch, gehaltvoll, mit schöner Frucht.
❕ sofort €€

V. TESTULAT BRUT CUVÉE 2000

Ein wahrhaft köstlicher Champagner, mit haufenweise flaumiger Frucht und einer untadeligen Mousse aus winzigsten Perlen. Außerordentliche Finesse von diesem Erzeuger aus Épernay.
❕ 2000–2001 €€€

THIENOT

Champagne Alain Thienot
14 rue des Moissons
51100 Reims
📞(326) 77.50.10 📠(326) 77.50.19

ALAIN THIENOT BRUT

Ein großherziger Champagner mit reichlich sauberer, gehaltvoller Frucht, der in wenigen Jahren toastwürzig werden dürfte.
❕ 2000–2004 €€

TORELLÓ

Penedès, Spanien

ALIGUER BRUT VINTAGE 1996 AGUSTÍ TORELLÓ

Cremig und sehr weich, doch von amylischen Aromen beeinträchtigt.
❕ Beim Kauf €

CAVA 2000 BRUT NATURE AGUSTÍ TORELLÓ

Amylisch, aber mit sauberer Säure, so daß er noch aufgenommen wird. Die aktuelle Cuvée beruht auf Weinen von 1996.
❕ Beim Kauf €€

KRIPTA GRAN RESERVA BRUT NATURE AGUSTÍ TORELLÓ

Diese Cuvée ist besser als die auf 1991 beruhende, aber nicht ganz so gut wie die aus Weinen von 1992. Die Partie basiert auf 1994 und ist ein frischer, sauberer Wein, mit einigen Terpenen, aber weniger aufdringlichen Holztönen als zuvor. Der cremig-butterige Abgang wird durch eine Spur Tannin verkürzt. Schon wegen der Flasche ihren Preis wert!
❕ Beim Kauf €€

ACHTUNG, SEKT- UND SCHAUMWEINERZEUGER!

Wer für nachfolgende Ausgaben eigene Weinproben einreichen möchte, setze sich bitte über folgende E-Mail-Adresse mit Tom Stevenson in Verbindung:

millennium.producers@bizonline.co.uk

Achtung: Jede andere an diese Adresse gesandte E-Mail wird ignoriert.

Eine Empfehlung in diesem Champagnerführer ist – abgesehen von den Kosten für den Versand der Proben – gebührenfrei.

TORREBLANCA

*Viña Torreblanca
Penedès, Spanien*

TORREBLANCA EXTRA 1997 CAVA BRUT RESERVA, VIÑA TORREBLANCA

Das sehr fruchtige Aroma gibt den fruchtbetonten Stil dieser Cava mit reichlich Geschmackstiefe getreu wider. Nur die Finesse kommt zu kurz.
❕ Beim Kauf €

TORRE ORIA
Utiel-Requena, Spanien

TORRE ORIA CAVA BRUT RESERVA 1996 TORRE ORIA

Gekeltert aus reiferer Frucht, als bei Cavas üblich, zeigt diese Kreszenz großzügigen, vordergründig fruchtigen Stil.
❦ Beim Kauf €

TRIBAUT SCHLOESSER
Champagne Tribaut Schloesser
21 rue Saint Vincent
51880 Romery
☏(326) 58.64.21 FAX(326) 58.44.08

TRIBAUT SCHLOESSER, EXCEPTION DU MILLÉNAIRE 2000 CELEBRATION DU IIIÈME MILLÉNAIRE BRUT

Ausgezeichnet gehaltvoll und extraktreich, mit sehr geradliniger, gut konturierter Frucht von großer Reinheit.
❦ 2000–2002 €€€

TRIOLET
Champagne Thierry Triolet
22 rue des Pressoirs
51260 Bethon
☏(326) 80.48.24 FAX(326) 81.16.42

THIERRY TRIOLET BRUT BLANC DE BLANCS

Ein großer, reichhaltiger Champagner mit Biskuitton, der bald einen oxidierten Toffee-Ton annehmen wird, deshalb austrinken.
❦ Beim Kauf €€ ❦69.00FF

UNION CHAMPAGNE
7 rue Pasteur
51190 Avize
☏(326) 57.94.22 FAX(326) 57.57.98

PIERRE VAUDON BRUT PREMIER CRU

Ein mehr als preiswerter Champagner von Union Champagne. Die Tiefe seiner mit komplexen Hefearomen durchzogenen Frucht weist auf eine gelungene Reifung hin.
❦ 2000–2002 €€

VALLEY VINEYARD
Twyford, Berkshire, England

VALLEY VINEYARDS HERITAGE ROSÉ

Frischer, fruchtiger Eintopf aus klassischen Rebsorten und Kreuzungen.
❦ Beim Kauf €

VALLEY VINEYARD CLOCKTOWER GAMAY

Dank John Worontschak, der aufgrund seiner Arbeit als Flying Winemaker erfahrener ist, als es sein Alter vermuten läßt, ist dieser gut gemachte Schaumwein mit seinem kräuterwürzigen englischen Schwung und seiner beständigen Qualität ein kleiner Klassiker. Mit dem Gamay waren noch in den 30er Jahren Rebflächen im Süden der Champagne bedeckt, und die Sorte verspricht, im Vereinigten Königreich ebensogute Ergebnisse zu bringen.
❦ Beim Kauf €€

VALLFORMOSA
Penedès, Spanien

BRUT VALLFORMOSA MASIA VALLFORMOSA

Diese schmackhafte, frische Cuvée aus Grundweinen von 1996 hat herbe Frucht und ähnelt dem 1996er Vallformosa.
❦ Beim Kauf €

BRUT VINTAGE VALLFORMOSA 1996 MASIA VALLFORMOSA

Schmackhaft, frisch, herbwürzige Frucht.
❦ Beim Kauf €

EXTRA SECO VALLFORMOSA 1997 MASIA VALLFORMOSA

Gehalt- und ausdrucksvoll; weder übertrieben »dosiert«, noch übertrieben süß.
❦ Beim Kauf €

VARNIER-FANNIÈRE

Champagne Varnier-Fannière
23 Rempart du Midi
51190 Avize
☎(326) 57.53.36 FAX(326) 58.97.19

VARNIER-FANNIÈRE
BRUT ROSÉ GRAND CRU — 80

Große, weiche, fette, reichhaltige Frucht mit süßem Abgang, aber leider oxidativer Nase.
🍷 Beim Kauf €€ 🍾88.00FF

VARNIER-FANNIÈRE CUVÉE
SAINT DENIS BLANC DE
BLANCS BRUT GRAND CRU — 89

Groß, reichhaltig und seriös, mit reichlich reifer Frucht und sich langsam aufbauender Komplexität.
🍷 2000–2002 €€

❖ PIERRE VAUDON, *siehe* Union Champagne

VENOGE

Champagne de Venoge
30 avenue de Champagne
51204 Épernay
☎(326) 55.01.01 FAX(326) 54.73.60

DE VENOGE BRUT
SÉLECT CORDON BLEU — 85

Ein reifer Champagner von gut gereifter, biskuitartiger Fülle und Komplexität.
🍷 2000–2001 €€

DE VENOGE BRUT
BLANC DE NOIRS — 82

Intensive Frucht, doch fehlt die Finesse für eine höhere Wertung.
🍷 2000–2002 €€

DE VENOGE DEMI-SEC
CORDON BLEU — 80

Ein gut ausgewogener, eingängiger, leicht fruchtiger Demi-Sec zum sofortigen Genuß.
🍷 Beim Kauf €€

DE VENOGE 1991
BRUT MILLÉSIMÉ — 83

Leicht oxidative, biskuitartige Komplexität, doch sind Extrakt und Säure für zukünftige Abrundung vorhanden.
🍷 2000–2004 €€€

DE VENOGE 1990
BRUT BLANC DE BLANCS

Ausgezeichnete, vital-lebhafte Frucht, die am Ende höchst toastwürzig werden wird.
🍷 2000–2005 €€€

JANE VENTURA
Penedès, Spanien

JANE VENTURA
CAVA BRUT NATURE

Mit Stärke und Tiefe, doch von ungenügender Finesse.
🍷 Beim Kauf €

JANE VENTURA
CAVA GRAN RESERVA
BRUT NATURE — 71

Besser als die meisten anderen Cuvées, was Gehalt, Tiefe und Säure betrifft.
🍷 Beim Kauf €€

VESSELLE

Champagne Georges Vesselle
16 rue des Postes
51150 Bouzy
☎(326) 57.00.15 FAX(326) 57.09.20

GEORGES VESSELLE
BRUT GRAND CRU

Säcke voll kräftiger, Bouzy-typischer Pinot-Frucht mit gefälliger Eleganz.
🍷 2000–2002 €€€

GEORGES VESSELLE
BRUT ROSÉ GRAND CRU

Von heller Aprikosen-Pfirsich-Farbe, mit reiner Pinot-Frucht am Gaumen sowie Kirschen und Erdbeeren im Abgang.
🍷 sofort €€€

GEORGES VESSELLE 1989
BRUT MILLÉSIME GRAND CRU

Enorme Fruchtreife und höchst intensiver Pinot-Geschmack.
 2001–2011 €€€

VEUVE CLICQUOT

Champagne Veuve Clicquot
12 rue du Temple
51100 Reims
☎(326) 40.25.42 ℻(326) 40.60.17

VEUVE CLICQUOT PONSARDIN BRUT YELLOW LABEL

Die sehr fruchtige, feine Cuvée wird eher biskuitartig werden als weihnachtswürzig.
❚ 2000–2003 €€€ 🍇139.00FF

VEUVE CLICQUOT PONSARDIN YELLOW LABEL BRUT
(*Magnum*)

Die Magnum zeigt sich milder und reifer als die Standardflasche, ist aber noch sehr fruchtbetont, mit schönem, langem und elegantem Abgang und intensiv fruchtigem Nachgeschmack.
❚ 2000–2010 €€€

VEUVE CLICQUOT PONSARDIN YELLOW LABEL BRUT
(*Jeroboam*)

Zeigt mehr Finesse als Standard- und Magnum-Ausführung, dafür aber weniger offensichtliche Fruchtigkeit.
❚ 2000–2010 €€€

VEUVE CLICQUOT PONSARDIN DEMI-SEC

Süßer, einfacher und unglücklicherweise überschattet von der Jahrgangs-Variante der Veuve Cliquot Rich Réserve, einem wahrhaft großen Wein. Doch diese Cuvée wird in den nächsten Jahren komplexere, biskuitartige Fülle entwickeln.
❚ 2000–2003 €€€

VEUVE CLICQUOT PONSARDIN 1993 VINTAGE RÉSERVE BRUT

Im Juni 1999 freigegeben. Noch dominieren malolaktische Aromen im Bukett und süße, pfeffrige Frucht am Gaumen. Sollte nicht mehr als ein Jahr benötigen, um Komplexität zu entwickeln. Einige Finesse.
━ 2000–2008 €€€€ 🍇180.00FF

VEUVE CLICQUOT PONSARDIN 1993 ROSÉ RÉSERVE

Die pfeffrige Frucht der Vorprobe wird bei diesem im Juli 1999 freigegebenen Wein noch biskuitartig werden. Schöne Frucht am Gaumen.
━ 2000–2005 €€€€ 🍇190.00FF

VEUVE CLICQUOT PONSARDIN 1990 ROSÉ RÉSERVE VINTAGE

Die zarte, helle Pfirsichfarbe steht im Gegensatz zu der intensiven Frucht dieses Champagners. Braucht noch Zeit.
❚ 2000–2005 €€€€

VEUVE CLICQUOT PONSARDIN 1993 RICH RÉSERVE

Wenn diese Cuvée im November 1999 freigegeben wird, sind ihre zur Zeit der Probe karamelartig-malolaktischen Aromen wohl zu einer feineren, reichhaltigeren, cremig-biskuitartigen Komplexität gereift. Die tadellose Qualität des üppigeren 1989er Rich wird nicht erreicht, doch handelt es sich zweifellos um einen vorzüglichen Champagner. Veuve Cliquot verdient für die Rehabilitierung lieblicher Champagner einen Orden.
━ 2002–2007 €€€€ 🍇180.00FF

VEUVE CLICQUOT PONSARDIN 1991 VINTAGE RÉSERVE BRUT

Für einen Veuve Cliquot frühreif; hat bereits biskuitartige Milde entwickelt.
❚ 2000–2003 €€€€

VEUVE CLICQUOT PONSARDIN 1991 RICH RÉSERVE

Zeigt mehr Finesse als der 1993er, ist aber nicht so üppig wie der 1989er.
❚ 2000–2011 €€€€

VEUVE CLICQUOT PONSARDIN 1990 LA GRANDE DAME BRUT

Erfreut noch immer mit schön reichhaltiger, reifer Frucht von großer Finesse.
❚ 2000–2020 €€€€ 🍇430.00FF

VEUVE CLICQUOT PONSARDIN 1990 LA GRANDE DAME ROSÉ BRUT

Der zweite Jahrgang der Grande Dame Rosé fällt fast so außergewöhnlich aus wie der erste (1988, 95 Punkte). Ein reichhaltiger, kraftvoller und komplexer Wein mit cremig-biskuitartigen Aromen und saftig-gehaltvoller Frucht.

Ein Dauerbrenner.
🍷 2000–2010 €€€€ 🥂1000.00FF

VEUVE CLICQUOT PONSARDIN 1990 LA GRANDE DAME, BRUT

Reichhaltiger, milder Champagner, ein klassischer Veuve Cliquot. Große Finesse.
🍷 2000–2010 €€€€

VEUVE CLICQUOT PONSARDIN 1988 LA GRANDE DAME ROSÉ, BRUT

Nicht so gut wie einst – dieser Jahrgang scheint seit dem letzten Jahr (95 Punkte) Finesse eingebüßt zu haben; doch es bleibt noch Hoffnung. Wahrscheinlich nur eine Entwicklungsphase.
 Abwarten €€€€

❖ **VILADEMANY**, *siehe* Age

VILARNAU
Castell de Vilarnau
Penedès, Spanien

VILARNAU CAVA BRUT ROSADO CASTELL DE VILARNAU

Dunkel in der Farbe, zeigt Rotweinaromen und weichen Geschmack von Himbeeren und Erdbeeren.
🍷 Beim Kauf €

VILARNAU CAVA GRAN RESERVA VINTAGE BRUT 1993 CASTELL DE VILARNAU ⑦⓪

Weiche, eingängige, cremige Frucht, gestützt von guter Säure.
🍷 Beim Kauf €€

VILMART
Champagne Vilmart & Cie
4 rue de la République
51500 Rilly-la-Montagne
📞(326) 03.40.01 📠(326) 03.46.57

VILMART & CIE GRANDE RÉSERVE BRUT, PREMIERS CRUS ⑧⑥

Reichhaltige Frucht mit einem Schuß Zitrone, für einen echten Brut zu süß.
🍷 2000–2003 €€ 🥂89.00FF

VILMART & CIE GRAND CELLIER BRUT, PREMIERS CRUS

Ich würde ein Glas der aktuellen Cuvée zwar niemals ablehnen, doch genügt sie nicht den sehr hohen Ansprüchen des Hauses Vilmart, im Gegensatz zur preisgünstigeren Grande Réserve.
🍷 sofort €€€ 🥂113.00FF

VILMART & CIE 1992 COEUR DE CUVÉE BRUT, PREMIERS CRUS

Die eichenholzlastigen, reifen Fruchtaromen taugen zwar nicht für einen klassischen Champagner, aber auf jeden Fall für einen prächtigen. Manch traditionsbewußter Champagnerfreund wird diesen Wein nicht mögen, und doch ist er herrlich in seiner eigenen, moussierenden Art. Dies ist genau der Typ Schaumwein, den Burgund hervorbringen sollte.
🍷 2000–2010 €€€€ 🥂194.00FF

VILMART & CIE 1992 CUVÉE CRÉATION IIIE MILLÉNAIRE BRUT

Ein tolles Ding. Die fabelhaft gehaltvollen, reifen Fruchtaromen gewinnen die Schlacht gegen das Eichenholz. Große Länge und Finesse.
🍷 2000–2005 €€€€ 🥂184.00FF

VILMART & CIE 1991 COEUR DE CUVÉE BRUT *(Magnum)*

Dieser Jahrgang erreichte in der Standardflasche 91 Punkte, und die Magnum ist noch besser, mit weniger dominierender Eiche und weit mehr Finesse.
🍷 2000–2015 €€€€ 🥂399.00FF

VILMART & CIE 1990 COEUR DE CUVÉE BRUT, PREMIERS CRUS

Diese besonders spät degorgierte Fassung (auf dem Rückenetikett ist April 1999 verzeichnet) ist sehr weich und eingängig zu trinken, aber nicht so klassisch ausgefallen wie frühere Partien. Die Frucht gibt sich tropenduftiger, die Eiche dagegen ein wenig zu vorwitzig. Der 1991er war der erste Jahrgang des Cœur de Cuvée mit zuviel Eichenholz, doch eine anderes Degorgier-Datum scheint diesem bislang tadellos integrierten Wein den Holzton ausgetrieben zu haben. Dem 1990er ist weniger Hefekontakt stets besser bekommen als zuviel, daher ist April 1999 nicht der optimale Degorgier-Zeitpunkt.

Champagnertrinker können dem Wein ja noch ein paar Jahre Kellerreife gönnen, während Liebhaber von Schaumwein ihn vielleicht schon jetzt zu schätzen wissen.
🥂 2000–2020 €€€€ 🍾194.00FF

VILMART & CIE 1989 COEUR DE CUVÉE BRUT, PREMIERS CRUS

Dieser Jahrgang war bei der Freigabe zu oxidativ, während diese Vorprobe einer vor kurzem degorgierten Partie völlig sauber wirkte und größere Finesse zeigte. Mit dem Abgang stimmte jedoch etwas nicht, und die Dosage müßte besser angepaßt werden. Hoffentlich werden diese Fehler beseitigt, bevor der Jahrgang auf den Markt kommt.

🍾 Abwarten €€€€ 🍾194.00FF

VOLLEREAUX

Champagne Vollereaux
48 rue Léon-Bourgeois
51200 Pierry
📞(326) 54.03.05 📠(326) 55.06.37

VOLLEREAUX BRUT

Mandeltöne in der Nase setzen einen Wein meist herab, sofern es keine gerösteten Mandeln sind, doch hier haben wir reichlich saubere Frucht und hohen Extraktgehalt, die von hoher, reifer Säure unterstützt werden.
🥂 2000–2002 €€

VOLLEREAUX DEMI-SEC

Sehr fruchtig, sehr gehaltvoll und sehr süß – eine Art Dessert-Blanc-de-Noirs.
🥂 2000–2005 €€

VOLLEREAUX 1994 BLANC DE BLANCS BRUT

Die Wertung für diesen weichen, fruchtigen Champagner könnte noch einen Punkt nach oben gehen, wenn er noch länger wird und mehr Finesse entwickelt.
🥂 2000–2002 €€€

VOLLEREAUX 1993 CUVÉE MARGUERITE BRUT

Sauber und natürlich intensiver als der jahrgangslose Champagner, fehlt dieser Cuvée doch dessen Eleganz. Dem einfachen 1993er desselben Hauses würde ich sie jedoch vorziehen.
🥂 2000–2001 €€€

❖ **VON BUHL**, *siehe* Buhl

❖ **VOYAGE**, *siehe* Giesen

VRANKEN-LAFITTE

Champagne Demoiselle
42 avenue de Champagne
51200 Épernay
📞(326) 53.33.20 📠(326) 51.87.07

VRANKEN DEMOISELLE, TÊTE DE CUVÉE BRUT

Eingängiger, fruchtiger Stil.
🥂 sofort €€

VRANKEN DEMOISELLE, PRESTIGE CUVÉE 21

Sehr frisch und eingängig.
🥂 sofort €€

VRANKEN 1994 DEMOISELLE PREMIER CRU BRUT

Wirklich recht gehaltvoll, mit ausgezeichneter Frucht gemessen am Alter.
🥂 2000–2001 €€€

ANDERE MARKEN DES HAUSES:

CHARLES LAFITTE 1989 ORGUEIL DE FRANCE, BRUT

Dieser gehaltvolle, fruchtige Champagner von zunehmender Toastwürze entspricht Mumms 1989er René Lalou, den Paul-François Vranken neu etikettierte, als er Heidsieck & Co. Monopole von Mumm erwarb.
🥂 2000–2002 €€€

WARDEN VINEYARD

Biggleswade, Bedfordshire, England

WARDEN VINEYARD 1996 BRUT QUALITY SPARKLING WINE

Die Brut-Ausführung von Wardens

Schaumwein im Muskateller-Stil ist mindestens so fruchtig und ebenso köstlich wie sein Extra Brut.
! Beim Kauf €€

WARDEN VINEYARD 1996 QUALITY SPARKLING WINE, EXTRA BRUT

Ein köstlich trockener Schaumwein mit Muskateller-Aroma, der im Sommer einfach unwiderstehlich ist. Ein Extra Brut, der sich keineswegs spröde trinkt.
! Beim Kauf €€

WILHELMSHOF
Pfalz, Deutschland

WILHELMSHOF 1996 BLANC DE NOIRS, SIEBELDINGER SONNENSCHEIN BRUT

Schöne frische, flaumige Frucht auf weichem Mousse-Bett, mit ansprechend lebhafter Frucht im Abgang.
! Beim Kauf €€

WIRRA WIRRA
South Australia, Australien

WIRRA WIRRA 1995 THE COUSINS, PINOT NOIR CHARDONNAY

Große Frucht auf fester Struktur, mit nadelkopffeinen Perlen. Diese Cuvée des ehemaligen Chandon-Chefs Tony Jordan zeigt tiefe, hefeduftig-komplexe Frucht, die im Abgang schon milder wird, um sich im Nachgeschmack noch einmal auszubreiten.
! 2000–2001 €€

YALUMBA
South Australia, Australien

JANSZ 1995 TASMANIA BRUT

Ein lebhafter Wein, der schöne Frucht zeigt und am Ende einen recht langen Abgang hat. Die Einschränkung rührt daher, daß es noch Lücken gibt – nach dem ersten Auftritt der Frucht am Gaumen und in der Mitte des Abgangs. Die Jugend des Weins mag hier eine Rolle spielen, daher bleibt das Urteil vorbehalten, denn er verdient eine höhere Wertung als derzeit möglich.
▬ Abwarten €€

YALUMBA 1996 D BLACK

Die dichte, schwarz-rote Version des Yalumba D wird ihrem Namen gerecht. Sie ist äußerst süß, mit riesenhafter Frucht von reichem Vanille-Aroma. Dazu paßt eine Schüssel frischer Himbeeren.
! sofort €€

YELLOWGLEN
Victoria, Australien

YELLOWGLEN PINOT NOIR CHARDONNAY BRUT

Einer der wenigen degustierten australischen Schaumweine von klassischer Struktur. Diese Cuvée zeigt großartig schlanke Frucht und ist dem 1995er aus demselben Hause entschieden vorzuziehen.
! sofort €

ACHTUNG, SEKT- UND SCHAUMWEINERZEUGER!

Wer für nachfolgende Ausgaben eigene Weinproben einreichen möchte, setze sich bitte über folgende E-Mail-Adresse mit Tom Stevenson in Verbindung:

millennium.producers@bizonline.co.uk

Achtung: Jede andere an diese Adresse gesandte E-Mail wird ignoriert.

Eine Empfehlung in diesem Champagnerführer ist – abgesehen von den Kosten für den Versand der Proben – gebührenfrei.

Kleiner Auktionsführer

CHAMPAGNERKAUF PER AUKTION

Champagner alter Jahrgänge gibt es auf Auktionen zwar nicht mehr wie früher zum Spottpreis, er ist dort aber – verglichen mit Bordeaux – immer noch relativ preiswert. Champagner galt nämlich im Gegensatz zu seinem berühmten Verwandten nie als Anlagegut. So wandern die großen, klassifizierten Bordeaux-Gewächse über den Auktionskreislauf in großen Mengen von Keller zu Keller, während der Champagner meist in gemischten Konvoluten unter den Hammer kommt, deren ungewisse Herkunft nicht gerade verkaufsfördernd wirkt.

Da Champagner auf schwankende Lagerbedingungen höchst sensibel reagiert, ist ein Auktionskauf häufig sehr riskant. Zu viele Kreszenzen sind dunkel gefärbt, haben einen Großteil ihrer schäumenden Fülle verloren und schmecken eher wie ein sehr alter weißer Burgunder oder gar Sherry. Das drückt den Preis, und so können abenteuerlustige Naturen mit etwas Glück gelegentlich für wenig Geld große Schätze heben.

TIPS ZUM VERHALTEN BEI AUKTIONEN

1. Probieren Sie alle Weine, die Sie interessant finden. Das wird nur selten möglich sein, weil nur ein Bruchteil des Angebots zur Degustation bereitgestellt wird, doch ein Wein, der einem schmeckt, ist mehr wert als jede verbriefte Herkunftsgarantie.
2. Für interessante Weine, die nicht degustiert werden konnten, sollte man nur bieten, wenn eine eindeutig formulierte, möglichst vom Erzeuger stammende Herkunftsgarantie vorliegt.
3. Legen Sie vor dem Bieten ihre persönliche finanzielle Schmerzgrenze fest, von der Sie nie abweichen sollten. Man läßt sich nur zu leicht mitreißen, doch nicht immer gewinnt der erfolgreichste Bieter. Nur zu leicht zahlt man überhöhte Preise. Bei der Berechnung der Obergrenze ist auch die Provision (meist 10%) einzukalkulieren, sowie evtl. zu entrichtende Steuern (bei Waren aus Großbritannien z.B. 17,5%).
4. Auch wer den gewünschten Wein nicht probieren konnte und seinen Stammbaum nicht kennt, gerät mitunter an ein Schnäppchen. Das Risiko ist jedoch hoch, und die Schmerzgrenze sollte in solchen Fällen um mindestens 20% niedriger sein.
5. Lassen Sie sich nicht von Weinen abschrecken, deren Preis über Ihrer Schmerzgrenze liegt. Bei Losen ohne Mindestgebot, die den erwarteten Preis nicht erzielen, wird der Auktionator jedes Angebot gern annehmen.

AUKTIONSHÄUSER

Über die folgenden Adressen können Sie Veranstaltungstermine und Kataloge anfordern.

DEUTSCHLAND

Weinauktionshaus Johannes Rückert
Fronmattenstr. 10, 77933 Lahr
☎ 07821-7 65 65
FAX 07821-7 65 69

Bernkasteler Ring e.V.
☎ 0651-5 76 87
FAX 0651-5 28 11
Traditionsreiche, jährlich stattfindende Versteigerung von Spitzenweinen.

Verband deutscher Prädikatsweingüter (VDP) Rheingau
Mühlberg 5, 65399 Kiedrich
☎ 06123-67 68 12
FAX 06123-67 68 13

Auktionshaus Karrenbauer
Obere Laube 46,
78462 Konstanz/Bodensee
☎ 07531-2 72 02
FAX 07534-1 65 96
info@karrenbauer-auktion.de
www.druckerei-konstanz.de/karrenbauer/finewines.html
Versteigert zweimal jährlich (im Frühjahr und im Herbst) Weinraritäten im Schloßhotel Bühlerhöhe, Bühl bei Baden-Baden.

SCHWEIZ

Dr. Eric Steinfels Auktionen AG Zürich und München
Limmatstr. 264, CH-8005 Zürich
☎ 0041-1-2 73 32 30
FAX 0041-1-2 73 32 30

Les Grands Vins Wermuth SA
Rämistr. 50, Postfach,
CH-8033 Zürich
☎ 0041-1-2 62 07 00
FAX 0041-1-2 62 07 18

Großbritannien

Christie's
8 King Street, St James's, London SW1Y 6QT, United Kingdom
☎ 0044-020 7389 2820
FAX 0044-020 7389 2869
www.christies.com
Leiter der Weinabteilung: Christopher Burr MW. Christie's ist das älteste und größte Auktionshaus der Welt und verkauft bereits seit 1766 auch Wein. Die meisten Verkäufe finden in London und New York statt. Online-Versteigerungen bietet das Haus seit Anfang 1999 an.

Phillips Auctioneers
1 Old King Street, Bath BA1 2JT, United Kingdom
☎ 0044-01225 310609
FAX 0044-01225 446675
www.phillips-auction.com
Das 1796 von Harry Phillips gegründete Unternehmen hat sich in vielen Ländern einen guten Ruf erworben. Über sein internationales Netz aus 23 Auktionsstätten werden jährlich mehr als 875 Auktionen abgewickelt.

Sotheby's
34–35 New Bond Street, London W1A 2AA, United Kingdom
☎ 0044-020 7498 8090
FAX 0044-020 409 3100
www.sothebys.com
Leiterin der Weinabteilung: Serena Sutcliffe MW. Das 1744 gegründete Sotheby's ist das älteste und größte Auktionshaus der Welt, während Christie's sich einer längeren Weintradition sowie eines größeren Warenumsatzes in dieser Abteilung rühmen kann. Die meisten Auktionen finden in London, New York und Zürich statt. Im Januar 1999 kam der Onlinemarkt hinzu. Eine gemeinsame Auktions-Website ist geplant, auch wenn Sotheby's seine Onlineverkäufe weiterhin selbständig fortführen will.

J. Straker, Chadwick & Sons
Market Street Chambers,
Abergavenny, Gwent NP7 5SD,
United Kingdom
☎ 0044-01873 852624
FAX 0044-01873 857311
Rühriges Auktionshaus mit Sitz in Wales.

WEITERE NÜTZLICHE ADRESSEN

AuctionVine
www.auctionvine.com
Arbeitet mit Wine.com
(s.u.) zusammen.

The Wine Auction Gazette
www.wine-auction-world.com
Hier gibt es Informationen über Preise, Auktionshäuser und Jahrgänge sowie den vollständigen internationalen Weinauktionskalender.

Verband deutscher Sektkellereien e.V.
Sonnenberger Straße 46,
65193 Wiesbaden
☎ 0611-52 10 33
FAX 0611-59 97 75
VDS-BWS@t-online.de
Wine.com
www.wine.com

Wine.com
www.wine.com
Internet-Auktionen seltener Weine.

Glossar

Abkürzungen: (Frz.) Französisch, (It.) Italienisch, (Sp.) Spanisch

Aggressiv Gegenteil von weich und geschmeidig.

Altert mit Würde/Anmut Ein Wein, der im Reifeprozeß an Finesse gewinnt.

Amylartig Die an Birnenbonbons, Banane oder Kaugummi erinnernden Aromen von Amyl oder Amylacetat, die bei einer Erstgärung unter niedrigen Temperaturen entstehen. Für einen klassischen Schaumwein sind amylartige Aromen nicht ideal, weil sie die subtilen Nuancen der Autolyse überdecken und manchmal verhindern, daß sich nach dem Degorgieren noch Flaschenaromen entwickeln.

AOC (Frz.) Appellation d'Origine Contrôlée, oberste französische Weinqualität. Muß bei Champagner nicht angegeben werden: Der Name allein gilt als Qualitätsgarantie.

Appellation Wörtlich: »Bezeichnung«; bezieht sich auf die geographische Herkunftsbezeichnung eines Weins.

Aroma Von der Traube ausgehenden Düfte, während eher im Wein, vor allem in der Flaschenreife begründete Düfte »Bukett« heißen; in diesem Buch werden beide Begriffe synonym verwendet.

Aromatische Traubensorten Rebsorten wie Gewürztraminer, Muskateller und Riesling überdecken die subtilen Wirkungen der Autolyse; sind für klassische *Brut*s zu aromatisch; für süße Schaumweinstile häufig ideal.

Assemblage (Frz.) Verschnitt der Grundweine zur Cuvée.

Asti (It.) Stadt in Norditalien, nach der ein feiner süßer Schaumwein benannt wurde.

Atmosphären Maßeinheit für atmosphärischen Druck. Eine Atmosphäre entspricht 1,013 bar od. 1,013 kg pro cm². Ein Schaumwein kann einen Druck bis zu 6 Atmosphären aufweisen. Er sinkt, wenn die Flasche zum Servieren gekühlt wird. Ein Vollschaumwein von 6 Atmosphären hat bei einer Temperatur von 6 °C nur noch 2,5 Atmosphären.

Ausgewogenheit Ein harmonisches Verhältnis zwischen Säuren, Alkohol, Frucht, Tanninen (nur in roten Schaumweinen) und anderen natürlichen Bestandteilen.

Autolyse Der Prozeß, durch den sich nach der zweiten Gärung die Hefezellen zersetzen und der den Champagner-Charakter hervorruft.

Balthasar Große Flasche, deren Inhalt dem von 16 Standardflaschen (0,75 l) entspricht.

Barrique (Frz.) Bedeutet wörtlich »Faß«, verweist auf den Ausbau des Weines im Holz-, meist Eichenfaß.

biologisch Weine, die mit minimalen Schwefelgaben erzeugt und aus Trauben gekeltert werden, die nicht mit chemischen Düngemitteln, Pestiziden oder Herbiziden behandelt wurden.

Biskuitartig Ein wünschenswerter Duft im Bukett, den man vor allem in gut gereiftem, vom Pinot Noir dominierten Champagner findet. Chardonnay beherrschte Spitzenschaumweine können einen cremigen Biskuitton annehmen.

Bitterkeit Entweder ein unangenehmer Beigeschmack eines schlecht gemachten Weins oder die unerwartete Eigenschaft eines unentwickelten, konzentrierten Weins, der im ausgereiften Zustand reichhaltig und köstlich wird. *Siehe auch Säurebetont.*

Blanc de Blancs (Frz.) Weißer Wein aus weißen Trauben.

Blindprobe Weinprobe, bei der die Identität der verkosteten Weine während der Bewertung geheim bleibt.

Blumig Blumendüfte findet man in jungen Schaumweinen. Sie verwandeln sich durch den Reifeprozeß in tiefere, fruchtigere Aromen.

Brut (Frz.) Trocken. Wörtlich »roh«, »knochentrocken«, doch in der Praxis enthält ein Brut immer eine gewisse Süße.

Bukett siehe Aroma.

Butterig Ein normalerweise von Diacetyl (Stoff, der Margarine beigegeben wird, damit sie wie Butter schmeckt) ausgelöstes Aroma. In stillen Chardonnay-Weinen kein Problem, doch bei Schaumweinen beeinträchtigt ein buttriges Aroma die Finesse.

Cava (Sp.) Allgemeine Appellation für in bestimmten spanischen Gebieten, zumeist in der Region Penedès bei Barcelona, nach der *méthode champenoise* hergestellte Schaumweine.

Cave, caves (Frz.) Wörtlich: Keller.

Champagne, Champaña Die Schaumweinappellation »Champagne« ist in der EU geschützt, doch anderswo, vor allem in den USA, darf auch einheimischer Schaumwein unter diesem Namen verkauft werden. Auch die Champenois nennen ihre in Südamerika hergestellten Kreszenzen »Champaña«.

Champagner (Frz.) Ein Schaumwein aus dem eingegrenzten Herkunftsgebiet der Champagne.

Champenois (Frz.) Einwohner der Champagne.

Chardonnay Eine der besten Schaumweintrauben für den klassischen Brut.

Charmatverfahren *Siehe Cuve close.*

Chef de caves (Frz.) Wörtlich »Kellerchef«, meist der Kellermeister.

Courtier en vins (Frz.) Weinagent.

Crayères (Frz.) Kalkhöhlen in Nordfrankreich.

Crémant (Frz.) Schaumwein mit sanfterer Mousse von geringerem Druck.

Cremig siehe Sahnig.

Cru (Frz.) Wörtlich »Gewächs«. Bezieht sich nur auf eine Weinberglage, in der Champagne auf ganze Gemeinden.

Cuve close (Frz.) Von Eugène Charmat erfundene Methode der Schaumweinproduktion, bei der die Zweitgärung in einem verschlossenen Drucktank stattfindet. Auch »Charmatverfahren« oder »Tankgärungsverfahren« genannt.

Cuvée (Frz.) Wein, der aus verschiedenen Rebsorten oder Jahrgängen verschnitten ist.

Débourbage (Frz.) Prozeß, bei dem sich Beerenhäute, Kerne usw. vom frisch gepreßten Traubenmost absetzen.

Glossar

Dégorgement (Frz.) siehe Degorgieren.

Degorgieren Entfernen des Sediments aus dem Flaschenhals nach der zweiten Gärung.

Demi-sec (Frz.) Wörtlich »halbtrocken«, bedeutet aber tatsächlich halbsüß bis süß.

DOC/DOCG (It.) Denominazione di Origine Controllata/e Garantita. Italienisches Weinqualitätssystem, das auf Rebsorte und Herkunft bezogen ist. »Garantita« ist die höchste Stufe.

Dosage (Frz.) Menge der Zuckerlösung, die einem Schaumwein nach dem Degorgieren zugefügt wird.

Doux (Frz.) Wörtlich »süß«, in Wahrheit sehr süß.

Eichenwürzig Aroma, das von frischem Eichenholz an den Wein abgegeben wird; meist der cremig-vanilleartige Duft eines natürliches Aldehyds, das auch der wichtigste Aromastoff in Vanilleschoten ist.

Englisches Aroma Sehr frische, kräuterwürzige Art.

Explosiv Ein Schaumwein kann in der Flasche buchstäblich explosiv sein, was häufig an der übermäßigen Freisetzung von Kohlensäuregas liegt.

Extra-brut (Frz.) Trockener als Brut, möglicherweise ohne Dosage.

Extra-sec (Frz.) Wörtlich »extra-trocken«, in Wirklichkeit aber nur trocken bis halbtrocken.

Faßgereift Manche Champagnerhäuser, z.B. Krug, lagern ihren Wein in alten, mehrfach gebrauchten Eichenfässern. Einige andere, wie Selosse und Vilmart, verwenden neues Eichenholz, so auch Pelorus und Kristonie in den USA.

Fett Körper- und extraktreich.

Flaschenaromen Milde, abrundende Aromen, die nach dem Degorgieren in der Flasche entstehen.

Flaschengärung Begriff für alle Schaumweine, deren zweite Gärung in der Flasche stattfand. Auf einem Etikett bedeutet der Begriff jedoch meist, daß der Wein im Transvasierverfahren hergestellt wurde *(siehe dort)*.

Flaschenreife Die Zeitspanne, die ein Wein vor dem Verbrauch in der Flasche lagert. Flaschenreife macht einen Wein milder und runder.

Flüchtige Säure Sie kann ein süßes, essigähnliches Aroma und kann, wo sie zu aufdringlich ist, als Fehler gelten. Eine bestimmte Menge flüchtiger Säure ist jedoch für den Fruchtcharakter unabdingbar, und auch größere Mengen können positive Wirkungen haben. *Siehe Fruchtig.*

Foudre (Frz.) Großes Holzfaß.

Freier Schwefel Der beißende Geruch von freiem Schwefel verflüchtigt sich mit zunehmender Flaschenreife oder durch das Schwenken des Weins im Glas. *Siehe auch Gebundener Schwefel, Schwefel.*

Frizzante (It.) Halb schäumend oder leicht sprudelnd: entspricht dem französischen *pétillant*.

Frizzantino (It.) Sehr schwach schäumend: entspricht dem französischen *perlant*.

Fruchtig Wein schmeckt nur fruchtig, wenn die Frucht bei der Lese die richtige Kombination von Reife und Säure hatte. Ein preisgünstiger Fizz darf schlicht und fruchtig sein, doch bei einem klassischen Schaumwein reicht Frucht allein nicht aus.

Fuchsig Die extrem parfümierte Art mancher amerikanischer Rebsorten; wird von Weintrinkern anderer Länder oft als klebrig-süß empfunden.

Füllig Bezieht sich meist auf Körper, etwa einen körperreichen Wein. Doch ein Wein kann auch leichten Körper, aber trotzdem fülligen oder vollen Geschmack zeigen.

Gebundener Schwefel Schwefel wird dem Wein vor allem zur Vorbeugung gegen Oxidation zugefügt. Die meisten Schwefelmoleküle verbinden sich im Wein mit anderen Molekülen, vor allem mit Sauerstoff, manchmal aber auch mit anderen Gasen, was dann einen unangenehmen Geruch hervorruft. Die toastwürzigen Flaschenaromen der Champagner sind möglicherweise nur ein Nebenprodukt von gebundenem Schwefel. *Siehe auch Freier Schwefel.*

Grande marque (Frz.) Wörtlich: große oder berühmte Marke.

Grundwein Voll durchgegorener, trockener Wein, der mit anderen zum Schaumweincuvée verschnitten wird.

Hausmarke (engl.: BOB) Name, unter dem ein Händler oder Restaurant einen bestimmten Wein verkauft.

Hefesatz Das Sediment, das sich während der Gärung im Faß oder Gärbehälter absetzt.

Jahrgangsloser Wein (NV) Theoretisch ein Verschnitt von Weinen aus mindestens zwei Jahren, doch viele Erzeuger – vor allem in der Champagne – teilen ihre Cuvées durch Auswahl des Leseguts in verschiedene Qualitätsstufen ein und verkaufen dann Wein aus Trauben, die im selben Jahr gelesen wurden, als *sans année* (ohne Jahresangabe).

Jeroboam Große Flasche mit einer Füllmenge von vier Standardflaschen.

Karamel Extrem butteriges Aroma.

Körper Fruchtextrakt und Alkoholstärke wirken im Mund zusammen und erwecken den Eindruck von Gewicht.

Krautig Ein grüner Charakter, häufig aufgrund mangelnder Reife, vor allem bei aromatischen Rebsorten.

Leicht Eigenschaft des Körpers beim Wein.

Liqueur d'expédition (Frz.) Lösung aus Zucker und Wein, dem Schaumwein nach dem Degorgieren zugegeben wird.

Liqueur de tirage (Frz.) »Likör« aus Wein, Hefe und Zucker, wird dem Wein bei der Umfüllung in Flaschen zugefügt, damit er moussiert.

Magnum Große Flasche, die zwei Standardflaschen entspricht.

Malolaktische Gärung Biochemischer Prozeß, bei dem die harten Apfelsäuren der unreifen Trauben in milde Milchsäure und Kohlensäure umgewandelt werden.

Méthode champenoise (Frz.) Von den Champenois entwickelte Methode, die einen voll durchgegorenen Stillwein in Schaumwein verwandelt. Die Zweitgärung findet hierbei in derselben Flasche statt, in der der Wein in den Handel kommt.

Glossar

Methusalem Große Flasche, deren Inhalt dem von acht Standardflaschen entspricht.

Mono-cru Champagner aus einer einzigen Cru.

Mousse Die feinen Perlen in einem Schaumwein.

Mousseux (Frz.) Schäumend, perlend usw.

Muntere Fruchtigkeit Positive Auswirkung großer Fruchtigkeit, die von flüchtiger Säure hervorgehoben wird.

Nachgeschmack Im Mund zurückbleibende Aromen, nachdem der Wein heruntergeschluckt wurde.

Nebukadnezar Große Flasche, deren Inhalt dem von 20 Standardflaschen entspricht.

Négociant (Frz.) Bezeichnung für einen großen Erzeuger.

Oxidation, oxidiert Sobald eine Traube gepreßt oder zerquetscht wird, setzt die Oxidation ein. Sie ist ein unvermeidlicher Teil der Gärung und für den Reifeprozeß unerläßlich. Bezeichnet man ihn aber als »oxidiert«, so ist er der Oxidation zu stark ausgesetzt gewesen und hat einen sherryähnlichen Charakter.

Oxidativ Ein Wein, der in der Nase oder am Gaumen deutliche Reife zeigt. Je länger es dauert, bis sich diese Eigenschaft ausbildet, um so mehr Finesse wird der Wein am Ende bekommen.

Perlant (Frz.) Leicht schäumend.

Perlwein Billiger Halbschaumwein, für den Stillwein mit Kohlensäure versetzt wird.

Pétillance, pétillant (Frz.) Ein Wein mit gerade so viel Kohlensäure, daß ein leichtes Perlen setzt.

Pfeffrig Ein etwas ungewohnter Geschmack, den man mit Schaumwein assoziiert. Die bloße Andeutung im jungen Verschnitt kann auf zukünftige Komplexität hinweisen, während man sich vor Weinen mit dominantem Pfefferaroma vorsehen sollte.

Pinot Noir (Frz.) Dunkle Rebsorte, die zu Champagner verarbeitet wird.

Rasse Die Finesse eines Weins, bestimmt durch die Eigenschaften von Traube und *terroir* (Wachstumsumgebung) und das Können des Kellermeisters.

Récoltant-manipulant (Frz.) Erzeuger, der seinen Champagner ausschließlich aus eigenen Trauben herstellt.

Rehoboam Große Flasche, deren Inhalt dem von sechs Standardflaschen (0,75 l) entspricht.

Reichhaltig Ausgewogene Fülle aus Frucht und Tiefe am Gaumen und im Abgang.

Remuage (Frz.) Das vorsichtige Drehen und Rütteln der Flaschen, mit dem man den Hefesatz langsam in den Flaschenhals treibt, bis der Wein degorgiert werden kann.

Reserveweine Ältere Weine.

Rosado (Sp.) Rosafarben.

Sahnig/cremig Diese Eigenschaft zeichnet vor allem Schaumweine auf Chardonnay-Basis aus. Gilt als Kombination aus Feinheit der Mousse und dem subtilen Einfluß malolaktischer Aromen.

Sahnig-biskuitartig siehe Biskuitartig.

Saignée (Frz.) Weinbereitungsmethode, bei der der Vorlaufmost aus der Presse oder dem Faß abgezogen wird, um daraus Rosé zu gewinnen.

Salmanazar Große Flasche, deren Inhalt dem von 12 Standardflaschen (0,75 l) entspricht.

Säurebetont Man könnte Zitronensaft als säurebetont bezeichnen. Eine gut abgestimmte Säure ist für einen Schaumwein unerläßlich.

Schwefel, SO₂ *siehe Freier Schwefel, Gebundener Schwefel.*

Schwungvoll Begriff, der die Frucht eines lebendigen, spritzigen Weins beschreibt.

Sec (Frz.) Wörtlich »trocken«, aber in Wirklichkeit halbtrocken bis halbsüß.

Sekt In Deutschland hergestellter Schaumwein, der meistens per Tankgärungsverfahren entsteht.

Shoccatura (It.) Degorgiert.

Solera (Sp.) System, bei dem ein bestehender Verschnitt kontinuierlich durch eine geringe Menge neuen Weins ergänzt wird.

Spröde Ein Wein, dem es an Frucht mangelt (auch: karg).

Spumante (It.) *siehe Vollschäumend.*

Stroh Stroh-Aromen beeinträchtigen viele Schaumweine. Manchmal erinnert der Duft an trockenes Stroh, bei anderen Weinen an nasses Stroh, manchmal nur allgemein an Stroh. Das Aroma entsteht möglicherweise durch den Hefeeinfluß, verdorbene Trauben oder durch den Einfluß der Hefe auf die verdorbenen Trauben.

Struktur Die Struktur eines Weins basiert auf der Ausgewogenheit seiner festen Bestandteile (Tannine, Säuren, Zucker und Extrakt) mit dem Alkohol. Ein gut strukturierter Wein nimmt im Mund eine ausgeprägte, positive Form an.

Tankgärungsverfahren Anderer Ausdruck für *cuve close*.

Terpene Eine von Terpenen geprägte Art kann von Riesling im Verschnitt herrühren, wahrscheinlicher ist aber, daß der Grundwein zu lange im Tank verblieben ist.

Toastwürze Das sich langsam in der Flasche entwickelnde Aroma, das mit Chardonnay assoziiert wird.

Transvasierverfahren Ein Verfahren der Schaumweinherstellung, bei dem die Zweitgärung zwar in der Flasche stattfindet, der Wein aber dann zum Entfernen des Bodensatzes in einen Tank umgefüllt wird.

Vanille *siehe Eichenwürzig.*

Vin de Cuvée (Frz.) Nur aus dem Vorlaufmost hergestellter Wein.

Vin de garde (Frz.) Ein Wein, der zu großer Verbesserung und Reife fähig ist.

Voll durchgegoren Ein Wein, bei dem der Gärungsverlauf nicht unterbrochen wird; da der gesamte Zucker in Alkohol verwandelt wird, ist das Ergebnis ein trockener Wein.

Vollschäumend Wein mit einem Druck von 5–6 Atmosphären.

Weich Ansprechende Geschmeidigkeit, die entsteht, wenn die Frucht gegenüber der Säure dominiert. Einem zu weichen Wein mangelt es an Säure.

Zugänglich Leicht zu trinken.

Danksagungen

Der Verlag Dorling Kindersley erwies mir die große Ehre, die neue Ausgabe dieses jährlichen Einkaufsführers für Champagner und Schaumweine zu veröffentlichen. Der größte Verdienst gebührt Helen Diplock, Mandy Inness, Sonia Charbonnier und Derek Coombes. Im Lektorat gebührt mein Dank Edward Bunting, Julie Oughton, Caroline Hunt und Jane Bolton. Auch Frank Ritter und David Lamb danke ich an dieser Stelle.

Das Verdienst, der Erstausgabe fremdsprachlichen Ausgaben unmittelbar folgen zu lassen, ist immens. Dafür stehe ich tief in der Schuld von Antony Melville und seinem Team.

Für die Öffentlichkeitsarbeit bin ich Fiona Allen und Vivien Watton zu tiefem Dank verpflichtet.

Meine Dankbarkeit gegenüber den Hunderten von Winzern, die mir unter großem finanziellen Aufwand Proben aus allen Winkeln der Weinwelt sandten, kann gar nicht groß genug sein. Ich hoffe aber, sie merken, wie sehr ich das zu schätzen weiß. Mein Dank geht an alle, die mich bei meinen Verkostungsreisen willkommen hießen.

Den folgenden Personen danke ich dafür, daß sie entweder Degustationen organisierten, große Proben in London veranstalteten oder den Versand von Proben ganzer Länder in meine Räume veranlaßten:

Owen Bird (für seine Dienste im Auftrag von italienischen Winzern), Avril Abbott (Australian Wine Bureau), Nelly Blau Picard (UPECB, Burgund), Steve Burns (US-Bundesstaat Washington), Susannah George (Wines from Spain), Nicole Dufour (CIVAS, Anjou-Saumur), Mme Faure (Syndicat de Die), Michael Fridjhon (Südafrika), Dieter Greiner (Deutsches Weininstitut), Jeff Grier (für seine Dienste im Auftrag von südafrikanischen Erzeugern), Graham Hines (Wines from Spain), Lynn Sheriff MW (Südafrika), Anna Lawrence (New Zealand Wine Guild), Nico Manessis (Griechenland), Georgina McDermott (Syndicat des Maisons de Saumur), Lisa McGovern (ehemals New Zealand Wine Guild), Hazel Murphy und Georgie Beach (Australian Wine Bureau), Reg Palfrey (SWVA, für englische und walisische Schaumweine), Christine Pascal (Oregon), Françoise Peretti (Champagne Information Bureau); Emma Roberts (SOPEXA, Frankreich), Joe Rollo (The Wine Institute, Kalifornien), Olivier Sohler (SPCA, Elsaß), Michelle Vernoux (SVR, Bordeaux), Anne Whitehurst (Phipps PR, für The German Wine Information Service). Mein besonderer Dank geht an Elliott Mackey, Dona Bottrel und Shannon Essa (The Wine Appreciation Guild, San Francisco), Barry & Audrey Stirling, Joy Stirling und Forrest Tancer (Iron Horse, Sonoma), Rollin Soles (Argyle Winery, Dundee), Michael Manz (Mountain Dome, Spokane), Management und Personal des Columbia Tower Club (Seattle) und das historische Benson Hotel (Portland).

Nicht zuletzt habe ich Jeff Porter vom Verlag Evenlode Press für unschätzbare logistische Unterstützung zu danken, außerdem danke ich meiner Frau Pat dafür, daß sie die Weine in die Datenbank aufgenommen und Blindproben organisiert hat.

Für eventuelle Auslassungen entschuldige ich mich hiermit von ganzem Herzen.

BILDREDAKTION
Brigitte Arora, Ellen Root

SPEZIALFOTOGRAFIE UND DESIGN
Andy Crawford, Steve Gorton, Neil Lukas, Dave Pugh

Besonderer Dank gilt Bernard Higton für den ursprünglichen Entwurf von Design und Gestaltung.

Dorling Kindersley dankt den folgenden Unternehmen für die Bereitstellung von Material zum Fotografieren:
Codorníu, Matthias Dies, Freiherr zu Knyphausen, Nyetimber, Screwpull International, Vilmart, Winzersekt Sprendlingen

BILDNACHWEIS
o – oben, ol – oben links, olm – oben links Mitte, orm – oben rechts Mitte, or – oben rechts, mlo – Mitte links oben, mo – Mitte oben, mro – Mitte rechts oben, ml – Mitte links, m – Mitte, mr – Mitte rechts, mlu – Mitte links unten, mu – Mitte unten, mru – Mitte rechts unten, lu – links unten, u – unten, um – unten Mitte, uml – unten Mitte links, ur – unten rechts, uro – unten rechts oben, uru – unten rechts unten, d – Detail.

Allsport: Adrian Murrell 56 o, **Bellavista:** 48 u, **Guido Berlucchi:** 49 o, 50 u, **Billecart-Salmon:** 22 o, **Bollinger:** 11 o, 23 o/m/u, **Bouvet-Ladubay:** 39 u, **Ca'del Bosco:** 51 o, **CBI, London:** 11 mru, **Cephas:** Andy Christodolo 2-3, Kevin Judd 59 o, Alain Proust, 61 o, 62 o, Mick Rock 13 o, 16 o, 24 o, 27 m, 35 o, 36 or, 37 o, 44 o, 47 u, 55 u, **Codorníu:** 41 or/ml, 43 u, **Corbis:** W. Wayne Lockwood, M.D. 12 o, **Culver Pictures:** 52 o, **Deutsches Weininstitut:** 46 o, **DIAF, Paris:** Jean-Daniel Sudres 4 o, 19 o, Daniel Thierry 6 o, **E.T. Archive:** 8 u, **Mary Evans Picture Library:** 8 u, 9 mr/ur, 45 o, 46 m, 47 o, **Ferrari:** Joachim Falco 5 m, 48 o, 51 u, **Freixenet:** 40 o, 42 u, 43 o, 40–41 u, **Hulton-Getty:** 9 o, **Gosset:** 21 u, 24 ul, **Gramona:** 42 o, **Charles Heidsieck:** 17, 25 m, De Visu 25 u, **Seppelt/Image Library, State Library of New South Wales:** 58 u, **Jackson Estate:** 59 u, **Jacquessons & Fils:** 26 o/u, **Kobal Collection:** 52 m, **Krug:** 14 o, 27 o, **Laurent-Perrier:** 28 o, **Moët & Chandon:** 16 m, 20 u, 29 u, **Pol Roger:** 31 o/m/u, **Janet Price:** 12 u, 32 u, **Retrograph Archive, London:** Martin Breese 16 u, 29 o, **Louis Roederer:** 9 ul, Jean-Claude Rouzaud 30 o, Michel Jolyot 30 u, **Root Stock, Ludwigsburg:** Hendrik Holler 4-5u, 36 ul, 38 u, 44 u, 52–53 u, 54 u, 56 u, 61 u, 62 u, **Ruinart:** 18 m, Champagne Ruinart, Rheims, Alphonse Mucha©ADAGP, Paris und DACS, London 1998: 32 r, **Salon:** 33 u, **Scope:** Bernard Galeron 50 o, Michel Guillard 22 u, Eric Quentin 20 u, **Southcorp Wines Europe:** 57 ul, **SOPEXA (UK):** 39 o, **Topham Picturepoint:** Ulf Berglund 60 o, **Veuve Clicquot Ponsardin:** 5 o, 11 mro/u, Villiera Estate: 63 o/u, Vilmart & Ciel: 35 u, **Visual Arts Library:** Collection Kharbine-Tapabor 9 ml, 18 u, 21 o, 10, 33 o, 55 o, **John Wyand:** 64 o, **Yalumba:** 57 ur, 58 o

Hintere Umschlagklappe: **Cephas:** Mick Rock oben links, Stock Food unten; **The Image Bank:** David de Lossy oben rechts, Hintere Umschlagklappe innen: Jason Bell

Notizen

Notizen

Notizen